Collection Rolf Heyne

Die großen Weine Österreichs

RUDOLF KNOLL

Die großen Weine ÖSTERREICHS

Rebsorten · Winzer · Regionen

MIT FOTOS VON
ARMIN FABER

COLLECTION ROLF HEYNE
MÜNCHEN

Bildnachweis:

AKG 12, 13, 14, 15, 16, 17, 18, 19; Bilderberg 20/21 (Milan Horacek), 80/81 (Milan Horacek), 126/127 (Wolfgang Kunz); Sabine Gruber 140; Manfred Klimek 116; Rudolf Knoll 42, 50, 60, 61, 62, 107, 129, 131, 132, 134, 139, 142, 143, 148 Mitte; Rudolf Lantschbauer 68/69, 84/85; Peter Oberleitner 73–78, 97–99; Österreichische Weinmarketingservice Ges.m.b.H. 43; Gisela Pöhler 39, 63, 65, 94, 102, 105, 106 oben, 149; Uwe Schiefer 51; Schlumberger 144, 146, 147, 151; Josef Umathum 91 unten; Gery Wolf 108 rechts.

Alle anderen Fotos: Armin Faber

Umschlaggestaltung: Hauptmann und Kampa Werbeagentur, CH-Zug

Layout, graphische Gestaltung und Satz: Grafikhaus, München

Herstellung: Karlheinz Rau, München

Litho: PHG Lithos, Martinsried

Druck und Bindung: RMO Druck, München

Printed in Germany

ISBN 3-453-17682-0

Inhalt

Erinnerungen

Einleitung

Denke ich an Österreich, wird mir oft warm ums Herz. Bei einer Probe alter Weine zurück bis zum Jahrgang 1903, an die ich mich heute noch erinnere, duftete dieser Weingreis, ein Riesling aus Zöbing im Kamptal, zuerst gar nicht mal so angenehm. Aber je länger er Kontakt mit dem Sauerstoff hatte, desto besser entfaltete sich eine feine Würze. Schließlich zeigte er sogar so etwas wie jugendlichen Biss.

Ein Kontrastprogramm zu solchen Eindrücken sind die Jungweinproben. Meist stehen sie im März, April im Jahr nach der Ernte an, gelegentlich schon im November, wenige Wochen nach der Ernte. Oft sind solche Verkostungen harte Arbeit, bei der man sich mit dem Problem konfrontiert sieht, die später mögliche Qualität der Weine zu erahnen. Das ist fast so schwer, als sollte man bei einem Baby schon festlegen, was aus ihm nach der Pubertät wird. Doch einige lassen ihr Talent bereits durchschimmern.

Man kann getrost auf das Frühstück verzichten, wenn morgens um 9 Uhr in der Wachau die Möglichkeit besteht, einen Riesling von Hirtzberger aus dem Singerriedel oder einen Grünen Veltliner vom Namensvetter Emmerich Knoll aus dem Loibenberg zu probieren. Der Tag ist damit nicht etwa schon gelaufen, sondern beginnt mit einem Feuerwerk auf der Zunge.

Bei Erinnerungen an Österreich spielen Eindrücke der Landschaft eine große Rolle. Zwar kennt man mit der Zeit die schönen Regionen in allen Landesteilen. Aber man wird doch immer wieder aufs Neue überrascht. Zum Beispiel, wenn man – geplagt von einem bösartigen Hexenschuss – die Südsteiermark an einem der nicht so seltenen Regentage in diesem Gebiet anfährt, gerade noch zehn Meter Sichtweite hat und längst denkt, dass man sich total verfahren hat. Plötzlich erkennt man zunächst schemenhaft, dass das lang gesuchte Hotel erreicht ist. Am nächsten Morgen, lacht die Sonne ins Zimmer. Und von den nassen Wiesen und den Rebgärten in der Umgebung steigt malerisch der Dunst hoch. Sofort ist man munter, ergreift den Fotoapparat – und bemerkt auf einmal, dass sich auch der Hexenschuss verflüchtigt hat.

Oder eine Fahrt nach Rust im Burgenland. Die Ernte ist eigentlich schon vorbei. Die frisch aufgeworfenen Erd-

Österreich ist ein Weinland, dessen Facetten sich ins Gedächtnis prägen. Noch etliche Jahre nach Reisen und Besuchen sind Eindrücke höchst lebendig, vor allem jene von besonders feinen Weinen...

Was gibt es in diesem Weinherbst? Guten, süffigen Heurigen oder sogar eine noble edelsüße Spezialität, einen Ausbruch oder eine Trockenbeerenauslese?

schollen zwischen den Reben muten im Licht der untergehenden Sonne an wie Silberplatten. An einigen Stöcken sind noch Trauben zu sehen, aus denen – wenn es bald grimmig kalt werden sollte – vielleicht Eiswein oder zumindest ein Ruster Ausbruch wird. Man sieht sich an der Landschaft satt und kann die Hoffnung der Winzer fast mit Händen greifen.

Im Rückblick denkt man auch an viele, viele Gespräche mit Produzenten. Mal ging es darum, sie wieder aufzurichten, damals, in der kritischen Zeit Mitte der achtziger Jahre, als ein Skandal das Land erschütterte und auch die vielen guten Winzer, die es damals schon gab, verzweifelt waren und nicht wussten, wie es weitergehen sollte. »Die Chance der Krise« habe ich damals eine Reportage betitelt. Die Österreicher haben diese Chance genutzt.

In anderen Wortwechseln ging es ebenfalls um kritische Themen. Denn

natürlich ist in einem großen Weinland wie Österreich nicht alles hundertprozentig in Ordnung.

Die meisten Dialoge waren indes von sehr angenehmer Natur, oft freundschaftlich. Das Thema, das uns verband, war der Wein – und die gute Küche, die sich in Österreichs Gastronomie hervorragend mit dem Produkt der Reben verbinden lässt.

Und was mir stets als besonders erfreulicher Aspekt des Weinlandes Österreich in den Sinn kommt, ist der Charme der Winzerinnen und der Winzersgattinen. Ich schätze sie, die unverzichtbaren Frauen in dieser von Männern geprägten Weinwelt, egal ob sie Heidi, Eva, Irmgard, Rudolfine, Christine, Theresa, Anita, Gertrude, Birgit, Margarethe, Wilma, Rosi, Johanna heißen. Hoffentlich wissen die Männer in den jeweiligen Betrieben, was sie an ihren couragierten Frauen haben.

Rudolf Knoll, im Sommer 2000

Die Winzer sind auf jeden Fall von den Launen der Natur abhängig.

Österreichische Weine im Spiegel der Jahrhunderte

700 v. Chr. Auf dem Gelände des heutigen Zagersdorf wird ein Mann vom Volk der Kelten begraben. Man gibt ihm Trauben mit auf den Weg ins Jenseits, deren Kerne fast 2 700 Jahre später gefunden und der Kulturrebe Vitis vinifera zugeordnet werden.

Das war der Beweis dafür, dass die Kelten, die damals diesen Raum und auch den Süden der Steiermark besiedelt hatten, schon die Weinrebe kannten und sie kultivierten. Man darf sicherlich davon ausgehen, dass die Beeren nicht nur zum Essen verwendet wurden. Denn in vielen anderen Gebieten wird seinerzeit bereits der Saft aus diesen Beeren genossen.

So war die Weinkultur Griechenlands schon weit entwickelt. Thebaner Wein war 3000 v. Chr. wegen seiner Süße bekannt. In der alten Kulturlandschaft Mesopotamien wurden vermutlich um 8000 v. Chr. die ersten Reben angebaut. Georgien im Süden des Kaukasus hatte 5000 v. Chr. eine beachtliche Weinproduktion. Gemessen daran kam die Rebkultur relativ spät in das Gebiet des heutigen Österreichs.

Um 200 Cassius Dio Cocceianus (ca. 150–235), griechischer Historiker und römischer Konsul, schreibt über das Gebiet des heutigen Burgenlandes: »Die Pannonier führen das kümmerlichste Leben, da sie weder guten Boden noch günstiges Klima haben und kein Öl und keinen Wein (oder nur sehr wenig und von geringer Güte) anbauen; dagegen sind sie das tapferste Volk, das wir kennen. Sie sind jähzornig und mordsüchtig, da das Leben ihnen überhaupt nicht viele Reize bietet.«

Ob Cassius seinerzeit gründlich recherchiert hat oder sich von Vorurteilen leiten ließ, ist nicht bekannt.

276 Marcus Aurelius Probus (römischer Kaiser von 276 bis 282) hebt das bis dahin bestehende Anbauverbot für Weinreben nördlich der Alpen auf und lässt durch seine Soldaten an den Donauufern, in Pannonien und in der Südsteiermark Weinberge anlegen. Sie lohnen es ihm nicht, sondern ermorden ihn eines Tages, weil sie die Weinbergarbeit als Strafe empfinden. Erlas-

Der Beginn der Rebkultur in Österreich begann später als in anderen Regionen, aber immerhin doch schon vermutlich vor etwa 2700 Jahren. Die Kelten waren im Burgenland und in der Südsteiermark die ersten Winzer. Über ihre Ergebnisse ist nichts überliefert.

sen hat das Verbot zuvor der römische Kaiser Domitian (51–96). Er befahl, mehr als die Hälfte der Weingärten außerhalb Italiens zu roden, offenbar weil er befürchtete, dass der lukrative Weinbau den Getreideanbau in den Randzonen seines Machtgebiets überflügeln würde.

Er war einst der Gott des Weines: Bacchus (hier auf einem Gemälde im Kunsthistorischen Museum in Wien). Als die Römer einst in Pannonien Wein anbauten, feierten sie ausschweifende »Bacchanalien«.

280 In Vindobona (heute Wien) wird erstmals unter der Regie von Kaiser Probus Wein angebaut.

488 Die Römer geben ihre Provinz Noricum im Ostalpengebiet, östlich des Inns, auf und überlassen das Gebiet, zu dem auch Teile des heutigen Österreich gehören, plündernden Horden. Siedlungen und Kulturen werden schwer geschädigt. In den Wirren der Völkerwanderung kommt der Weinbau weitgehend zum Erliegen. Die Franken, die Slawen und schließlich das Nomadenvolk der Awaren, die sich zwischen 565 und 570 in Ungarn und im heutigen Niederösterreich festsetzen, sorgen nicht für eine neue Blüte. 791–796 vernichtet Karl der Große das Awarische Reich, 822 wird dieses Volk letztmals erwähnt. Das Donautal kommt 791 unter bayerische Herrschaft.

800 Karl der Große (742–814) wird in Rom zum Kaiser gekrönt. Sein Reich breitet sich von Friesland bis Ungarn und von Niedersachsen bis über die Pyrenäen aus. Der Herr über insgesamt 1,3 Mio. Quadratkilometer (annähernd dreimal so viel wie Österreich und Deutschland zusammen) ist ein großer Förderer des Weinbaus. Er verschenkt zahlreiche Weinberge an Klöster und gibt mit seiner »Capitularia de villis« wichtige Anleitungen für den Rebbau, die auch in seiner Ostmark aufgegriffen werden. Verfügt wird außerdem, dass Weinbauern nach Abgabe des üblichen Zehnten ihren überschüssigen Wein zuerst den Beamten zum Kauf anbieten müssen. Der Rest darf frei verkauft werden, was durch einen Strauß oder Besen an einer Stange deutlich gemacht werden soll – ein Vorläufer des »Heurigen« oder »Buschenschankes«. Untersagt ist es, betrunkenen Zechern den Becher zu füllen.

955 Otto I. (912–973) bezwingt auf dem Lechfeld die Magyaren, die sich ab 896 in Ungarn breit gemacht haben. In den Jahren danach schafft er es, das karolingische Kaisertum zu erneuern. In der Folge wird allmählich die Kirche im Weinbau tätig. Vor allem die bayerischen Bistümer und Klöster setzten wesentliche Akzente. Das Burgenland wird damals allerdings Teil des ungarischen Königreichs und nimmt als Weinland eine eigenständige Entwicklung.

1100 Die Blütezeit des Wiener Weinbaus beginnt. Damals wachsen sogar in der Innenstadt, auf dem heutigen Dominikanerplatz, Reben. Aber auch in Salzburg sind der Nonn- und der Mönchsberg mit Reben bestockt.

1114 Begründung des Weinbaus im Stift Klosterneuburg. Das Augustiner-Kloster wird 1108 von Leopold III. gestiftet. Heute ist das Chorherrenstift mit seinen imposanten unterirdischen Gewölben immer noch im Besitz des Augustiner-Ordens und mit seinen 103 Hektar einer der größten Weinbaubetriebe des Landes. Die früher etwas wechselhafte Qualität hat sich auf gutem Niveau stabilisiert.

1203 König Imre von Ungarn verehrt dem Zisterzienserorden von Heiligenkreuz einen Streifen Land zwischen dem Neusiedlersee und der Leitha. Die Mönche, die auch erfahrene Landwirte und Weinbauern waren, bringen aus ihrer französischen Heimat den »Pinot gris« (Grauer Burgunder) mit, der in Ungarn »Grauer Mönch« genannt wurde und wird.

1208 Erstmals wird eine Riede (Lage) urkundlich erwähnt, und zwar die Sandgrube auf den Fluren von Krems. 1230 folgte dann der Pfaffenberg.

1301 In Weißenkirchen in der Wachau ist ein Weingarten mit dem Namen Ritzling bekannt. In der Nähe gibt es noch heute den kleinen »Ritzlingbach«. Geschichtsforscher vermuten, dass der edle Riesling hier seine Urheimat hat. Die Wachauer erzählen das gern weiter. Aber einen klaren Beweis bleiben sie bis heute schuldig.

1305 In Krems, als Stadt seit 995 urkundlich bekannt, wird ein Stadtrecht verabschiedet, das die Wichtigkeit des Weinbaus deutlich hervorhebt: »Weil der stete Chrems und Stainerne Gedeihen aller maist an den weingarten liegt, damit die stete geert und geziret werden und uns nutzleichen dienst un dem Land erzaigen mugen, so wollen wir, daz sie im Weinbau unter keiner unberechtigten Gewalt zu leiden haben.« Seit diesem Zeitpunkt beginnt die Karriere von Krems als Weinstadt.

1342 Die Landesfürsten regeln mit detaillierten Satzungen den Lohn und die Arbeitszeit im Weinbau; es sind gewissermaßen einseitige Tarifverträge. Bei Nachlässigkeit drohen schlimme Strafen. Nachweisliche Faulheit kann bedeuten: Hand abhacken!

1447 Das Geburtsjahr der Hauerinnung Krems-Stein, die in gewisser Hinsicht Vorläufer der Genossenschaft Winzer Krems war, die 1938 gegründet wird und heute mit ihren rund 1000 Hektar größter eigenständiger Weinbaubetrieb Österreichs ist.

Weinkelterung im 15. Jahrhundert. Damals wurden die Trauben noch mit Füßen getreten. In südeuropäischen Ländern wird das gelegentlich heute noch praktiziert, allerdings nicht bei Edelweinen.

Die Trinkgefäße hatten vor einigen hundert Jahren noch andere Formen. Ursprünglich benutzte man das Trinkhorn (vom Nashorn oder Auerochsen). Die Ägypter kannten zwar bereits die Technik der Glasherstellung, aber erst im 17. Jahrhundert kamen Weingläser in Mode.

1456 Ein Katastrophen-Jahrgang für Österreich. Der Wein ist so schlecht, dass er weggeschüttet werden soll. Das wird von Friedrich III. kritisiert. Mit einer Gottesgabe könne man nicht so verfahren, urteilt der Monarch – und verfügt, dass der Wein zum Anrühren von Mörtel für den Turmbau der St. Stephanskirche in Wien verwendet werden muss.

1479 Matthias Corvinus, König von Ungarn und Böhmen (1440–1490), gewährt den Winzern von Rust ein besonderes Privileg, indem er seinen Steuereintreibern verbietet, in Rust den »Dreissigst« bei der Ausfuhr von Wein zu erheben. Schon damals ist der Ruster Wein weithin berühmt. Hauptsorte ist in jener Zeit der Furmint.

1499 Es ist vielleicht der »Jahrtausend-Jahrgang« in Menge und Güte. Es gibt Wein in so reichlichem Maß, dass die bestehenden Fässer nicht ausreichten und kurzfristig Holzgefäße, die »Moststuben«, gezimmert werden müssen. Noch im eisigen Winter wird damals Wein gelesen. Das gilt allerdings nicht für ganz Österreich: In einer Weinchronik der Stadt Retz ist »schlechtes Weinjahr« notiert.

1526 Auf den Fluren von Donnerskirchen (heute: Burgenland-Neusiedlersee) erntet eine Familie Gruber spät im Herbst besonders süße Trauben. Spätere Nutznießer sind die Freiherren von Laizer, die diese Auslese in ein eigenes Fass füllen lassen. Danach gelangt der Wein in den Besitz des Fürsten von Esterhazy. Das Gebinde wird zweimal gewechselt. In das dritte Fass wird der Werdegang des Inhalts eingeschnitzt: »Der Wein dieses Fasses wurde im Gebirge von Donnerskirchen im Jahr 1526 gelesen.«

Von Esterhazy lässt sich der Wein bis ins Jahr 1852 verfolgen, als der letzte Tropfen seinen Abnehmer findet. Der erwähnte Fassboden ist immer noch erhalten und gibt einen Hinweis auf die womöglich erste Trockenbeerenauslese der Welt.

1548 Die Weinbergfläche ist im Österreich jener Zeit etwa zehnmal so umfangreich wie heute. An der Donau stehen Reben bis über Linz hinaus. In Krems setzt man Akzente gegen die weitere Ausdehnung des Rebbaus durch eine entsprechende Weingartenverordnung, die eine Neuanlage von Weinbergen nicht mehr zulässt.

1582 Ein Johann Rasch gibt in Wien das erste österreichische Weinbuch heraus, in dem er die Arbeit im Weingarten und in der Kellerwirtschaft beschreibt. Darüber hinaus bemüht er sich um eine Unterteilung der Weinbaugebiete Niederösterreichs und nennt hier unter anderem das Tullnerfeld, das Steinfeld, das Gebiet um Wiener Neustadt sowie die

Wachau, die in jener Zeit allerdings keinen sonderlichen guten Ruf hat. Noch rund hundert Jahre später spottet der gebürtige Wiener Kanzelredner und Volksschriftsteller Abraham a Santa Clara (1644–1709) über den Donauwein: »Sauer wie der Wachauer.«

1618 Beginn des Dreißigjährigen Krieges, der bis 1648 dauert und zwangsläufig auch den Weinbau erheblich schädigt. Dabei hat dieser schon vorher unter den Einfällen von Hussiten, Ungarn und Türken gelitten.

1648 Eisenstadt im Burgenland, bis zu diesem Zeitpunkt ein »grundherrliches« Städtchen, wird Königliche Freistadt, weil die beiden größten bürgerlichen Weinbaubetriebe eine für damalige Zeiten enorme Weinernte von mehr als 2000 Eimern (1550 hl) eingebracht hatten.

1681 Rust am Neusiedlersee, bereits urkundlich seit 1307 bekannt, wird zur Freistadt erhoben. Die damit verbundenen Privilegien fördern die Ausfuhr des berühmten Ruster Ausbruch, eines Süßweins, der heute wieder einen hervorragenden Ruf genießt. Den Titel Freistadt bekommen die Ruster, weil sie seinerzeit durch stärkende Weingaben Kaiser Leopold und seine Soldaten im Kampf gegen die Türken und Ungarn unterstützen.

1683 Bei einer zweiten Belagerung durch die Türken leisten tapfere Wiener Streitkräfte wochenlang Widerstand, ehe es ihnen gelingt, mit einer eigenen Attacke, unter anderem herab vom Kahlenberg, die Angreifer zu besiegen. Angeblich hatten die Kämpfer einen besonderen »Helfer«, nämlich den Wein, den die Türken in den Kellern von Vorstädten entdeckten und dem sie nicht widerstehen konnten. Der Genuss des berauschenden Safts ist nicht gut für die Kampfmoral.

1782 Papst Pius VI. reist zum Kaiser nach Wien und macht Station in der Steiermark. Abends versorgt man ihn mit einem typischen Wein aus dieser Gegend, über den der Kirchenfürst anschließend in seinem Tagebuch notiert: »Und sie haben uns rosaroten Essig vorgesetzt, den sie Schilcher nannten.«

1784 Kaiser Joseph II. verordnet am 17. August dieses Jahres, dass Winzer selbstproduzierten Wein auch selbst ausschenken und dazu kleine Speisen (selbstgebackenes Brot, Fleischwaren aus eigener Schlachtung) reichen dürfen. Das ist – nach einer alten Verfügung Karls des Großen um 800 – die zweite Grundlage für den Buschenschank (Heurigen). Die Bezeichnung »Heuriger« kommt allerdings erst um 1800 in Mode. Der Eigenausschank wird, da von Abgaben befreit, zu einem wichtigen Absatzweg für die Weinbauern.

Weinlese im frühen 19. Jahrhundert. Es war ein Fest für die ganze Familie, wenn die Trauben eingebracht wurden – obwohl die Ernte immer schon harte Arbeit war und es das Wetter nicht immer gut mit den Bauern meinte.

1815 Die Wiener Bürger trinken nach amtlichen Feststellungen durchschnittlich 87 Liter Wein im Jahr.

1827 Im badischen Weinheim wird August Wilhelm Freiherr von Babo geboren. Er wirkt zunächst an der Landwirtschaftlichen Lehranstalt in Weinheim, ist dann auf der Hochschule in Karlsruhe im Versuchsweinbau tätig, ehe ihn ein Ruf aus Österreich ereilt und er 1860 die Leitung der damals gegründeten Wein- und Obstbauschule in Klosterneuburg bei Wien übernimmt. Babo fördert Weinbau und Kellerwirtschaft und ist außerdem Autor eines Handbuches für Kellerwirtschaft, das er gemeinsam mit Edmund Mach verfasst, dem langjährigen Direktor der Weinbauschule in San Michele (damals Südtirol, heute Trentino). Viel Ruhm erwirbt sich Babo, der 1894 stirbt, durch eine erfolgreiche Bekämpfung der Reblausplage.

Für die Künstler war der Wein in allen seinen Variationen immer ein interessantes Motiv. Man entdeckt ihn in vielen Gemälden in Kirchen, entsprechend seiner Bedeutung als Messwein.

1842 Der aus Stuttgart gebürtige Robert Schlumberger gründet in Bad Vöslau (Thermenregion) eine Sektkellerei; heute ist er der bekannteste Erzeuger schäumender Weine in Österreich. Er führt außerdem damals schon die französischen Edelsorten Cabernet Sauvignon und Merlot ein, die bis vor wenigen Jahren offiziell nicht klassifiziert worden sind.

1849 In Rohrendorf bei Krems erwirbt ein gewisser Anton Moser einen Weinkeller, der ursprünglich seit 1040 der Benediktinerabtei Ebersberg (Bayern) gehörte. Damit schlägt die Geburtsstunde der heutigen Weinkellerei Lenz Moser, die 1999 ihren 150. Geburtstag feiert. Sie befindet sich seit 1986 im Besitz des Linzer Handelshauses VOG, das 1996 noch die Marken der Weinkellerei Burgenland und 1998 des Niederösterreichischen Winzerhauses übernimmt und unter dem Dach »Lenz Moser« zusammenführt.

Zur Kellerei Lenz Moser gehören nicht nur Besitzungen in Rohrendorf, sondern auch Flächen in Mailberg/Weinviertel (Schlossweingut Malteser Ritterorden) und in Siegendorf/Burgenland (Klosterkeller Siegendorf). Darüber hinaus kooperiert man für die diversen Weinmarken wie »Storch« und »Servus« mit rund 3000 Weinbauern in ganz Österreich.

Ein Moser befindet sich nicht mehr im Unternehmen. Der Letzte seines Stamms scheidet Ende 1997 aus der Geschäftsführung aus und engagiert sich seitdem für das kalifornische Haus Mondavi auf dem europäischen Markt.

1860 In Klosterneuburg wird eine Weinbauschule gegründet. Sie hat zunächst privaten Charakter, wird aber 1863 vom Land Niederösterreich übernommen und schließlich 1874 als »Königl. Kaiserliches Önologisch-Pomologisches Institut« zur Staatlichen

Mittelschule erhoben. Zugleich wird die seit 1870 bestehende »Oenochemische Versuchsstation für Wein- und Obstbau« ebenfalls vom Staat übernommen und in die Anstalt integriert.

Heute werden auf der Höheren Bundeslehr- und Versuchsanstalt für Wein- und Obstbau unter anderem Winzer ausgebildet. Darüber hinaus gehören Forschungsarbeiten zu den Aufgaben der Institution, ebenso die Rebenzüchtung, die unter anderem eine erfolgreiche Rotwein-Neuzüchtung, den Zweigelt, hervorgebracht hat. Aufsehen erregt man mit der Erbforschung bei Reben, die unter anderem zutage fördert, dass der Müller-Thurgau zwar vom Riesling, aber nicht vom Silvaner, sondern von einer Chasselas-Variante abstammt. Auf über 30 Hektar wird außerdem Weinbau betrieben.

1863 In Krems folgt man dem Klosterneuburger Vorbild: Eine Weinbauschule wird gegründet. Sie muss zwar einige Jahre später kurzfristig aus Schülermangel schließen. Doch danach drücken hier viele später führende Winzer – vor allem aus Niederösterreich – die Schulbank. Die Schule besteht heute noch und unterrichtet seit einigen Jahren in dem für den Weinbau sehr wichtig gewordenen Fach Marketing.

1868 Die Landesobst- und Weinbauschule in Klosterneuburg (Niederösterreich) importiert Weinreben aus Amerika, die von der Reblaus befallen sind. Trotzdem wachsen diese amerikanischen Reben gut an. Aber der Schädling, der sich schnell verbreitet, knabbert die Wurzeln der heimischen Sorten (Europäer-Reben) an und bringt sie zum Absterben.

Bis zum Ende des Jahrhunderts ist neben anderen europäischen Weinländern fast ganz Österreich verseucht. Viele Maßnahmen zur Bekämpfung der Seuche werden ausprobiert. Es scheint erfolgversprechend, Sand in die Weingärten auszubringen und sie unter Wasser zu setzen (weil man festgestellt hat, dass sandige Flächen bei Illmitz am Neusiedlersee reblausfrei geblieben waren). Doch diese Methode ist nicht nur aufwendig, sie ist außerdem nicht überall umsetzbar. Die Kreuzungen von Amerikanerreben mit den europäischen Rebsorten widerstehen der Wurzellaus. Aber das eigenwillige Aroma und der saure Geschmack der Weine sind kaum an den Mann zu bringen.

Seitdem amerikanische Unterlagsreben benutzt werden, die der Wurzellaus nicht schmecken, bekommt man das Problem allmählich in den Griff. Aber der Winzerstand kann sich erst nach dem Zweiten Weltkrieg wieder richtig erholen.

1879 Die Peronospora (falscher Mehltau), eine der gefährlichsten Pilzkrankheiten, wird aus Nordamerika auch nach Österreich eingeschleppt und richtet innerhalb weniger Jahre ge-

Ein guter Tropfen soll es sein, meine Herren! Der feine Wein war einst den Männern vorbehalten. Man fachsimpelte in den Stuben von Wien über das edle Getränk und sprach ihm dabei eifrig zu.

Winzerfest im 19. Jahrhundert im Burgenland, das damals noch zu Ungarn gehörte. Meist wurde kurz nach Abschluss der Lese fröhlich mit Musikbegleitung gefeiert.

waltige Schäden an. Man kann fast von einer konzertierten Aktion mit der Reblaus sprechen, die ebenfalls in dieser Zeit den Weinbau schädigt. Der Pilz befällt nicht nur das Laub, sondern ebenso die Beeren und sorgt für so genannte »Lederbeeren«, die die Qualität des Weins empfindlich beeinträchtigen können.

1892 Grinzing, bis dahin selbstständige Gemeinde, wird nach Wien eingemeindet und damit zum berühmtesten Heurigenviertel der österreichischen Landeshauptstadt. Urkundlich erstmals erwähnt wird »Grincing« bereits 1156. Zuvor hatte Kaiser Heinrich III. einen gewissen Grinzo mit Land für seine Verdienste belohnt.

1898 Das Niederösterreichische Winzerhaus wird gegründet. Später geht daraus die Vereinigung Niederösterreichische Winzergenossenschaft als Dachverband für gut ein Dutzend kleinere Genossenschaften mit zwei Kellereien in Wien-Simmering und Wolkersdorf (Weinviertel) hervor. Beliefert werden vor allem der Lebensmittelhandel (unter anderem mit der populären Marke »Poysdorfer Saurüssel«) und die Gastronomie. Knapp hundert Jahre nach seinem Ursprung hat Winzerhaus zwar 2000 Hektar Reben unter seinen Fittichen und erzeugt durchaus korrekte Weine, ist aber trotz diverser Rationalisierungsmaßnahmen nicht mehr überlebensfähig. Banken ziehen ihre Unterstützung zurück. 1998 schlägt das letzte Stündlein für Winzerhaus; eine Jubiläumsfeier gibt es nicht mehr. Die Marken werden im Wesentlichen von der Kellerei Lenz Moser übernommen; die Einzelgenossenschaft Dinstlgut in Loiben wagt den Schritt in die Selbstständigkeit.

1905 In Rohrendorf wird der spätere Dr. h. c. Lenz Moser als Sohn einer Weingutsbesitzerfamilie geboren. Er besucht die Höhere Bundeslehranstalt für Wein- und Obstbau Klosterneuburg und beginnt danach mit weinbaulichen Forschungen. Er entwickelt dabei die Hochkultur, eine Erziehungsform, die heute – nach anfänglichen Widerständen – weit verbreitet ist. In breiten Rebzeilen ist eine bessere Schädlingsbekämpfung möglich. Bücken ist nicht mehr notwendig, die günstige Arbeitshöhe senkt den Arbeitsaufwand. Moser, der in Österreich als »Erneuerer der Weinkultur« gilt, stirbt 1978.

1919 Das lang zum Königreich Ungarn gehörende Burgenland wird Österreich zugesprochen. Es kommt zu einem ungarischen Widerspruch, der 1921 zu einer Volksabstimmung führt, nach deren etwas widersprüchlichem Ergebnis Ödenburg wieder an Ungarn fällt. Von 1938 bis 1945 ist das Burgenland zwischen Niederösterreich und der Steiermark aufgeteilt.

In Joching in der Wachau wird der Familie Jamek ein Sohn geboren. Josef Jamek wird später der große Qualitätspionier des Gebietes an der Donau. Fast legendär sind die Weine aus seiner Riede Klaus, die durch den Bau von Terrassen ein beeindruckendes Naturdenkmal wird. Jamek gehört in den fünfziger Jahren auch zu den ersten Produzenten in Österreich, die auf jede Anreicherung des Mostes verzichteten.

1925 Die Sorte Müller-Thurgau, 1882 in Geisenheim von Professor Müller aus dem Schweizer Kanton Thurgau gekreuzt, wird erstmals auch in Österreich kultiviert und findet als Riesling x Silvaner gute Verbreitung. Heute belegt sie knapp 4000 Hektar Rebfläche.

1938 Die Fürstenfamilie Starhemberg, die ihr Gut von Winzern aus Dürnstein bewirtschaften lässt, gerät durch die damalige Wirtschaftskrise in große Schwierigkeiten und muss ihre Weingärten nach und nach verkaufen. Zunächst will die Gemeinde Dürnstein einspringen. Aber dann wird eine Winzergenossenschaft gegründet, die die Fläche übernimmt und sich auch für den Absatz der Weine stark macht. Das ist der Ursprung der Genossenschaft Freie Weingärtner Wachau, deren Mitglieder heute rund 40 Prozent der Fläche der Donau-Region bewirtschaften. Sie gilt als die beste Kooperative in Österreich.

1956 Die Weinbaufläche in Österreich umfasst, mit steigender Tendenz, 32 000 Hektar.

1976 Der steirische Schilcher bekommt Rechtsschutz für das gesamte Gebiet, weil zuvor der hellrote Wein aus der Wildbachertraube oft mit anderen, minderwertigen Sorten (Hybriden) verschnitten wurde. Das reicht den Winzern in der Weststeiermark nicht; sie gründen in den achtziger Jahren den Schutzverband »Klassischer Weststeirischer Schilcher«, der nach einer Prüfung eine Schutzmarke mit einem weißen Pferd vergibt. Außerdem wird in Rassach die Vinothek »Schilcher Stöckl« eingerichtet, in der von April bis Dezember regelmäßig rund 50 Schilcher zur Verkostung bereitstehen.

1980 Ein Supermarkt in Köln stellt mit 4,99 DM für eine österreichische Beerenauslese des Jahrgangs 1979 aus dem Gebiet Rust-Neusiedlersee einen neuen Tiefstpreisrekord auf. Er wird im Jahr darauf noch unterboten: Bei »Penny« gibt es eine St. Margarethener Beerenauslese für 3,99 DM. 1984 war die »Ruster Spätlese« bei »Aldi« für 1,99 DM zu haben. Erst im Jahr 1985 wunderte man sich nicht mehr darüber.

1983 In der Wachau wird der Schutzverband »Vinea Wachau Nobilis Districtus« gegründet, der Qualität und

Die ersten wertvollen Rotweine wurden im 19. Jahrhundert im Süden von Wien gewonnen, in der heutigen Thermenregion. Aber erst in den letzten zwanzig Jahren bekamen die roten Sorten in Österreich mehr Bedeutung.

In einigen Schatzkammern in Österreich liegen noch viele Flaschen Altwein. Bei Raritätenproben sind sie oftmals für eine erfreuliche Überraschung gut. Auch herbe Weißweine haben eine erstaunliche Qualität.

Ansehen des Wachauer Weines fördern soll – was ihm auch bald gelingt. Dem Verein (heutiger Obmann: Franz Hirtzberger) gehören nahezu alle namhaften Erzeuger des Gebiets an, inklusive der großen Genossenschaft Freie Weingärtner in Dürnstein. Er setzt ein eigenständiges Prädikatssystem durch, mit den drei Kategorien Steinfeder (Leichtwein), Federspiel (mittelgewichtig, aber gehaltvoll) und Smaragd (kraft- und wertvoll) – und er wird zum Vorbild für viele andere regionale Vereinigungen, die sich in den Jahren danach konstituieren.

1985 Das vielleicht schlimmste Jahr in der Weingeschichte Österreichs: Nachdem bekannt wird, dass einige Weinpanscher über Jahre hinweg (etwa seit 1978) ihre einfachen Gewächse mit Glykol (Bestandteil von Frostschutzmitteln) im Extrakt angehoben haben, um sie teurer als Prädikatsweine verkaufen zu können, kommt der wichtige Export weltweit zum Erliegen.

Das große Problem ist die seinerzeit betriebene Verschnittpraxis in Österreich, die zu einer Vielzahl »infizierter« Weine führt. Sie weisen zwar nur Glykol im untersten Gramm- oder Milligramm-Bereich auf, aber das reicht bereits für die »Verkehrsunfähigkeit«: Alle diese Weine müssen vernichtet werden.

Im Rückblick ist der Glykol-Skandal geradezu ein Segen für den österreichischen Weinbau gewesen, weil verkrustete Strukturen aufbrechen mußten und sich in der Winzerszene eine erfreuliche »Jetzt-erst- recht«-Mentalität entwickeln konnte. Mit etlichen Korrekturen in den Weingesetzen der folgenden Jahre werden die Rahmenbedingungen für die ambitionierten Erzeuger deutlich verbessert.

1986 Österreich öffnet sich auch offiziell zwei wichtigen internationalen Rotweinsorten. Cabernet Sauvignon und Merlot werden durch eine Verordnung des Bundesministers für Land- und Forstwirtschaft zu empfohlenen Qualitätsweinsorten. Zuvor ist ihre Kultivierung bereits toleriert worden. Damit bekommt der Rotweinanbau im Land neue Schubkraft. Und die Winzer erhalten mehr »Spielmöglichkeiten« bei der Zusammenstellung von Cuvées. Das wird später vor allem im großen Rotweinjahr 1997 ausgiebig genutzt.

1987 In Krems wird Kloster Und wiedereröffnet. Die Renovierung des traditionsreichen Bauwerks erforderte einen Kostenaufwand von 22 Millionen Schilling, die aber gezielt eingesetzt wurden. Der Anstoß zu diesem Unternehmen ist dem Nachbarn Erich Salomon vom Weingut Undhof zu verdanken, der sehr viel persönliches Engagement einbrachte. In den Räumlichkeiten können Verkostungen und Seminare durchgeführt werden. Im Keller des inzwischen verpachteten Klosters finden vom Frühjahr bis zum Herbst ständig Weinpräsentationen statt.

Morillon
1968
MT
1968

Die Weinregionen und ihre Spezialitäten

Österreich ist ein überschaubares Weinland, das auf seinen knapp 50000 Hektar Rebfläche im zehnjährigen Durchschnitt gerade mal 2,7 Millionen Hektoliter Wein erzeugt. Damit ist man in der EU, in der insgesamt annähernd 3,5 Millionen Hektar unter Reben stehen und durchschnittlich 160 bis 170 Millionen Hektoliter gekeltert und abgefüllt sowie in Jahren wie 1999 zu einem nicht geringen Teil auch der Verspritung zugeführt werden, ein Zwerg. Österreich trägt nicht mal zwei Prozent zur Ernte der Europäischen Gemeinschaft bei. Was die Österreicher produzieren, schaffen in Deutschland die Rheinhessen oder Pfälzer in manchen Jahren mit rund der Hälfte der Rebfläche allein.

Zwar setzt man nicht auf Masse, aber es gibt natürlich gelegentlich eine Überproduktion, die die Preise abstürzen lässt. So wurde im Herbst 1999 Fassware mancherorts für drei Schilling pro Liter verkauft; da zahlen die Erzeuger letzten Endes drauf und hoffen, dass die Zukunft rosiger aussieht. Zu teuer soll es aber auch wieder nicht werden. Denn es sollte sich nicht wiederholen, was im Frühjahr 1998 passierte: Da die Fassware beim Weißwein zehn Schilling und rote Sorten 15 und mehr Schilling pro Liter kosteten, hatte der billige Auslandswein aus dem Osten den Einzug in die Regale des Lebensmittelhandels geschafft.

Österreich ist ein Weinland mit einer »Mehrklassengesellschaft« unter den Produzenten. Rund 40000 landwirtschaftliche Betriebe befassen sich mit der Rebkultur. Aber 26000 davon haben lediglich eine Weingartenfläche von einem Hektar oder weniger; das heißt, der Wein ist allenfalls Nebenerwerb. Ihre Trauben liefern sie an Genossenschaften oder Kellereien. Nur 7000 Betriebe füllen selbst ab. Lediglich 3000 Weinhauer besitzen mindestens fünf und mehr Hektar Reben. In manchen Regionen, vor allem im Weinviertel, gibt es noch reichlich Gemischtwirtschaft mit Wein, Getreide und Vieh.

Rund hundert Güter spielen in der Winzer-Bundesliga, die – anders als im Sport – Jahr für Jahr mehr Aufsteiger und nur selten Absteiger registriert. Die

Im Weinkeller ist sorgfältige Verarbeitung des Traubenmaterials von großer Bedeutung (oben). – Freunde österreichischen Weins schätzen neben dessen Qualitäten auch den Reiz der Weinlandschaften: das Sausaltal in der Steiermark (vorhergehende Doppelseite) und Deutschkreutz im Burgenland (linke Seite).

Auch in einer etwas verschlafenen Region wie dem Donauland ist zunehmend Qualitätsdenken angesagt.

besten von ihnen, einige Dutzend, werden regelmäßig in nationalen und internationalen Medien gut bewertet; ihr einziges Problem beim Verkauf ist, dass sie meist zu wenig Wein haben und zuteilen müssen. Ihr Vorteil gegenüber ihren Konkurrenten ist der dauerhaft gute, bewährte Name.

Dann gibt es die Mittelschicht, die kämpfen muss, um sich zu behaupten. Auch in dieser Kategorie findet man gute und in den letzten Jahren immer bessere Weine. Nur ist es für sie, die noch keinen Namen haben, schwer, ohne Protektion der Medien – die sich oft auf ausgetretenen Pfaden bewegen – voranzukommen. Und sie müssen erst den Beweis antreten, dass sie dauerhaft einen guten Standard haben. Manche »Eintagsfliegen« haben einmal einen Treffer gelandet, zum Beispiel einen Siegerwein für den »Österreichischen Weinsalon«, und sind danach wieder in der Versenkung verschwunden.

Seit einigen Jahren wird in Österreich darüber diskutiert, wie eine neue Marktordnung aussehen könnte, mit der man sich gegen eine stärker werdende Konkurrenz aus den Auslandsmärkten behaupten kann.

Bislang ist das Weinrecht Österreichs erkennbar an die deutschen Regeln angelehnt – so sehr, dass die Österreicher vor einigen Jahren sogar deutsche Geschmackskriterien übernommen haben und verstärkt Weine mit etwas Restsüße erzeugen. Wenigstens ist die Süßreserve, die in Deutschland sogar bei höheren Prädikaten zugesetzt werden darf, bislang kein Thema für die Weine ab Kabinett aufwärts.

Vorbild für denkbare neue Strukturen sind die Regeln in Italien mit bestimmten Weintypen für bestimmte Weinbaubezirke. Die Spitze sollen »Herkunftsweine« mit dem Status »Districtus Austria Controllatus« (DAC) bilden, ähnlich dem Begriff »Denominazione

Man erkennt das auch an gepflegten Weingärten, die immer häufiger zwischen den Rebzeilen begrünt sind.

Impression aus dem Traisental, einer kleinen, malerischen Landschaft zwischen St. Pölten und Krems, die erst vor einigen Jahren selbstständiges Weinbaugebiet wurde und allmählich beginnt, ihr Potenzial auszuschöpfen.

di Origine Controllata« (DOC) in Italien. Ob freilich die auch nicht immer ganz griffigen italienischen Kriterien so einfach auf das kleine Österreich mit seiner beachtlichen Sortenvielfalt übertragbar sind, darf bezweifelt werden. Stand der Dinge bei Redaktionsschluss dieses Buches im Sommer 2000 war, dass vielleicht einmal so genannte Interprofessionelle Komitees mit Vertretern der Erzeuger und Vermarkter in jedem Anbaugebiet passende Regeln »in freier Entscheidung« festsetzen, die dann Gesetz werden.

Die derzeitige Ordnung mit momentan 16 Anbaugebieten wird zumindest im Wesentlichen vorläufig Bestand behalten. Zu leichten Verschiebungen kann es immer wieder bei den Rebflächen kommen, weil in Österreich noch einiges im Fluss ist. In der zweiten Hälfte der achtziger Jahre, als es mit dem Export ins Ausland arg haperte, wurden einige tausend Hektar Rebfläche stillgelegt und gerodet. Teilweise sind Neuanpflanzungen möglich. Vielleicht taucht in ein paar Jahren sogar wieder ein traditioneller Name unter den Anbaugebieten neu auf: Vorarlberg erweiterte seine Rebfläche in letzter Zeit um einige hundert Prozent. Ausgangslage waren freilich 1,3 aus der Vergangenheit übriggebliebene Hektar ...

Davon etwas weiter hinten in diesem Kapitel noch mehr. Machen wir uns zunächst einmal auf zu einem Spaziergang durch die 16 derzeit offiziellen Weinregionen Österreichs.

Niederösterreich

Das Bundesland Niederösterreich ist a) in seiner Gesamtheit als ein Weinbaugebiet zu betrachten, in dem es zum Beispiel für Markenweine möglich ist, Erzeugnisse aus den verschiedenen einzelnen Regionen miteinander zu verschneiden. Das heißt etwa, dass der Weinviertler Veltliner mit einem Donauland-Veltliner vermischt oder eine Partie Kremstaler mit Kamptaler Riesling ergänzt werden kann. Das Ergebnis ist »Qualitätswein aus Niederösterreich«. Sollte ein Burgenländer Wein mit im Spiel sein, wird als Herkunft »Weinland Österreich« deklariert. Und das Produkt ist als »Landwein« einzustufen.

Niederösterreich ist b) ein Gebiet, dessen etwa 30 600 Hektar Rebfläche auf acht Regionen verteilt sind. Eine davon ist so groß, dass man sie möglicherweise in den nächsten Jahren, wie früher einmal, untergliedern wird (das Weinviertel, bei dem einst zwischen östlichem und westlichem Teil differenziert wurde). Andere sind vergleichsweise winzig, aber sie haben gewisse lokale Eigenheiten, aufgrund derer man sie vor einigen Jahren in die Selbständigkeit entließ (Traisental, Carnuntum).

Es ist noch früh im Jahr. Ende April beginnen die Reben mit dem Austrieb. In den Wochen vorher konnten die Winzer durch einen auf geringen Ertrag ausgerichteten Rebschnitt bereits die Weichen Richtung Qualität stellen.

Wachau

Ein Wachauer Smaragd vom Feinsten aus dem Top-Gut von Franz Hirtzberger. Obwohl es sich schon um einen Jahrgang 1990 handelt, ist der Wein noch in guter Form.

Beim Stichwort »Wachau« geht einem das Herz auf. Die eigentlich kleine Region an der Donau mit ihren nicht mal 1500 Hektar Rebfläche ist – dafür kann sie nichts – so etwas wie eine ständige Rechtfertigung für den Wohnort des Autors. Denn der antwortet auf die immer wieder mal gestellte neugierige Frage, wieso er denn dazu komme, in der Oberpfalz im nördlichen Bayern zu leben, mit einer geographischen Angabe: »Liegt genau zwischen dem Rheingau und der Wachau.«

In Österreich ist die Wachau das einzige Gebiet, das seine Eigenständigkeit sehr deutlich betont. Kommt er aus dem Westen, dann entdeckt der Besucher – wenige Kilometer vom Stift Melk entfernt – auf beiden Seiten der Straßen an der Donau jeweils ein Schild mit dem Hinweis »Hier beginnt das Anbaugebiet Wachau«. Und wenn nach 30 Kilometern die 1455 Hektar Reben vorüber sind, folgt kurz vor dem Stadtrand von Krems und auf der anderen Flussseite am Ortsende von Mautern die Information »Hier endet das Anbaugebiet Wachau« (wobei auf der Rückseite des Schildes, die auch als Vorderseite angesehen werden kann, jeweils der Beginn der Wachau angezeigt wird).

Die Wachau ist heute Österreichs Aushängeschild bei den Weißweinen. Grüner Veltliner und Rheinriesling machen Furore und sind international gefragt, wenn sie aus den renommierten Gütern oder der bedeutenden Gebietsgenossenschaft Freie Weingärtner kommen. Weißburgunder, Chardonnay, Muskateller, Neuburger und Sauvignon Blanc gehören zu den Spezialitäten; rote Sorten sind wenig gefragt. Orte wie Spitz, Weißenkirchen, Joching, Dürnstein, Loiben und Mautern haben nicht nur einen guten Klang bei Weinkennern, sie sind auch beliebte Ausflugsziele mit Atmosphäre.

Nachdenklich kann der Besucher werden, wenn er die teilweise extrem steilen, terrassierten Weinlagen auf der nördlichen Seite der Donau betrachtet. Es waren schon vor tausend Jahren die Klosterbrüder, die bei der Kultivierung des Gebietes erkannten, dass das Abschwemmen der lockeren Urgesteinsverwitterungsböden nur vermieden werden kann, wenn schmale Streifen – die Terrassen – in den Berg gehauen werden. Manche dieser Stufen sind nur einen bis drei Meter breit. Sie und ihre stützenden Mauern zu erhalten ist schwieriger Denkmalschutz.

Die Rekultivierung solcher Fluren, die vereinzelt brach liegen, kostet mehr als zwei Millionen Schilling pro Hektar. Eine der nominell besten Lagen steht seit vielen Jahren nicht mehr unter Reben. Im Atzberg bei Spitz fehlen die Bewirtschaftungswege, die alten Terrassen sind überwiegend verfallen. Nebenan in der berühmten Riede Singerriedel hat der Winzer Franz Hirtzberger in gut zwei Jahren mühevoller und angesichts der Steillage nicht immer ungefähr-

Weißenkirchen, einer der bekanntesten Weinorte in der Wachau. Weingarten und auch die Terrassenlagen, die einst von den Mönchen angelegt wurden, befinden sich noch im Winterschlaf.

lichen Arbeit gut einen Hektar neu geformt und bepflanzt.

Geradezu legendär ist die Riede Klaus auf den Fluren von Weißenkirchen. Sie wurde bereits 1386 erstmals genannt und ist damit eine der ältesten urkundlich erfassten Lagen Österreichs. Der größte Teil ist im Besitz des Weinguts Jamek. Der große alte Mann der Wachau, Josef Jamek aus Joching, ging damals ein hohes Schuldenrisiko ein, als er hier Anbaufläche erwarb. Aber dann formte er ein beeindruckendes Naturdenkmal, das für viele Winzer im Gebiet zum Vorbild wurde. Im Klaus wurde erstmals in den achtziger Jahren die heute auch anderorts betriebene Tröpfchenbewässerung praktiziert. Sie war notwendig geworden, weil ausgerechnet in den besten Rieden allzu oft Trockenheit herrschte. Solche kleinen Natur-Korrekturen sind legitim, sie werden auch in etlichen anderen Weinländern praktiziert.

Es gab indessen Unternehmer und Politiker, die keinen Respekt vor den natürlichen Schönheiten der Region und ihren Besonderheiten hatten. So sollte vor Jahrzehnten in Rossatz, auf der anderen Seite der Donau, ein monströses Kraftwerk entstehen und der Fluss – praktisch zu Füßen der Riede Klaus – gestaut werden. Das Quartett Franz Hirtzberger senior, Josef Jamek, Franz Prager aus Weißenkirchen und Wilhelm Schwengler, damals Direktor der Dürnsteiner Genossenschaft, schaffte es, diesen Unfug zu verhindern. Und

Über der Wachauer Rebenlandschaft (im Bild: das idyllische Loiben) scheint förmlich ein Zauber zu liegen. Auch die Weine dieses Gebietes sind oft hinreißend.

weil man schon mal dabei war, gelang es dem »Arbeitskreis zum Schutz der Wachau« außerdem, den Schwerkraftverkehr von beiden Seiten der Donau zu verbannen. Das gab dem Weintourismus neuen Schwung.

Später wurden die vier großen Wachauer auch noch Gründerväter der Vereinigung »Vinea Wachau Nobilis Districtus«, der heute die meisten Produzenten der Region angehören. Einige – wie die Kooperative Dinstlgut in Loiben – sind nicht dabei, weil sie Flächen außerhalb der Wachau bewirtschaften. Die »Vinea« versteht sich als Gebietsschutzverband, der zugleich – ohne strenge Regularien – den Mitgliedern Impulse geben will. Als er 1983 gegründet wurde, ging es der Wachau nicht sonderlich gut. Heute hat sie einen hohen Stellenwert. Und so mancher Winzer, der noch vor einigen Jahren ein mittelmäßiger »Trittbrettfahrer« war, ließ sich vom Ehrgeiz der Kollegen an-

stecken und produziert inzwischen ausgezeichnete Weine.

Klassifiziert werden die Vinea-Weine in drei Kategorien: Steinfeder (natürlicher, schlanker Leichtwein), Federspiel (elegant, mittelgewichtig, entspricht etwa einer herben deutschen Spätlese) und Smaragd (hochreif, kraftvoll, weitgehend herb). Ursprünglich war »Honivogl« (nach einem alten Spitzer Flurnamen) die Bezeichnung. Aber die Wachauer übersahen damals, dass es eine Familie gleichen Namens gab. Mit der war keine Einigung über das Namensrecht möglich, so dass der Edelstein herhalten musste. Vielleicht ist eines Tages noch eine vierte spezielle Wachauer Kategorie notwendig. Denn in den letzten Jahren wurden immer häufiger edelsüße Weine eingebracht. Doch die Beerenauslesen, Trockenbeerenauslesen und Eisweine sind rar, manchmal gibt es nur einige Dutzend begehrte Flaschen davon.

Die Flächen am Hang sind meist terrassiert. Die Erhaltung dieser Anlagen ist so etwas wie Denkmalschutz.

Kremstal

Als vor Jahren im Weinmagazin »Vinum« eine Reportage über das Kremstal erschien, war sie respektlos als »Das Ende der Wachau« betitelt – in Anspielung auf die Schilder kurz vor Krems. Doch es gab in der Tat früher Persönlichkeiten, die ein Ende der bekanntesten Donau-Region befürchteten, weil man im Raum Krems allzu anmaßend die Wachau vereinnahmte und sogar Gewächse aus dem Gebiet im Osten von Krems noch ohne Schamgefühl als »Wachauer« vermarktete.

Heute ist das durch das Weingesetz ausgeschlossen. Ein Weinbaugebiet Krems gab es schon mal. Doch nach dem Weinskandal von 1985 wurde damit Schluss gemacht, dass Städte und Gemeinden ihren Namen für ganze Regionen hergaben. Rust, Gumpoldskirchen, Retz, Langenlois und Klosterneuburg waren einst ebenfalls solche Leitgemeinden.

Krems an der Donau (im Bild die Minoritenkirche) ist eine Stadt mit einer reichen Geschichte. Sie ist auch Sitz einer bedeutenden Genossenschaft und kann ein städtisches Weingut vorweisen.

Ein Stück davon blieb in Krems erhalten. Die größte Genossenschaft Österreichs, die 1200 Hektar unter ihren Fittichen hat, firmiert als »Winzer Krems«, obwohl natürlich ihre Mitglieder zu mehr als 40 Prozent auch außerhalb der Fluren der Stadt und des Kremstals ihre Flächen haben – was der selbständigen Winzerschaft von Krems ein Dorn im Auge ist. Aber niemand hatte etwas gegen die vor einigen Jahren neu kreierte Gebietsbezeichnung Kremstal, obwohl die genau genommen ebenfalls ein wenig irreführend ist. Denn es gibt zwar einen Fluss namens Krems und ein entsprechendes Tal, in dem er seine Mäander zieht, vorbei etwa am Weinort Senftenberg. Doch die gut 2200 Hektar Fläche der Region erstrecken sich außerdem in einem Gebiet auf der anderen Seite der Donau, um Göttweig und Furth herum. Rohrendorf und Gedersdorf liegen östlich von Krems, und damit weg vom Flüsschen.

Für einige Jahre nach 1985 war alles zusammen, mit dem heutigen Kamptal im Norden und Teilen des weiter östlich gelegenen Donaulandes, eine Region, das »Kamptal-Donauland« – ein Gebilde, das nur Insider geographisch zuordnen konnten. Die heutige Lösung ist sicher transparenter und für die Stadt Krems vorteilhafter.

Krems zählt zu den ältesten Stadtsiedlungen Österreichs, ist einerseits im Osten stark industriell geprägt, kann aber in seinem Zentrum und in den

Stadtteilen Und sowie Stein im Osten viele romantische Straßen und historische Bauwerke vorweisen. Spätgotik, Renaissance und Barock haben hier reizvolle Spuren hinterlassen. Ein beachtliches Weinbaumuseum und das Weinkolleg Kloster Und mit seiner ständigen Weinpräsentation sind zwei besonders interessante Ziele für Kremsbesucher. Zur Stadt gehört außerdem ein städtisches Weingut. Wichtig nicht nur für die Region ist die schon 1875 gegründete Weinbauschule, in der Österreichs Winzernachwuchs ausgebildet wird. Zum immer wichtiger gewordenen Weinmarketing-Unterricht kommen inzwischen sogar schon Schüler aus Ungarn und lassen sich Rezepturen für den Weinverkauf geben. Auf dem Stundenplan steht sogar der Kurs »Umgang mit Journalisten«.

Hauptsorten im Kremstal sind der Grüne Veltliner und der Rheinriesling. Der würzige Rote Veltliner gewann in den letzten Jahren wieder etwas an Bedeutung, auch der Chardonnay hat merklich zugelegt. Einige Betriebe haben zudem Fingerspitzengefühl im Umgang mit roten Sorten. Eine gebietsübergreifende Vereinigung wie in der Wachau gibt es nicht. Verschiedene Clubs kochen ihre eigenen Süppchen. Eine gewisse Vorbildfunktion in qualitativer Hinsicht hat der Verein »Österreichische Traditionsgüter« mit etwa zwanzig Mitgliedsbetrieben, die aber zum Teil in der Region Kamptal ihren Sitz haben.

Stift Göttweig hoch über der Donau, gewissermaßen ein Wahrzeichen des Kremstales – und immer wieder ein hervorragender Rahmen für die Vorstellung des neuen Jahrgangs durch die Spitzenbetriebe der Region.

Kamptal

Wenn man von Horn im Weinviertel südlich über eine kurvenreiche Straße Richtung Langenlois und Krems fährt, ist man bei schönem Wetter immer wieder mal geneigt anzuhalten. Denn dieses Tal mit dem gemächlich dahinplätschernden Fluss Kamp ist einfach schön. Kurz vor Langenlois erblickt man dann ein weiniges Wahrzeichen des Gebietes, die markante Riede Heiligenstein mit ihren vielen, vielen Terrassen. Schon 1280 wurde dieser Weinberg als »Hellenstein« in einem Verzeichnis des Stifts Zwettl genannt. Gemeint war eigentlich »Höllenstein«, weil die Sonne so höllisch heiß auf den Berg brannte. Die meisten der guten Erzeuger im Gebiet haben Besitz im Heiligenstein. Und so mancher ihrer Weine ist »teuflisch gut«.

Unten: Der Marktplatz von Langenlois. Nur wenige Meter von hier befindet sich die große Vinothek, in der rund 70 Betriebe präsent sind. Ihre Weine können täglich (kein Ruhetag) verkostet werden. Auch mit dabei: die kraftvollen, eleganten Gewächse von Willi Bründlmayer (oben).

Man pocht im Gebiet auf seine Eigenständigkeit. Doch soll es nach wie vor Winzer aus dem Kamptal geben, die sich auf Veranstaltungen mit der Herkunftsbezeichnung »Wachau« schmükken. Selbst die Medien in Österreich können sich von der Vergangenheit nicht ganz frei machen. Als das britische Weinmagazin »Decanter« 1998 in einem Test Grüne Veltliner aus Österreich gegen französische Burgunder inklusive Montrachet stellte und dabei tatsächlich ein Trio Veltliner am höchsten bewertet wurde, registrierte die heimatliche Tageszeitung »Kurier« nicht, dass ein Wein von Willi Bründlmayer aus Langenlois im Kamptal gewonnen hatte, sondern titelte: »Drei Wachauer vorn!« Den guten Willi wurmte das noch Monate später. Denn schließlich ist er stolz auf seine Region, für die er auch so etwas wie Vorbildfunktion hat – wie schon sein Vater.

Knapp 3 900 Hektar stehen im Gebiet unter Reben. Allein 2000 davon (also mehr als die gesamte Wachau) entfallen auf das Gebiet der Stadt Langenlois mit

ihrem Anhang Gobelsburg, Zöbing, Mittelberg, Schiltern und Reith. Weitere bekannte Weinorte mit talentierten Erzeugern sind Strass im Strassertal sowie Kammern. Wie bei den Nachbarn Wachau und Kremstal spielen Grüner Veltliner und Rheinriesling die Hauptrollen. Die Reben stehen meist auf Urgestein und Löss. Der Veltliner fällt hier besonders pfeffrig, der Riesling auffallend mineralisch aus. Auch der Chardonnay liefert überzeugende Ergebnisse. Äußerst achtbar ist es, was einige Produzenten mit Rotweinsorten zu Wege bringen. Spätburgunder und Cabernet Sauvignon sowie neuerdings auch Zweigelt gedeihen hier gut.

Im Zentrum von Langenlois bietet das »Ursinhaus« nicht nur viel Information. Hier kann man in einer ständig geöffneten Vinothek auch regelmäßig rund 200 Weine von mehr als 70 Betrieben aus der Region verkosten und gleich einkaufen. 1999 wurde in Strass eine »Konkurrenz-Vinothek« eröffnet, mit der die Strasser Winzer aus dem Schatten des übermächtigen Langenlois heraustreten wollen. Die meisten der guten Winzer in der Region sind Mitglied in der Vereinigung Österreichische Traditionsgüter. Bei der Vereinigung »Kamptal Klassik« sind zwar zahlreiche Produzenten vertreten, doch die unter dem K & K -Signet abgefüllten Weine finden wenig Beachtung, weil die Spitzenbetriebe sich nicht durch Zusatzetiketten verzetteln wollen und deshalb nicht mitmischen. Ihnen genügt der gute Name …

Der Grüne Veltliner ist mit einem Anteil von etwa 50 Prozent die wichtigste Rebsorte in den Lagen rund um die Stadt Langenlois. Hier haben einige der Spitzenwinzer Österreichs ihren Sitz.

Traisental

Fragt man in Österreich nach dem Grund für die Bildung der seit 1995 eigenständigen kleinen Region Traisental nördlich von St. Pölten mit ihren lediglich 715 Hektar, dann weiß niemand eine wirklich vernünftige Antwort. Vielleicht braucht jeder Fluss seine eigene Weinregion?

Wie dem auch sei, die frühere Zugehörigkeit zum Donauland-Carnuntum war ebenfalls nicht sonderlich logisch. Auf jeden Fall hat die Weinregion Traisental von den Bodenformationen her eine andere Struktur als die nördlichen Nachbarn. Die Reben stehen hier auf sandigen, schottrig-lehmigen Böden. Der Grüne Veltliner dominiert und liefert meist duftige, würzige Weine. Rheinriesling, Weißburgunder, Chardonnay, Welschriesling sowie in kleinerem Umfang auch rote Sorten (hauptsächlich Blauburgunder) sind gute Ergänzungen.

Weinbau wird in Inzersdorf, Getzersdorf, Reichersdorf, Nussdorf und in Traismauer betrieben. In Zentrum des hübschen Städtchens Traismauer, im kleinen Schloss, richtete eine Vereinigung Traisentaler Winzer (»Regio Tragisana«) 1997 eine Vinothek ein, in der man von April bis Oktober Weine aus rund 30 Betrieben verkosten und kaufen kann. Bekannte Namen fehlen, aber die Qualität ist grundsolide.

Originell sind die Zusatzbezeichnungen, die der Verein für seine Weine kreierte und damit eine Anleihe an der Wachau nahm: »Steinnelke« steht für Leichtweine, »Frauenschuh« für Kabinettweine. »Ehrenpreis« heißen die Prädikatsweine. Und mit dem »Keltenbecher« erinnert Regio Tragisana an die Urbewohner des Gebietes, die auch den Namen prägten: »Tragisa« kommt aus dem Keltischen und bedeutet »die schnell Fließende«.

Das Traisental mit Nussdorf (links) und Traismauer ist noch eine wenig bekannte Weinregion. Der Verein »Regio Tragisana« bemüht sich um ein besseres Profil mit originellen Weinbezeichnungen.

Donauland

Die Donau ist mitunter ein Stückchen entfernt. Das nach dem großen Strom benannte Weinbaugebiet mit seinen insgesamt 2 765 Hektar Rebfläche (vorwiegend auf Lössboden) verteilt sich auf zwei Distrikte: den Wagram etwa auf halber Strecke zwischen Wien und Krems mit Orten wie Kirchberg, Fels am Wagram, Feuersbrunn und Großriedenthal sowie westlich von Wien das Gebiet um das geschichtsträchtige Klosterneuburg.

Hier befindet sich die Höhere Bundeslehr- und Versuchsanstalt für Wein- und Obstbau, in der – wie in der Kremser Weinbauschule – Österreichs Winzernachwuchs geschult wird. Mit der Erforschung der Herkunft einzelner Rebsorten hat eine Forschungsabteilung in Klosterneuburg während der letzten Jahre einiges Aufsehen verursacht. Weinbaulich von Bedeutung ist das Gut des historischen Chorherrenstiftes, das außerdem einen bemerkenswerten alten Weinkeller vorweisen kann.

Deutliche qualitative Fortschritte machte in den letzten Jahren der einst verschlafene Wagram. Das Gebiet hat zwar nach wie vor keine überregionale Bedeutung. Aber einige Winzer sind hellwach geworden und unternehmen gewaltige Anstrengungen, um den Anschluss an die Nachbarregionen im Westen zu finden. Akzente setzte vor allem der Verein »Wagramer Selektion«, der Anfang der neunziger Jahre seine Mitglieder ermunterte, sich verstärkt dem Wettbewerb zu stellen. Die Ergebnisse der ersten Verkostungen, vorgenommen von einer neutralen Jury, waren eher ernüchternd. Doch nach herber Medienkritik kam es in kurzer Zeit zu erheblichen Verbesserungen. Grüner Veltliner, Rheinriesling und Weißburgunder sind die besten Sorten des Gebiets. Zu beachten ist der Frührote Veltliner. Und inzwischen gibt es sogar einige Rotweine, die den feinsten farbigen Gewächsen Österreichs Paroli bieten können (vornehmlich Blauburgunder).

Der Ort Großriedenthal zeigte auf anderen Feldern Flagge. Einige Winzer gründeten 1989 die »Vereinigung naturnahen Weinbaus« (VENA), die mit zwei Gemeinschaftsfüllungen von Veltliner und Zweigelt, genannt »Ursprung« am Markt auftritt, allerdings zuletzt etwas an Schwungkraft verlor. Darüber hinaus wurde Großriedenthal fast zu einem »Mekka des Eisweins« in Österreich.

Im Donauland zeigen einige stattliche Weingüter (im Bild: Fritsch in Oberstockstall) zunehmend Flagge. Die Region befindet sich im Aufwind und trumpft sogar vereinzelt mit Rotwein auf.

Carnuntum

Die Ortschaft Göttlesbrunn in der Region Carnuntum ist offensichtlich ein guter »Nährboden« für Newcomer. Junior Gerhard und Senior Johann Markowitsch gehören zu den Aufsteigern der letzten Jahre.

Wir lassen Wien hinter uns, fahren Richtung Burgenland oder Ungarn auf der Autobahn A4 und verlassen sie bei der Abfahrt Bruck/Leitha, schon gar nicht mehr weit vom Neusiedlersee entfernt. Dann sind wir mitten in der gut 1000 Hektar umfassenden Region Carnuntum, die ihren Namen von einem einstigen römischen Stützpunkt an der pannonischen Donaugrenze bei Bad Deutsch-Altenburg, ein Stück weiter nordöstlich kurz vor der Grenze, bezieht.

Weinbau wird im Bezirk Hainburg betrieben, auf den sonnenreichen Südhängen des Spitzerbergs. In Prellenkirchen südlich von Hainburg ist die Kellergasse ein gefragtes Fotografenmotiv. Ein Weinbaumuseum und ein Weinlehrpfad vermitteln viele Informationen. Durch die Geschichte führt außerdem das Carnuntum-Museum in Bad Deutsch-Altenburg mit seinen römischen Mosaiken, Tonwaren und Ackergeräten.

Der bekannteste Weinort der Region ist zweifellos Göttlesbrunn in der Nähe von Bruck an der Leitha. Hier gibt es einige Winzer, die vor allem mit Rotwein – neben Zweigelt, Blaufränkisch und Cabernet Sauvignon auch beachtliche Cuvées – auf sich aufmerksam machen, aber mit ihren saftigen, herzhaften Weißweinen (Grüner Veltliner, Welschriesling, Weißburgunder und Chardonnay) ebenso stark sind.

Weinviertel

Auf der Rebfläche des Weinviertels ließe sich das gesamte Burgenland unterbringen. Rund 16000 Hektar sind bestockt. Früher unterschied man zwischen westlichem und östlichem Weinviertel. Im Westen war das vor allem die Region um Retz mit dem anschließenden Pulkautal, Röschitz, Mailberg, Hollabrunn, Schrattenthal und Hohenwarth. Auch die grenznahen Orte Haugsdorf und Jetzelsdorf, beide etwas bekannter durch ihre guten Rotweine, gehören zum westlichen Weinviertel.

Im Osten konzentriert sich der Weinbau auf das Gebiet im Norden von Wien. An der »Brünnerstraße«, sowie links und rechts von ihr, befinden sich einige bekanntere Weinorte wie Poysdorf, Mistelbach, Falkenstein, Zistersdorf, Wolkersdorf, Stetten und das kurz vor Wien gelegene Korneuburg.

Das Weinviertel ist Österreichs Problemregion. Die meisten Betriebe haben ein zweites Standbein mit Landwirtschaft oder Obstbau. Erst im Lauf der letzten Jahre wurden verstärkte Qualitätsanstrengungen unternommen. Der Tourismus, der auch dem Weinbau Impulse geben könnte, ist noch wenig ausgeprägt, obwohl das riesige Gebiet durchaus landwirtschaftliche Reize und sonstige Besonderheiten wie die Kelleranlagen von Retz und das mittelalterliche Eggenburg zu bieten hat. Oder man fahre an einem Regentag vom grenznahen Laa an der Thaya hinüber nach Falkenstein. Nach einigen kurvenreichen Kilometern durch diverse Waldstücke hat man plötzlich von einer Anhöhe aus – trotz Schnürlregen – einen prächtigen, fast atemberaubenden Blick auf die kleine Marktgemeinde, die kaum 500 Einwohner hat, mit einer begehbaren Burgruine geschmückt ist und deren Kellergassen jedes Jahr im Spätherbst nach der Weinlese mit besonders viel Leben erfüllt sind. Denn dann steht,

Die so genannten Kellergassen (oben) sind typisch für das Ortsbild im weit verzweigten Weinviertel. Hin und wieder werden in dieser Region auch Schätze gefördert, die nicht an der Oberfläche der Weinberge zu finden sind.

Abendstimmung in den Weinbergen nach dem Herbst. Der Most gärt zu diesem Zeitpunkt bereits im Keller oder ist schon blank im Fass und läßt die erste Jungweinprobe zu.

nach dem Ritual der Weintaufe, der junge Wein zur ersten Verkostung an.

Ein nicht ganz unbeträchtlicher Teil des Weins aus dem östlichen Weinviertel wandert in die Produktion von Schaumwein. Vor allem der Welschriesling aus dem Gebiet um Poysdorf hat es der Sektindustrie angetan. Ein bedeutender Abnehmer für Weinviertler Fasswein ist die Kellerei Lenz Moser in Rohrendorf; früher war es der vor einigen Jahren liquidierte Winzerkeller, eine Dachorganisation der Niederösterreichischen Genossenschaften.

Das nicht unbedingt positive Image der Region versuchen verschiedene Bezirke und Orte zu verbessern. Unter dem Begriff »Mailberg Valley« wird versucht, dem kleinklimatisch begünstigten Ort Mailberg Profil zu geben. Das dort ansässige Lenz-Moser-Gut Malteser Ritterorden sowie das Schlossweingut Graf Hardegg mit seinen Flächen auf Mailberger Gemarkungen geben Hilfe-

stellung. Mit der qualitativen Umsetzung in den übrigen Betrieben hapert es noch ein wenig.

Im Westen, im Raum Röschitz, will der Verein »Collegium Vini Cultorum« Akzente setzen. Mit der »Feenhaube« wurde ein spezieller Weintyp für mehrere Weißweinsorten kreiert, der Leichtigkeit und Frucht verspricht. Einige Winzer nehmen hier sogar »Auslandshilfe« in Anspruch. Weil die Europäische Union für bestimmte Regionen Fördermaßnahmen verabschiedete, bekam der Verein 3,2 Millionen Schilling für eine »Weintechnologieberatung« zur Verfügung gestellt. Die Beratung nahmen Mitarbeiter der deutschen Forschungsanstalt in Geisenheim (Rheingau) vor. Die Fachleute zeigten vor allem einige Schwachstellen in der Vinifikation auf und trugen damit zu einer Qualitätsverbesserung bei.

In Falkenstein gibt es seit etlichen Jahren das so genannte »Berggericht« –

Es gibt viele kleinklimatisch begünstigte Nischen im Weinviertel, aber auch etliche Problemflächen. Doch allmählich beginnt sich das Image der Region zu verbessern.

Roman Pfaffl aus Stetten ist als Winzer wohl das Aushängeschild des Weinviertels. Seine Weißweine haben oft die Brillanz feiner Wachauer Gewächse.

nach dem alten Falkensteiner Bergrecht, mit dem schon im 14. Jahrhundert Weinfragen zwischen Wien und Brünn geklärt wurden. Es handelt sich dabei um eine Wein-Selektion wie im Wagram (Donauland). Aber erst seit dem Frühjahr 2000 wird hier mit der notwendigen Strenge über die angestellten Weine »gerichtet«, weil man im Weinbauverein einsah, dass man sich in der Vergangenheit gern mal in die eigene Tasche log.

Acht Güter haben aufgezeigt, dass man eigentlich in allen Regionen des Weinviertels hervorragende Weine machen kann – falls man nur will. »Die Weinviertler« sind ein loser Zusammenschluss der Betriebe Weinrieder (Kleinhadersdorf), Taubenschuss (Poysdorf), Salomon (Falkenstein), Strell (Radlbrunn), Minkowitsch (Mannersdorf), Pfaffl (Stetten), Zull (Schrattenthal) und Fidesser (Platt bei Retz). Ihre Sortenpalette ist ein Spiegelbild des gesamten Weinviertels, mit Grünem Veltliner, Rheinriesling, Weißburgunder, Chardonnay, dem vereinzelt zauberhaften Traminer sowie Zweigelt, Portugieser, Cabernet Sauvignon und Blauburger. Im Niveau der Weine mag es Schwankungen geben, nicht aber in der grundsätzlichen Einstellung zur Sache. Man will vorankommen und nimmt dabei für die gegenseitigen Besuche auch mehrstündige Anfahrten von Weinviertel Ost nach West oder umgekehrt in Kauf. Aber schließlich profitiert jeder von den regen Diskussionen.

Thermenregion

Auch die Thermenregion im Süden von Wien gehört noch zum Bundesland Niederösterreich. Die Thermalbäder der Antike gaben der Region ihren Namen. Im Volksmund heißt das Gebiet »Südbahn«, weil die Wiener gern mit der Bahn die Gemeinden Gumpoldskirchen, Vöslau, Traiskirchen, Sooß, Tattendorf, Guntramsdorf und Perchtoldsdorf mit ihren Buschenschenken aufsuchen. Das Recht des »Leutgebens« oder Weinausschenkens ist seit dem 13. Jahrhundert bekannt.

Diese bequeme Art des Weinverkaufs hat in so manchen Betrieben den vielleicht einmal vorhandenen Ehrgeiz einschlafen lassen. Aber in den letzten Jahren haben einige »Zugpferde« die Richtung geändert. Man bemüht sich um einen besseren Stellenwert der Sorte Neuburger, die hier weit verbreitet ist, aber in Österreich erhebliche Imageprobleme hat. Man will deutlicher auf die Stärken der Spezialitäten Zierfandler und Rotgipfler hinweisen, die den einstmals guten Ruf von Gumpoldskirchen begründeten. Einige Erzeuger trumpfen mit beachtlichen Rotweinen (Portugieser, Zweigelt, Blauburgunder, Cabernet Sauvignon) auf und erinnern damit an die alte Tradition des »Vöslauers«, der im 19. Jahrhundert berühmt war. Das Klima in der Thermenregion ist pannonisch und gekennzeichnet durch trockene, heiße Sommer sowie kalte Winter, in denen Frostschäden nicht selten sind. Gern weist man im Gebiet darauf hin, dass die spezifische geographische Lage an die Cote d'Or der Bourgogne erinnert.

Acht »Thermenwinzer«, die schon seit einigen Jahren gut in einer losen Arbeitsgemeinschaft miteinander kooperieren, knüpfen seit dem Jahrgang 1998 mit zwei gemeinsam erzeugten Typenweinen an die Vergangenheit an: Die dezent süße Cuvée »Gumpoldskirchner Tradition« besteht aus Zierfandler, Rotgipfler und Weißburgunder; der Zweite im Bunde ist ein sortenreiner Rotgipfler. Das Lesegut stammt aus der Ernte von Genossenschaftswinzern.

Neu ist außerdem der Begriff »Zierfandler-Welt«, mit dem man verstärkt die Werbetrommel für die klassische autochthone Sorte des Gebietes rühren will. Und innerhalb dieser »Welt« wurden außerdem 1999 erstmals die »Top Ten« gekürt – eine bemerkenswerte Kollektion verschiedener Weißweine.

Wie wäre es mit einem gehaltvollen Zierfandler? Im Buschenschank der Familie Stadlmann in Traiskirchen, einem der bekanntesten Orte der Thermenregion, gibt es besondere Spezialitäten.

Burgenland

Die 15 950 Hektar Rebfläche des Burgenlandes verteilen sich auf vier Regionen. Drei davon profitieren von den klimatischen Einflüssen des Neusiedlersees. Nur das Südburgenland, die kleinste Weinbauregion Österreichs, kann keine See-Nachbarschaft vorweisen, ist aber doch den Einflüssen eines milden, pannonischen Klimas ausgesetzt. Aus allen vier Gebieten kommen Erzeuger, die der Vereinigung »Renommierte Weingüter Burgenland« (RWB) angehören. Sie wurde ins Leben gerufen, um die Klasse des Burgenlandes besser unter Beweis zu stellen. Nur Spitzenbetriebe können Mitglied in dem elitären Zirkel werden. Eine gewisse Bedeutung haben außerdem die Vereine »Pannobile« (in Gols) und »Pannonischer Reigen« (im Seewinkel am Neusiedlersee).

Während früher das Burgenland vor allem bekannt für schwere, süße Weißweine war, werden in den letzten Jahren zunehmend Akzente bei roten Sorten gesetzt. Die Vinifikation der edelsüßen Weine wurde verfeinert, einige der Produzenten haben sogar Weltruf und sind bei internationalen Wettbewerben gegen härteste Konkurrenz erfolgreich.

Das Klima im Burgenland ist pannonisch warm, die Weine oftmals feurig und würzig. In vielen Winzerhöfen sind auch noch Relikte der Landwirtschaft zu erkennen. Maiskolben (Kukuruz) sind oft ein Hausschmuck (linke Seite) und werden meist an das Wild verfüttert.

Neusiedlersee

Wenn man von Wien nach Südosten fährt, wird die Landschaft immer flacher und erinnert schließlich hinter Neusiedl an ein Bügelbrett mit gelegentlichen kleinen Falten. Kein Wunder, ist es doch nicht mehr weit zur ungarischen Puszta. Das flache Gebiet am Ostufer des Steppensees, der früher in heißen Jahren gelegentlich austrocknete, wird auch »Seewinkel« genannt.

Landwirtschaft, Weinbau und unmittelbar am See der Tourismus mit einigen Strandbädern prägen das Bild der Region. Früher gab es Weingärten fast nur auf den Fluren von Illmitz und Gols. Die Winzer nutzten das Mikroklima vor allem für die Gewinnung von hochwertigen Süßweinen, mit denen sich auf internationalen Wettbewerben Furore machen ließ. Ein Illmitzer kann für sich in Anspruch nehmen, in der Weinszene sogar »weltberühmt« zu sein. Alois Kracher kennt man in Amerika, seitdem seine Trockenbeerenauslesen des Jahrgangs 1995 von Weintester Robert M. Parker mit Höchstnoten bedacht wurden.

Die Bäume sind noch grün, an den Reben ist das Laub bereits herbstlich verfärbt. Aber an den Stöcken hängen teilweise überreife Trauben, aus denen später hochkarätige Prädikatsweine werden.

Die früher vergleichsweise bescheidene Rebfläche wurde in den letzten Jahrzehnten ausgeweitet. Aktuell sind es gut 8 500 Hektar. Und nicht mehr nur Illmitz und Gols tun sich als Weinbauorte hervor. Auch Winzer in Weiden, Podersdorf, Frauenkirchen, Mönchhof, Tadten und Halbturn lassen Ehrgeiz erkennen. Längst sind es nicht mehr nur die edelsüßen Gewächse, mit denen man Muskeln zeigt. Die herben Weißweine können burgundische Dimensionen aufweisen. Die Rotweine werden ebenfalls immer besser. Ein erfahrener Önologe aus Frankreich, der seit einigen Jahren in der Region lebt und als Berater tätig ist, hat hier einige wertvolle Impulse gegeben und – als Bordelaiser! – dazu beigetragen, dass sich die Erzeuger vor allem auf ihre heimischen Sorten Blaufränkisch und Zweigelt und weniger auf Cabernet Sauvignon und Merlot besinnen.

Neue Maßstäbe setzte die Golser Vereinigung »Pannobile«, die mit ihren Weiß- und Rotweinen an die Tür der Bourgogne klopft. Unter dem Signet des »Pannonischen Reigens« (geprüfte Weine verschiedener Kategorien) wurden ebenfalls Qualitätsakzente gesetzt.

Neusiedlersee-Hügelland

Die bekannten Weinorte auf der westlichen Seeseite reihen sich gleichsam wie Perlen an einer Kette: Breitenbrunn, Purbach, Oggau, St. Margarethen, Donnerskirchen, Rust, Schützen, Mörbisch – überall gibt es ambitionierte Winzer. Einige davon gehören zu den besten Österreichs. Nicht vergessen darf man etwas weiter landeinwärts die burgenländische Landeshauptstadt Eisenstadt mit ihrem prächtigen Schloss (in dem 1999 erstmals eine burgenländische Weinmesse stattfand) und der idyllischen Altstadt, sowie die Nachbargemeinde Großhöflein, wo Topwinzer Anton Kollwentz, der Initiator der Vereinigung »Renommierte Weingüter Burgenland« und Qualitätspionier der Region, zu Hause ist.

Eine Sonderstellung in der ungefähr 5100 Hektar umfassenden Region nimmt zweifellos Rust ein. Die sehenswerte, teilweise unter Denkmalschutz stehende Freistadt (seit 1681) pflegt einen speziellen Weintyp, mit dem sie einst international bekannt wurde, den edelsüßen »Ausbruch«. Die Vereinigung »Cercle Ruster Ausbruch« organisiert jedes Jahr im April eine Präsentation dieser mächtigen Gewächse.

Aber es sind nicht nur die Süßweine, mit denen man hier und in Nachbarorten überzeugt. Die herben Tropfen von Weißburgunder, Neuburger, Sauvignon Blanc und Chardonnay überraschen oft mit ihrer verspielten Leichtigkeit, die man im heißen Seeklima kaum vermuten würde. Die Fluren von Donnerskirchen mit Urgestein im Boden sind gut geeignet für Riesling. Mit den Roten kann ebenfalls für einiges Aufsehen gesorgt werden. Blaufränkisch und Cabernet Sauvignon sind die Sorten, mit denen sich am See und im Hügelland auftrumpfen lässt.

Ein Fläschchen Ausbruch, mit das Edelste, was die Reben im Neusiedlersee-Hügelland hergeben.
Hier ist es noch dazu die rare Sorte Furmint aus dem Keller von »Altmeister« Robert Wenzel.

Vinotheken zur Verkostung der Gebietsweine gibt es unter anderem in Donnerskirchen, Purbach und Rust. Die Freistadt ist außerdem Heimat der Weinakademie Österreich, in der sich Weininteressierte aus aller Welt weiterbilden können. Inzwischen gibt es auch einige ungarische »Weinakademiker«.

Am Rande bemerkt: Im Neusiedlersee-Hügelland wird nicht nur etwas für die Weinkultur getan. In Eisenstadt finden alljährlich im September die Haydn-Festspiele statt (mit dazu kreierten Weinen). St. Margarethen bittet Ende Juli, Anfang August zu seinen Opernfestspielen im Römersteinbruch – unweit des Sitzes der einstigen Genossenschaft, die vor einigen Jahren den Geist aufgab, als die Raiffeisenbank den Geldhahn zudrehte. Und schließlich lädt Mörbisch von Mitte Juli bis Ende August zu den Seefestspielen unter freiem Himmel ein. Auch hier werden den Musikfreunden ausgewählte Weine serviert.

Mittelburgenland

Hier spricht niemand vom Mittelburgenland. Die Region südlich vom Neusiedlersee macht deutlich, was ihre Stärke ist, und nennt sich deshalb »Blaufränkischland«. Man erreicht das ein wenig abgeschiedene, teilweise hügelige Gebiet von Wien aus nach etwa einer Stunde Autofahrt über Eisenstadt hinaus Richtung Oberpfullendorf. Keiner sollte auf dem letzten Teilstück allzu sehr aufs Gaspedal drücken, weil hier die Gendarmerie ein besonders einnehmendes Wesen hat. Ab Mattersburg befindet man sich im unmittelbaren Grenzgebiet zu Ungarn. Bald darauf geht es links ab, Richtung Grenzübergang.

Man sieht schon beim Blick in die jetzt auftauchenden Rebzeilen, dass der Boden sandig und schwer ist, und ahnt, dass hier kraftvolle Weine wachsen können. Es sind hauptsächlich rote Sorten. Der traditionelle »Blaufränker« dominiert auf den knapp 2000 Hektar. Manche der Stöcke sind wohl schon 70, 80 Jahre alt und tragen nicht mehr viel. Zweigelt wird ebenfalls geschätzt. Und in den letzten 20 Jahren kamen noch Cabernet Sauvignon und Merlot hinzu, die vor allem gern für Cuvées benutzt werden. An weißen Sorten gibt es Welschriesling und Weißburgunder, aber man schenkt ihnen keine große Aufmerksamkeit.

Horitschon ist einer der bedeutendsten Weinorte im Mittelburgenland – und ein Mekka für die Sorte Blaufränkisch. Was es hier mir ihr auf sich hat, kann man auf einem Informationsschild nachlesen.

Zwei Gemeinden liefern sich hier seit etlichen Jahren ein Kopf-an-Kopf-Rennen in Sachen Qualität. Denn gut bis sehr gut sind sowohl die Weine aus Horitschon als auch aus Deutschkreutz. Und in beiden Orten schließen immer mehr Winzer zu den Arrivierten auf. Hervorzuheben bei Horitschon ist – neben der gut ausgestatteten Ortsvinothek – die leistungsfähige Genossenschaft Vereinte Winzer Blaufränkischland. Ihr ist in den letzten Jahren Konkurrenz durch die Neckenmarkter Kooperative erwachsen. Beide Betriebe sind zwar stark auf dem Fassweinmarkt aktiv, aber auch hier wird auf Qualität geachtet.

Apropos Neckenmarkt: Beim alljährlichen Wettstreit des Verbandes Blaufränkisch Mittelburgenland im September in Wien, in dem eine neutrale Jury die 20 Besten kürt, sind die Neckenmarkter Winzer immer stärker vertreten. Ein »Dreikampf« bahnt sich an. Lutzmannsburg, Unterpetersdorf und die weiteren weinbautreibenden Gemeinden im Blaufränkischland greifen hier vorläufig nicht ein.

Südburgenland

»Klein, aber fein«, das passt auf die Mini-Region im Süden, die der Steiermark benachbart ist und vor rund 80 Jahren noch zu Ungarn gehörte. Nur etwa 460 Hektar stehen hier unter Reben. Das Gebiet in einer romantischen Hügellandschaft um den Eisenberg und Deutsch-Schützen mit Rechnitz als größter Weinbaugemeinde und seinem kleinen Weinmuseum in Moschendorf hat sich selbst den Beinamen »Weinidylle« gegeben – ein zutreffender Titel. In einem Prospekt wird er unterstrichen mit dem Hinweis, das sei einer der letzten Landstriche in Mitteleuropa, wo man der Zeit beim Verfließen noch zuhören könne.

Schwerer, eisenhaltiger Lehmboden herrscht in den Rieden vor. Rote Sorten wie Blaufränkisch und Zweigelt haben Vorrang. Aber im Südburgenland gibt es, anders als im Mittelburgenland, auch erfreuliche Überraschungen mit Welschriesling, Weißburgunder und vereinzelt sogar mit Rheinriesling.

In der Vinothek Südburgenland in Moschendorf lässt sich bei einer Probe der etwa 60 besten Weine der Region feststellen, dass seit einigen Jahren eine Art Aufbruchstimmung herrscht und das Potenzial des Gebietes zunehmend geweckt wird.

Ein eigenes Kapitel ist der Spezialität »Uhudler« gewidmet (siehe Seite 129).

Im kleinen, idyllischen Südburgenland machen allmählich die jungen Winzer mobil. Uwe Schiefer in Weigersdorf, ein gelernter Touristikkaufmann, gilt gar als »Shootingstar«.

Steiermark

Die Steiermark mit ihren knapp 3 600 Hektar Reben ist schon ein optisches Vergnügen. Die eigentlich regenreiche Landschaft wirkt an schönen Tagen – besonders nach einem Guss vom Himmel – wie gemalt mit ihren kräftigen Farben und dem Dunst, der aus den Wiesen und zwischen den Reben aufsteigt. Man nennt sie auch die »Toskana Österreichs«. Aber das Land hat seinen eigenen Charme. Und Weine mit sehr eigenständigem Charakter. Das war nicht immer so. Doch in den letzten 20 Jahren erlebte das südlichste Weinland Österreichs einen glanzvollen Aufstieg, der anderswo Winzer zu dem Wunsch animierte: »Steirer müßte man sein…«

Südsteiermark

Die steile Karriere der Steiermark verbindet sich vor allem mit der Region Südsteiermark und hier wiederum mit den grenznahen Fluren. Leutschach, Ehrenhausen, Gamlitz, Kitzeck (hübsches Weinmuseum), Leibnitz (mit der bekannten Weinbauschule Silberberg), Spielfeld und Ratsch sind die bekanntesten, oft weit auseinandergezogenen Weinorte.

Früher standen die Weinbauern in der Südsteiermark gewissermaßen auf drei Beinen: Man hatte Vieh im Stall, betrieb etwas Landwirtschaft und befasste sich halt noch mit dem Rebbau. Die Weine waren oft schwerfällig und meist ein wenig süß. Die Zäsur begann vor rund 20 Jahren, als einige Erzeuger langsam umsattelten und sich herben, leichteren Weinen zuwandten. Ein Vorreiter war hier Wilhelm Sattler aus Sernau bei Gamlitz, der zwei Jahrgänge Sauvignon Blanc so ausbaute, wie sie heute geliebt werden, aber damals verachtet wurden: leichtgewichtig, betont herb, mit merklicher Säure. Ein Innsbrucker Weinhändler bewahrte ihn seinerzeit davor, mit zwei Jahrgängen baden zu gehen, weil er eine große Partie abnahm. Als sich der Erfolg nach und nach einstellte, sprangen viele auf den fahrenden Zug auf.

Spitzenqualität war nun das Ziel; dafür war man bereit, sich in den Hang- und Steillagen zu quälen. Heute sind vor allem die südsteirischen Weißweine begehrt. Man kann bei einem gelungenen Sauvignon Blanc, Muskateller, Morillon, Grauburgunder und sogar Welschriesling ins Schwärmen kom-

Die Steiermark hat landschaftliche Schönheiten besonderer Art zu bieten. Und über allem wacht das »Klapotetz«, ein Windrad, dessen Geräusch naschhafte Vögel vertreiben soll.

men. Eine Gruppe besonders innovativer Winzer nicht nur aus der Südsteiermark differenziert zwischen der »Steirischen Klassik« (Ausbau im Stahl) und den kräftigen Weinen, die bevorzugt in Barriques heranreifen. Neuerdings versuchen sich einige Produzenten intensiver an Rotwein, mit ersten interessanten Ergebnissen.

Noch eine Spezialität der Region: Kürbis wird vielerorts angebaut. Aus den Kernen wird das begehrte, dunkle Kürbiskernöl gewonnen, das einen besonderen, eigenständigen Geschmack hat.

Bei den Besuchern der Region sind die kultivierten Buschenschenken beliebt, in denen zum Wein regionale Spezialitäten serviert werden und beim Salat das steirische Kürbiskernöl nicht fehlen darf. Die Struktur vieler Betriebe hat sich geändert, indem es zu einer Konzentration auf den Rebbau kam. Da etliche alte Weinbauern nicht mehr weitermachen wollten, konnten die Spitzengüter, die ohnehin unter chronischer Weinknappheit litten, ihre Flächen zum Teil erheblich ausweiten. Tipp für den, der die 1900 Hektar Reben umfassende Südsteiermark im Detail kennen lernen will: immer der Weinstraße folgen. Sie verläuft oft direkt an der Grenze zu Slowenien. Besonders reizvoll sind Touren im Herbst. Dann gibt es zum gärenden Most, dem »Sturm«, gebratene Kastanien.

Neben der südsteirischen Weinstraße sind noch die Sausaler Weinstraße und die Rebenlandstraße zu erwähnen. Interessant ist ein Spazierang auf dem Weinlehrpfad der Weinbauschule Silberberg. Weinmuseen gibt es in Kitzeck und Gamlitz, Leutschach kann eine Weingalerie vorweisen.

Südoststeiermark

Nur etwa 1200 Hektar Weinbau, aber rund 2500 registrierte Weinhauer, das weist darauf hin, dass in der Südoststeiermark noch viel im Nebenerwerb geschieht. Denn von einem halben Hektar kann kein Winzer leben.

Die Region ist viel größer als die Südsteiermark, aber die Rebflächen sind weit verstreut. Gleich vier Weinstraßen bieten eine gewisse Orientierung: die südoststeirische Hügelland-Weinstraße, die Thermenland-Weinstraße, die Oststeirische Römerweinstraße und die Klöcher Weinstraße, die gewissermaßen durch ein geschlossenes Weinbaugebiet führt, nämlich durch die Fluren des bekannten Traminer-Ortes Klöch.

Weitere zumindest Insidern bekannte Weinorte sind Weiz und Hartberg im nördlichen Teil, Gleisdorf und Riegersdorf bei Fürstenfeld sowie Feldbach und Kapfenstein im südlichen Teil.

Hauptsorte in der Südoststeiermark ist der Welschriesling. Beliebt ist außerdem der Weißburgunder. Spezialitäten sind Ruländer (Grauburgunder), Riesling und Chardonnay oder Morillon. Mit roten Sorten wie Zweigelt und St. Laurent gehen einige Produzenten recht geschickt um. Und manche haben auch die Rebsorte Blauer Wildbacher in ihren Weingärten stehen, um damit dem weststeirischen Schilcher Konkurrenz zu machen.

Wenn es geregnet hat, was in der Steiermark häufiger vorkommt, dann steigt anschließend oft Nebel hoch, und die Weinberge wirken wie das Gemälde eines großen Künstlers.

Weststeiermark

Ein Wein hat die kleine, nur gut 480 Hektar Reben umfassende Weststeiermark über die Grenzen Österreichs hinaus bekannt gemacht: der hellrote Schilcher aus der Traube Blauer Wildbacher. Dieses unkomplizierte Gewächs mit seiner prägnanten Säure und dem etwas gewöhnungsbedürftigen Johannisbeerduft findet entweder glühende Fans oder konsequente Gegner – dazwischen gibt es nichts.

Der lachs- oder zwiebelfarbene Wein kann in der Vinothek Schilcherstöckl in Rassach bei Stainz verkostet werden. Und man stellt dabei durchaus fest, dass es große Unterschiede im Geschmack gibt. Mal ist der Wein schlicht dünn und sauer, dann wieder saftig und sogar ein wenig elegant. Dass das Letztere häufiger der Fall ist, dafür sorgt ein eingetragener Verein, der die Schutzmarke »Weißes Pferd« für zumindest korrekten Schilcher vergibt. Kontrolliert wird sowohl die Entemenge als auch die Qualität, und zwar im Fasswein-Stadium sowie nach der Abfüllung.

Stainz, Deutschlandsberg, Schwanberg, Wies, Groß-St. Florian und Eibiswald sind die Orte mit traditioneller Schilcher-Kultur. Die Schilcher-Weinstraße ist ein guter Wegweiser durch die Region. Sie führt, in Ligist beginnend, über winkelige und schmale Straßen zu etlichen wildromantischen Flecken bis nach Eibiswald.

In den letzten Jahren gibt es Varianten vom Blauen Wildbacher als Rotwein (vereinzelt gelungen, meist aber arg grimmig im Gerbstoff), als Schilcher-Eiswein (brillant) und als Schilcher-Sekt (höchst anregend). Nicht vergessen werden darf, dass im Gebiet bei aller Dominanz des Blauen Wildbachers vermehrt interessante Weißweine vom Welschriesling, Weißburgunder und Sauvignon Blanc erzeugt werden.

Die Steiermark hat viel für Feinschmecker zu bieten, die auf ein harmonisches Zusammenspiel zwischen aromatischen Gewächsen wie einem Muskateller und einer feinen Regionalküche Wert legen.

Wien

Der Weinbau auf den Gemarkungen der Bundeshauptstadt ist uralt. Schon in der keltischen Siedlung »Vedunia« und im römischen Militärlager »Vindobona« standen Reben. Dann gab es eine lange Unterbrechung bis ins 12. Jahrhundert. Im späten Mittelalter schließlich wurden in allen Stadtteilen Wiens Weingärten angelegt. Die Grundlage für die heutige Heurigen-Verbreitung wurde 1784 mit einem Erlass von Kaiser Joseph II. geschaffen.

Mit der zunehmenden Verstädterung begann ein Schrumpfungsprozess. Vor gut 20 Jahren machten einige Weinbauern mobil, weil sie befürchteten, dass sogar Grinzing auf lange Sicht in seiner Existenz bedroht würde. Es kam zu gezielten Rekultivierungen. In den letzten Jahren hat Wien sogar auf etwa 730 Hektar Rebfläche zugelegt. Sie werden von 640 Weinbauern bewirtschaftet. 180 konzessionierte Heurige sind registriert. In vielen wird ziemlich belangloser Wein ausgeschenkt. Insider bestellen auf jeden Fall noch Mineralwasser; denn gemischt sind die Weine besser zu ertragen.

Weil immer wieder mal öffentlich Kritik an der Weinqualität in den Heurigen geübt wird, strengen sich einige Dutzend Erzeuger etwas mehr an. Ausdruck dessen ist die Auszeichnung »Vienna Classic« für bessere Weine. Besser ist es schon geworden mit den Heurigen. Und über die Qualität der herzhaften Küche muss man sich selten beklagen. Aber die Möglichkeiten im Bereich des Kahlenbergs und Nussbergs sowie am Bisamberg werden nicht optimal ausgeschöpft. Es wäre schon mehr drin in Wien …

Für einen Schluck Wein nimmt sich ein Wiener Fiakerfahrer gern Zeit (oben). Das Pferd kennt später den Heimweg… Viele Schlückerl sind es, wenn alle zwei Jahre in der Hofburg (unten) zur Weinmesse VieVinum gebeten wird (zuletzt Anfang Juni 2000).

Die sonstigen Weinregionen

Zum offiziellen Weinbau in Österreich gesellen sich noch Fluren in einigen Bundesländern, die allesamt unter dem weinrechtlichen Begriff »Bergland Österreich« zusammengefasst sind. Was hier wächst, fällt unter die Kategorie »Landwein«.

Diverse Hobbywinzer pflegen in Oberösterreich im Großraum Linz und am Attersee insgesamt rund 1,5 Hektar Rebfläche. Sie knüpfen damit an die alte oberösterreichische Weintradition an. Denn vor Hunderten von Jahren waren Hänge an der Donau bis nach Linz bestockt. Es gibt sogar einen großen Weinbaubetrieb mit dem Stift Kremsmünster (südlich von Linz, Nähe A1 Richtung Salzburg). Aber das, was im alten Keller gekonnt ausgebaut wird, stammt aus Besitzungen des Stiftes in der Wachau, im Kremstal und im Burgenland. Die Qualität ist sehr passabel, das Preis-Leistungs-Verhältnis sogar ausgezeichnet. Ein guter Grund, mal in Kremsmünster vorbeizuschauen (Telefon der Kellerei: 07583-275-218).

Für Kärnten sind ebenfalls einige wenige Hektar Weinbau registriert. Besonders viel Erfahrung hat die Familie Gartner in St. Andrä im Lavanttal, die sich schon seit annähernd 30 Jahren mit verschiedenen klassischen Sorten befasst. Das Beispiel des Obstbau-Ingenieurs Herbert Gartner machte an anderen Stellen im Lavanttal Schule. Besonders professionell geht es Roland Pulsinger aus St. Michael an. Er bepflanzte 0,25 Hektar unter anderem mit Weißburgunder, Bacchus und Zweigelt, schrieb eine Diplom-Arbeit über »Agrarklimatologische Untersuchungen im Lavanttal unter besonderer Berücksichtigung des Weinbaus« und gründete den Verein »Vinum Carinthiae« zur Förderung des Kärntner Weinbaus.

Weinbau gibt es auch in Tirol, in der Nachbarschaft der Alpen, bei Innsbruck. Altbekannt ist der Zirler Weinhof am Fuß einer steilen Felswand mit etwa einem Hektar. Man sieht ihn, wenn man aus dem Norden kommt und über die Autobahn Richtung Innsbruck fährt. Bewirtschaftet wird der Weingarten von einem Industrieunternehmen. Bis zu seinem Tod im Jahr 1998 betrieb der frühere Eisenbahnbeamte Roman Isser in Thaur im Osten von Innsbruck zehn Jahre lang recht ambitionierten Weinbau.

Während die meisten »Bergwein-Bauern« nur ein allerdings spannendes, faszinierendes Hobby ausüben, ist der Weinbau von Vorarlberg allmählich wieder ernst zu nehmen. Einige 100 Hektar gab es hier vor mehreren 100 Jahren. Das Land liegt zwar hoch (500 bis 540 Meter ü.d.M.) und das Klima ist recht rau. Aber der Föhnwind im Herbst lässt den Zuckergehalt in den Trauben rasant steigen.

Neben den 16 offiziellen Weinbaugebieten wird in einigen Regionen außerhalb Wein angebaut, und zwar nicht nur von Hobbywinzern. Vereinzelt kann man diese Raritäten in kleinen, gemütlichen Stuben nicht nur verkosten, sondern auch kaufen.

Weit im Westen Österreichs, an der Grenze zur Schweiz, wird in Vorarlberg der einst weit verbreitete und dann fast zum Erliegen gekommene Weinbau von einer fröhlichen Winzertruppe wieder vorangetrieben.

Feldkirch war einst ein Zentrum des Weinbaus, der durch die Montforter Grafen gefördert wurde. Die Bregenzer machten den Feldkirchnern in alten Zeiten Konkurrenz. Immerhin 556 Hektar waren 1838 noch offiziell registriert, mehr als heute in der Weststeiermark und im Südburgenland.

Doch dann kamen Rebkrankheiten wie die Peronospora auf. Rebland wurde zu Bauland. Und manche Bauern verkauften ihre besseren Trauben gut in die benachbarte Schweiz. Was blieb, galt als »Sauremus«. Außerdem waren »verderbliche Mischereien« an der Tagesordnung, die Genießer immer häufiger zum Südtiroler Wein greifen ließen. Mit der Eröffnung des Arlbergtunnels 1888 war es für die Vorarlberger Weinfreunde leichter mit dem Import geworden, so dass der eigene Wein weiter an Bedeutung verlor. 1980 gab es lediglich noch 1,3 Hektar auf einem Gelände der Familie Nachbaur in Röthis.

Aber dann entschloss sich die Gemeinde Klaus zur Neuanlage eines Weingartens. Und noch in den achtziger Jahren entstanden in Bildstein, Bludesch, Feldkirch, Frastanz, Rankweil und Satteins weitere Rebfelder. Mittlerweile sind 60 Weinerzeuger offiziell registriert, mit deutlich über 20 Hektar. Allein der Bregenzer Josef Möth hat 4,5 Hektar bestockt und kann mit seinem Buschenschank beim Pfändertunnel recht gut vom Resultat leben. Neben Möth (Grüner Veltliner) gelingen dem Pionier Franz Nachbaur (Weißburgunder, Rheinriesling, Pinot Noir) und Peter Summer in Frastanz (gute Rotwein-Cuves) die besten Weine im Gebiet. Ordentlich sind auch die Weine von Rosi und Peter Windisch aus Bludesch, die bei ihrem Start im Jahr 1989 eine »nette« Offerte von Freunden erhielten: »Man bot uns ein Grundstück für Sonnenblumen an, damit wir zum Essig auch gleich noch Öl machen können.«

Mehr als 500 Hektar standen einst in Vorarlberg unter Reben. Davon sind die heutigen »Bergweinbauern« trotz etlicher Neuanlagen noch ein Stück entfernt. Aber das Gebiet wächst...

Weißwein-Geschichten

Von Veltliner, altem Riesling und abendlicher Mordlust

Österreichs Weinbaupräsident Josef Pleil aus Wolkersdorf im Weinviertel hat seiner liebsten Rebsorte sogar eine Art musikalisches Denkmal gesetzt. Die Band, in der er einige Jahre während der Studentenzeit spielte, hieß »The Green Veltliners«. Den Sprung in die Hitparade schafften Pleil und seine Mitspieler nie. Dagegen hat der Grüne Veltliner schon mehrfach international für Furore gesorgt und bei Vergleichen sogar gewichtige Chardonnay-Weine aus der Bourgogne hinter sich gelassen, auch solche mit bekannten Namen.

Die prominenteste Konkurrenz fiel einem weinverwöhnten Kollegen aus Hamburg vor Jahren ein, als er in Wien einen 1986er vom Sepp Mantler aus Gedersdorf im Kremstal probierte. »Der hat die Dimension eines großen Montrachet«, staunte der weitgereiste Weinjournalist und bestellte gleich ein paar Flaschen. Denn dieser Grüne Veltliner kostete nur wenige Prozent von der Summe, die man für ein Gewächs aus der legendären burgundischen Spitzenlage auf den Tisch legen muss.

Mit seinen 16 Grad Alkohol war der Wein exakt doppelt so schwergewichtig wie ein Veltliner, der sechs Jahre zuvor geerntet wurde. 1980 war für Österreich ein, man darf es ruhig so sagen, saumäßiges Jahr mit wenig Zucker und hoher Säure in den Beeren. Bei kaum mehr als 12 Grad KMW (oder 60 Grad Öchsle nach der in Deutschland üblichen Rechnung) im Mostgewicht hätte Mantler den Wein eigentlich anreichern müssen, damit er wenigstens ein bisschen Rückgrat erhält. Der Most bekommt hier, gesetzlich legitim, solange das nicht bei Prädikatsweinen passiert, eine Prise Zucker, die bei der Vergärung wie der natürliche Traubenzucker zu Alkohol umgewandelt wird. Aber der experimentierlustige Sepp baute ihn »aus Gaudi« so aus wie gewachsen. 8 Grad Alkohol hatte er schließlich und war natürlich ziemlich schmalbrüstig und zwangsläufig etwas säuerlich, weil weder Zucker noch Extrakt abpuffern konnten. Aber er machte über etliche Jahre hinweg mit seiner ungekünstelten, erfrischenden Art Spaß und verursachte auch nach einer Flasche keine Müdigkeit, während der 86er beim glei-

Österreichs Weinbaupräsident Josef Pleil (oben) schätzt besonders den Grünen Veltliner, hat aber auch nichts gegen einen reifen Riesling einzuwenden, der mit dem Alter bernsteinfarben wird und schwer im Glas liegt (linke Seite).

chen Quantum die Augenlider verdammt schwer werden ließ.

»Unser Veltliner ist eine Sorte mit einer ungeheueren Bandbreite«, weiß der der Weinbauer aus Gedersdorf. Und er ist eine Sorte mit einer manchmal sensationellen Haltbarkeit. Zwar wird der Wein oft jung getrunken. Er wird vielfach der Rubrik »Heuriger« zugeordnet, der im späten Herbst und dann im Jahr nach der Ernte angeboten wird. Die Gier nach den Jungweinen ist oft groß. Aber die unbekümmerte Frische ist nur eine Facette des »Grünen«. Er kann als junger Wein auch groß sein. Und als alter erst recht. So 20, 30 Jahre steckt ein guter Veltliner wie nichts weg und ist dann immer noch brillant. Bei Willi Bründlmayer, der Nummer eins in Langenlois, haben wir uns mal in die sechziger Jahre zurückprobiert. In besonderer Erinnerung blieb der 1961er. Die Hauptsorte Österreichs war taufrisch und knackig, der Riesling aus dem gleichen Jahr bereits ziemlich welk.

Der Grüne Veltliner ist immer für Überraschungen gut. Und er gibt sich geheimnisvoll. Keiner weiß, woher er kam. Nicht mal die gewieften Forscher der Höheren Bundeslehranstalt für Wein- und Obstbau Klosterneuburg, die bei etlichen Sorten das genetische Profil unter die Lupe nahmen und dabei die Abstammung ermittelten, wissen hier mehr: Sie malen ein Fragezeichen hinter den »Grünen«.

Irgendwann im 18. Jahrhundert war er plötzlich da, hieß aber zunächst

Der Grüne Veltliner, der hier so verführerisch im Glas blitzt, ist eine vielseitige Sorte, die immer für positive Überraschungen gut ist.

»Grüner Muskateller« und wurde vom Freiherrn von Babo, dem Direktor der Weinbauschule Klosterneuburg, Mitte des 19. Jahrhunderts als Sorte beurteilt, »die in jeder Mittellage noch einen trinkbaren, angenehmen Tischwein in reichem Maße liefert und, wenn sie in guter Lage und Boden gepflanzt, einen nicht bouquetlosen Wein«.

Dass man ihn auf eine Stufe mit dem Rheinriesling stellt und damit patriotischen Stolz offenbart, kommt in Österreich erst seit einigen Jahren vor. »Weinfreaks halten nicht viel von ihm«, musste Sepp Mantler noch vor zehn Jahren konstatieren. Allerdings gab es schon immer Betriebe, in denen man um das Alterungspotential des Veltliners wusste. Die größten Vorräte haben dabei die beiden Genossenschaften Freie Weingärtner in Dürnstein und Winzer Krems, Letztere zurück bis ins Jahr 1947. Und der schmeckt trotz feiner Edelfirne immer noch recht pikant. Inzwischen erkennen immer mehr Winzer, dass man ihn im Ertrag nicht ausreizen darf und er nur bei geringen Ernten Spitzenergebnisse bei der Qualität liefert.

Doch jetzt sei ein Schwenk gestattet zum Riesling, eine Sorte, die Österreichs berühmter Weinpfarrer Hans Denk aus Albrechtsberg (rund 15 km landeinwärts im Rücken der Wachau) gern in seine Predigten einbaut (»Das sind die Früchte der Erde, durch die Kreativität der Menschen zu Köstlichkeiten geworden«, lobt er zum Beispiel einen feinen Riesling von Martin Nigl aus Senften-

Protagonisten für Grünen Veltliner in allen »Gewichtsklassen«. Von oben: Leo Alzinger aus Loiben in der Wachau (seit Jahren hervorragend), Sepp Mantler aus Gedersdorf, der auch den Roten Veltliner beherrscht, und der berühmte Weinpfarrer Hans Denk, der bei Proben nur ungern das Glas mit einer feinen »Frucht der Erde« ausschüttet.

Beide konzentrieren sich auf Spitzenqualität bei Riesling und Grünem Veltliner: Josef Jamek sen. in der Wachau (oben) und Emmerich Knoll in Unterloiben (auf der rechten Seite eine Statue des heiligen Urban, die das Gut ziert).

berg). Und es ist die Sorte, die die höchste jemals vergebene Benotung erhielt: Eine 1979er Spätlese aus der Riede Schütt bekam einst vom Magazin »Falstaff« 21 Punkte – von 20 möglichen. Das freute nicht nur den Erzeuger Emmerich Knoll aus Unterloiben, sondern spornte zugleich den Ehrgeiz des Kollegen Franz Xaver Pichler an, sich ganz auf Qualität zu konzentrieren und durchzustarten.

Der Riesling hat außerdem in den Schatzkammern Österreichs trotz aller Hymnen, die vorher auf den Grünen Veltliner gesungen wurden, die Nase vorn. Und auch er ist für Überraschungen gut. Bei der Genossenschaft Dinstlgut in Loiben haben wir vor einigen Jahren alte Weine probiert. Mehr zum Spaß stellte Betriebsleiter Walter Kutscher eine Literflasche 1977er, mit Kronkorken verschlossen, auf den Tisch. »Is eh nix mehr«, lautete die Vorhersage. »Aber machen wir uns a Gaudi …«

Aus der Gaudi wurde fröhlicher Ernst und sogar etwas Andacht. Denn der eigentlich einfache Riesling hatte sich nicht nur in den 20 Jahren tadellos gehalten, sondern entzückte. Die höhere Weihe gab es allerdings im Keller der Familie Retzl in Zöbing zu Füßen der Toplage Heiligenstein. Mutter Maria und Sohn Erwin hüten hier seit vielen Jahren den eindruckvollsten Weinkeller Österreichs. 365 Tage im Jahr ist die Temperatur nahezu identisch und optimal. Nur wenige sind auserwählt, hier eine reife Kreszenz zu bekommen. Der 1949er Riesling vom ersten Besuch Anfang der neunziger Jahre hat sich bis heute im Gedächtnis verankert: jugendlich, saftig, gigantisch, unsterblich …

Beim zweiten Besuch drangen wir ein paar Jahre weiter vor. Bei der dritten Visite schließlich hatte Erwin Retzl so viel Vertrauen in den Vertreter der schreibenden Zunft gefasst, dass es ans »Eingemachte« ging. Die Vorsicht hatte ihren Grund. Journalisten aus dem Ausland meinten ein paar Jahre zuvor, sie könnten hier reihenweise alte Weine verkosten und dabei ausspucken. Ein Kellerverweis war die logische Folge.

Wir haben den 1942er (Geburtsjahrgang von Pfarrer Hans Denk) ebenso geschluckt wie den gleichfalls faszinierenden 1923er Riesling. Dann 1903. In Buchstaben: Neunzehnhundertdrei! Und zwar Riesling herb, kein edelsüßer Wein oder ein rotes Gewächs nobler Bordelaiser Herkunft. Also keiner von der Kategorie, bei der man nach fast hundert Jahren erwarten darf, dass noch Leben in ihm ist. Unser Riesling duftete nach Kräutern und Ingwer, brillierte mit lebhafter Säure und zeigte eine beachtliche Konzentration. Er war ein vorbildliches Beispiel dafür, welches Alterungspotenzial sehr guter österreichischer Riesling haben kann (aber natürlich nicht unbedingt haben muss).

Ein angenehmer Nebeneffekt reifer Weine scheint zu sein, dass sie alkoholisch weniger belasten. Einmal haben wir zu zweit am Abend zwei Flaschen Riesling von Josef Jamek aus den siebziger Jahren getrunken. Klaus Wagner, Gastronom (Wagner-Bacher) und Wein-

WEINGUT
KNOLL

In solchen Arealen kann die Grundlage für Weine geschaffen werden, die noch dann jugendlich frisch sind, wenn man sie längst ausgezehrt und firn wähnt.

sammler in Mautern, hat einiges an reifen Weinen aus Österreich im Keller. Bei jedem Besuch wird gezielt »geplündert«, so dass wir vermutlich irgendwann mal Hausverbot bekommen. Nach den über zwanzigjährigen Rieslingweinen verließen wir das gastliche Haus und fühlten uns putzmunter.

Dabei keimte die Erinnerung an eine Probe mit dem berühmten Erzeuger dieser Weine auf. Josef Jamek aus Joching, der durchaus Hochachtung vor dem Riesling x Silvaner (Müller-Thurgau) hatte, machte sich einst gern einen Jux daraus, »Etikettentrinker« zu belehren. Er schenkte aus anonymen Flaschen aus und wollte dann Meinungen hören. Als man ihm vom »reifen, aber frischen Riesling« vorschwärmte, lächelte Jamek nur verschmitzt und ließ die Katze aus dem Sack: »Ist ein 77er. Aber es ist Müller-Thurgau …«

Ob österreichischer Süßwein so alt werden kann? Der Beweis wurde bis-

lang nicht erbracht, weil die Edelsüßen nicht die Tradition wie in Deutschland oder im Sauternes haben. Aber gelegentlich ist der Eindruck der Unsterblichkeit da. Etwa bei einem Ausbruch aus der Freistadt Rust, aus dem Keller von Winzer Ernst Triebaumer, der vor Jahren vor großem Publikum auf einer Messe in Wien mit anderen Süßweinen aus Deutschland und Österreich vorgestellt wurde. Der Wein davor war eine mächtige Trockenbeerenauslese vom Riesling aus dem Rheingau, aus dem Keller eines Spitzenbetriebs (Breuer in Rüdesheim). Der Burgenländer danach mutete nicht schwächer an. Es drängte sich die Frage nach dem Preis auf. Bei der deutschen Trockenbeere waren es etwa 400 Mark für die normale 0,75-l-Flasche. Als Triebaumer, der im Publikum saß, nach dem Preis seiner 0,5-l-Flasche vom gleichen Jahrgang (1989) gefragt wurde, kamen viele ins Nachdenken. »Ab Hof macht er 300 Schilling.«

Vor allem in der Wachau (im Bild Rieden bei Oberloiben) sowie im Kamptal und Kremstal haben die besten Gewächse viel Lagerpotenzial.

Ernst Triebaumer aus Rust, einer der Besten in Österreich – auch deshalb, weil er mit Weiß, Rot und Edelsüß gleichermaßen glänzen kann. So erzeugt er zum Beispiel auch die passenden Weine zu raffinierten, landestypischen Nachspeisen wie Schneenockerl mit Vanilleeis und Erdbeerobers (rechte Seite).

Edelsüßes aus Österreich kann nicht nur großartig sein, sondern auch strapaziös. Oder war es die »Begleitmusik«?

Eines Tages lautete der Auftrag eines Magazins, zu einem typisch österreichischen Dessert einen passenden Wein zu finden und sodann Rezept und Kombination vorzustellen. Nun gibt es in Wien den »Altwienerhof«, dessen Inhaber Rudi Kellner für seinen grandiosen Keller, seine mächtige Küche und hier besonders für die Nachspeisen bekannt ist. Nach einer Weinverkostung wollten wir eigentlich nur ein leichtes Menü – was Kellner in seiner großzügigen Art jedoch ignorierte. Erst um Mitternacht, durften wir beginnen, Nachspeisen und Süßweine miteinander zu verkosten. Es gab Palatschinken, Strudelüberraschung, Schmarrn mit Heidelbeeren, Mirabellen- und Germknödel, Mohnnudeln, Mohr im Hemd…

Nach dem achten Dessert und zahlreichem Hin und Her bei den Süßweinen wurde die weiße Fahne gehisst. Nur ein Unverbesserlicher am Tisch, der wohl tagelang vorgehungert hatte, meinte, ihn würden die angekündigten Pavesen noch interessieren. Er ließ erst davon ab, als wir laut überlegten, ob er in Trockenbeerenauslesen ertränkt oder mit Palatschinken erstickt werden sollte. Die Mordgelüste waren berechtigt. Denn schon die erste Kombination von Palatschinken mit einer Muskat-Ottonel Trockenbeerenauslese von Martin Haider aus Illmitz am Neusiedlersee war unübertroffen genial gewesen.

Österreichs weiße Rebsorten

Eine Übersicht

Grüner Veltliner

18 670 ha, 36,7% Anteil

Verbreitet in Niederösterreich, Wien und im Burgenland

Das »Pfefferl« im Aroma ist typisch für Österreichs Hauptsorte. Sie hat eine enorme Bandbreite bei der Qualität, vom einfachen, leichtgewichtigen »Heurigen« bis hin zum mächtigen herben Wein mit burgundischen Dimensionen, der sehr gut lagerfähig ist. Auch für edelsüße Beerenauslesen und Trockenbeerenauslesen sowie Eisweine ist der Grüne Veltliner geeignet. Die Herkunft der Sorte ist nicht bekannt. Ein gewisses Problem ist ihre von nicht so qualitätsbewussten Winzern ausgenutzte Ertragskraft. Außerdem zeigt die Sorte manchmal ein weniger feines »Sämling«-Aroma, dessen Ursache noch nicht bekannt ist (vielleicht bestimmte Bodenformationen, spezielle Klone oder zu starke Schwefelung der Maische).

Welschriesling

4 580 ha, 9,0% Anteil

Verbreitet im Burgenland, in der Steiermark und im östlichen Teil des Weinviertels (Niederösterreich)

Mit dem Rheinriesling ist der Welschriesling nicht verwandt. Das macht schon die Art der Sorte mit zarter Würze in Aroma und Geschmack deutlich. In herber Version ist der Welschriesling meist ein unkomplizierter, rescher Wein für den Alltag. Bekannt ist allerdings, vor allem im Gebiet um den Neusiedlersee und hier wiederum vor allem im östlichen Teil (Seewinkel), seine Eignung für hochwertige Trockenbeerenauslesen. Bei der Herkunft schwanken die Vermutungen zwischen Italien und Frankreich (Champagne). Da die Sorte in Italien (Riesling Italico) nicht unbekannt ist, ist diese Abstammung eher wahrscheinlich.

Müller-Thurgau

Müller-Thurgau

3 960 ha, 7,8% Anteil

Verbreitet in allen Weinbaugebieten.

Lange hieß die Sorte Riesling x Silvaner. Seit in Klosterneuburg festgestellt wurde, dass bei der Kreuzung im Jahr 1882, vorgenommen durch den Schweizer Professor Hermann Müller aus dem Kanton Thurgau auf der Forschungsanstalt in Geisenheim, der Gutedel (Chasselas) Partner des Riesling war, trifft diese Bezeichnung nicht mehr zu. Das gilt ebenso für den in Deutschland seit einigen Jahren benutzten Namen Rivaner, der in Österreich allerdings eher unge-

Österreich ist in erster Linie ein Weißweinland. Rund 80% der Fläche entfallen auf weiße Sorten (im Bild auf der linken Seite der wertvolle Weißburgunder). Vor allem in den Gebieten in Niederösterreich sind sie stark verbreitet. Hier dominiert die höhere »Erziehung« der Stöcke, die Arbeiten im Weinberg erleichtert.

bräuchlich ist. Der »Müller« duftet etwas nach Muskat und liefert meist einfachere, süffige, jung zu trinkende Weine. Aber er hat auch das Zeug zu hervorragenden edelsüßen Weinen.

Weißer Burgunder

Weißer Burgunder (Pinot Blanc)

2 500 ha, 4,9% Anteil

Verbreitet in allen Weinbaugebieten

Der Wert dieser klassischen Sorte, die aus dem Grauburgunder (Ruländer) mutierte und früher oft mit dem Chardonnay gleichgesetzt wurde, ist beachtlich. Er wird auch in Österreich immer mehr erkannt. Guter herber Weißer Burgunder (auch Weißburgunder) duftet fein nach Mandeln und Kräutern und ist im Geschmack würzig und kraftvoll. Die Sorte wird gern in kleinen, neuen Fässern (Barriques) ausgebaut, aber sie gerät auch im traditionellen großen Holzfass oder im Stahltank hervorragend. Und sie liefert zudem raffinierte Süßweine mit Substanz und Schmelz.

Riesling

Riesling (Rheinriesling)

1 330 ha, 2,6% Anteil

Verbreitet in Niederösterreich (besonders in den Regionen an der Donau, vor allem Wachau, Kremstal, Kamptal), im Burgenland sowie mit kleinen Flächen in der Steiermark und in Wien

Die vielleicht wertvollste Weißweinsorte der Welt steht in Österreich fast nur in Toplagen und liefert feine, differenzierte Gewächse mit rassigem Säurespiel und prononcierter Frucht – Pfirsich, Aprikose und Zitrus sind typisch. Die hervorragende Eignung für edelsüße Weine wird in Österreich – im Gegensatz zu Deutschland – noch zu wenig genutzt; hier gibt es vor allem am Neusiedlersee immer wieder mal Überraschungen. Auch herber Riesling kann sehr gut über Jahrzehnte hinweg altern. Woher der Riesling kommt, verbirgt sich im Dunkel der Geschichte. Der »Ritzlingbach« bei Weißenkirchen in der Wachau wird gern als Beleg für seinen Ursprung in Österreich herangezogen, aber bewiesen ist letztlich nur die erste Erwähnung der Sorte in Deutschland (1435 bei Rüsselsheim).

Neuburger

1 220 ha, 2,4% Anteil

Verbreitet vor allem in der Thermenregion, außerdem in der Wachau, am Neusiedlersee und in Wien

Vermutlich ist die Sorte eine natürliche Zufallskreuzung aus Weißem Burgunder und Silvaner. Nach einer Überlieferung wurde um 1860 in der Wachau ein Bündel Reben angeschwemmt. Zwei Winzer pflanzten das Strandgut bei Arnsdorf und ernteten einige Jahre später gute Qualitäten. Dann kam die Rebe nach Spitz, wo sie bei einer Burg ausgesetzt wurde (daher vermutlich der Name). Typisch für den Neuburger ist ein nussiges Aroma. Die Weine sind füllig, aber weich in der Säure. Es fehlt ihnen oft etwas an Charakter; nur wenig Winzer können die Sorte aus ihrer Reserve locken. Schädlich für das Image war es, dass lange Zeit in der Thermenregion belanglose Weine, oft im Verschnitt, als »Neuburger« deklariert wurden – was heute weinrechtlich nicht mehr möglich ist.

Frühroter Veltliner (Malvasier)

660 ha, 1,3% Anteil

Verbreitet in Niederösterreich

Die Sorte ist mit dem Grünen Veltliner nicht verwandt. Sie reift früh und ist wenig anspruchsvoll bei Lage und Klima. Die Weine sind etwas neutral im Bukett und Geschmack; die Würze ist eher diskret, die Säure weich. Man kann sie jung trinken. Beheimatet ist die Sorte vermutlich am Mittelmeer (Griechenland); in Österreich ist sie schon lange verbreitet.

Muskat-Ottonel

560 ha, 1,2% Anteil

Verbreitet am Neusiedlersee

Die Sorte ist vermutlich eine Spielart des Muskateller. Sie kann feine, elegante Weine mit einem ausgeprägten, aber angenehmen Muskatduft, Schmelz im Geschmack und weicher Säure liefern und eignet sich gut für edelsüße Gewächse. Weil die Sorte höhere Ansprüche an die Lage stellt und im Ertrag unsicher ist (empfindlich in der Blüte, mit einer Neigung zum Verrieseln), ist ihr Anbau etwas rückläufig.

Chardonnay

460 ha, 0,9% Anteil

Verbreitet in allen Weinbaugebieten

Bei dieser Sorte liegen die Wissenschaftler gewissermaßen im Clinch. Für manche ist Chardonnay identisch mit dem steirischen Morillon, andere lehnen diese Ansicht ab und verleihen dem Morillon Eigenständigkeit. Eng verwandt sind beide sicherlich. Der Chardonnay ist ein Weltenbummler, der würzige, kräftige, auch säurebetonte Weine liefert, sich gut für den Barrique-Ausbau eignet und durch den gern praktizierten biologischen Säureabbau Schmelz bekommt. Das Problem: Es gibt zu wenig wirklich überzeugende Weine. Die Bezeichnung »Feinburgunder« findet man in der Wachau (beim Ausbau im Stahltank), aber sie konnte weinrechtlich auf europäischer Ebene nicht verankert werden.

Chardonnay

Traminer

407 ha, 0,8% Anteil

Verbreitet in allen Weinbaugebieten

Die Rebkundler sprechen vom »Roten Traminer«. Der Gewürztraminer ist vermutlich eine seiner Spielarten. Über die Herkunft gibt es die unterschiedlichsten Vermutungen, sogar Griechenland wird genannt. Auch Tramin in Südtirol ist als Urspungsort im Gespräch. Aber sicher ist nur, dass die Sorte uralt ist. Sie ist anspruchsvoll bei Boden und Klima, nicht sehr ertragssicher und deshalb trotz der oft beachtlichen Qualität der Weine weniger verbreitet. Ein klassischer Traminer duftet pikant nach Rosen, Rauch und Dörrobst, ist kraftvoll, geschmeidig und manchmal etwas alkoholisch im Geschmack. Die Säure ist niedrig. Auch die Süßweine können ungemein pikant sein.

Muskat-Ottonel

Bouvier

400 ha, 0,8% Anteil

Verbreitet im Burgenland am Neusiedlersee

Die Sorte, die um 1900 in der französischen Schweiz von einem Gutsbesitzer namens Clotar Bouvier entdeckt wurde, reift sehr früh. Oft werden die Trauben schon im August gelesen und dann für die Erzeugung von Traubensaft genutzt. Die Weine sind recht neutral, weich in der Säure und zeigen nicht sonderlich viel Struktur. Die Eignung für edelsüße Weine ist gut, aber nicht überragend. In den letzten Jahren war die Sorte etwas rückläufig.

Scheurebe

Ruländer (Grauburgunder, Pinot Gris)

360 ha, 0,7% Anteil

Verbreitet in Niederösterreich, im Burgenland und in der Steiermark

Die Sorte ist eng verwandt mit dem Blauburgunder (Pinot Noir). Sie stammt aus Frankreich und kam vermutlich über die Zisterzienser nach Österreich, noch bevor sie in Deutschland anno 1711 von einem Kaufmann Ruland aus Speyer als wertvoll entdeckt wurde. Bei hoher Reife der Trauben gibt es Weine mit Schmelz und manchmal schon zu ausgeprägter öliger Fülle. Der Ruländer eignet sich ausgezeichnet für edelsüße Botrytisweine, weil er in dieser Kategorie meist über eine recht gute Säure verfügt und sogar rassig anmuten kann. Die weniger verbreiteten herben Versionen werden meist als Grauburgunder deklariert.

Goldburger

300 ha, 0,6% Anteil

Verbreitet im Burgenland

Die Neuzüchtung von Dr. Friedrich Zweigelt (Welschriesling x Orangetraube) wurde einst sehr schnell in verschiedenen Regionen ausgepflanzt, weil sie wenig Ansprüche an den Standort stellte und doch reichlich Zucker in der Traube heranbildete. Aber die Weine fallen meist, auch im Prädikatsbereich, eher belanglos aus, so dass die Sorte in den letzten Jahren stark rückläufig war.

Scheurebe (S 88)

250 ha, 0,5% Anteil

Verbreitet in Niederösterreich, im Burgenland und in der Steiermark.

Mit ihrer alternativen Bezeichnung »S 88« stiftet diese 1916 durchgeführte Kreuzung von Rebenzüchter Georg Scheu aus dem rheinhessischen Alzey immer mal wieder Verwirrung, weil viele Konsumenten darin eine Jahrgangsangabe vermuten. Die Sorte erreicht nur in sehr ausgereiftem Zustand Format und ist nur sehr bedingt geeignet für herben Ausbau. Sie liefert aber als Trockenbeerenauslese oder Eiswein manchmal förmlich geniale Weine mit ausgeprägtem, feinem Johannisbeerduft, Schmelz und rassiger Säure, die rieslingähnlichen Charakter haben.

Beim ursprünglich fixierten »Elternpaar« Riesling und Silvaner meldeten Forscher in Klosterneuburg Zweifel an. Der Silvaner könne es nicht gewesen sein; vermutet wird eine Wildrebe als Riesling-Partner.

Roter Veltliner

250 ha, 0,5% Anteil

Verbreitet in Niederösterreich

Auch der »Rote« ist nicht verwandt mit dem »Grünen«. Die traditionelle Sorte kam vermutlich aus dem Veltlin (Tal in Venetien) nach Österreich und hinterließ bei einigen anderen Sorten genetische Spuren (Zierfandler, Rotgipfler). Sie kann hohe Erträge liefern und gilt deshalb als Massenträger, was sie bei qualitätsbewussten Winzern nicht unbedingt beliebt macht. Aber einige bemühen sich intensiv um die im Rückzug befindliche Sorte und erzeugen kraftvolle, würzige Weine.

Rotgipfler

200 ha, 0,4% Anteil

Verbreitet hauptsächlich in der Thermenregion

Die Sorte ist sehr alt, hat Spuren vom Roten Veltliner in sich und wird selten eigenständig, sondern meist in Kombination mit der zweiten Spezialität der Thermenregion südlich von Wien, dem Zierfandler, ausgebaut (und in der Regel als Spätrot-Rotgipfler deklariert). Die Weine sind kraftvoll, würzig und füllig, zeigen eine markante Struktur und vertragen auch etwas Restsüße. Häufig gelingen gute Auslesen und Beerenauslesen.

Zierfandler

110 ha, 0,2% Anteil

Verbreitet fast ausschließlich in der Thermenregion

Zusammen mit dem Rotgipfler machte der Zierfandler einst den Ort Gumpoldskirchen bekannt. Die Cuvée wurde schon von Hans Moser in seiner »Reblaus« besungen (»Ich hab den Gumpoldskirchner gern«). Aber nach einigen unseriösen Machenschaften in den sechziger Jahren litt der gute Ruf. Heute bemüht sich die Region, durch den Begriff »Zierfandlerwelt« wieder an die alte Tradition anzuknüpfen. Der Zierfandler hätte es verdient. Er kann solo – herb oder edelsüß – ein sehr eigenständiger, charaktervoller Wein mit schönem Säurespiel und ausgeprägter Würze sein. Das ausgeprägte Aroma erinnert manchmal an Bierhefe.

Zierfandler

Sauvignon Blanc (Muskat-Sylvaner)

160 ha, 0,3% Anteil

Verbreitet in der Südsteiermark und am Neusiedlersee

Die in Frankreich gebürtige Sorte, von der man inzwischen weiß, dass sie ein Elternteil des Cabernet Sauvignon ist (mit dem Cabernet Franc), erfreut sich zunehmender Beliebtheit, und zwar nicht nur in Österreich, sondern weltweit. Die Rebe ist anspruchsvoll beim Standort (was eine übertriebene Verbreitung verhindert) und reift spät. Ausgeprägt ist der Duft nach Paprikaschoten, Holunder und Stachelbeeren; unreifer Sauvignon neigt zu einem Duft nach »Katzenpisse«. Die Weine können Schmelz und Eleganz haben, gefallen aber ebenso als jugendliches Leichtgewicht mit zarter, geschliffener Säure. Im edelsüßen Bereich hat die Sorte ebenfalls ihre Berechtigung.

Sauvignon Blanc

Muskateller

Muskateller

140 ha, 0,3% Anteil
Verbreitet in der Steiermark, einige Parzellen im Burgenland und in Niederösterreich (Wachau)

Die Sorte gehört zu den ältesten (und wertvollsten) der Welt. Aber sie benötigt warmes Klima, reift spät und ist launisch im Ertrag. Ein guter Muskateller duftet intensiv und klar nach Pistazien und Muskat, hat ein aufregendes Säurespiel und eine markante Struktur. Ein Wachauer Smaragd kann zu den großen herben Weißweinen der Welt gehören! Schon jung sind solche Weine ein Genuss.

Silvaner (Sylvaner)

50 ha, 0,1% Anteil
Verbreitet in Niederösterreich und der Steiermark

Wie das Leben so spielt: Die Sorte kam vor gut 300 Jahren aus Österreich nach Deutschland und wurde lange als »Österreicher« bezeichnet. Aber sie hat in den letzten Jahrzehnten sehr an Boden verloren und ist in ihrer Heimat praktisch bedeutungslos geworden (während man sich in Deutschland um eine Renaissance bemüht).

Beste Voraussetzungen hat die Grüne-Veltliner-Traube vor allem in der Wachau. Aber auch im Kamptal und im Weinviertel findet sie gute Bedingungen.

Furmint

Wenige ha, unter 0,1% Anteil
Angebaut im Burgenland

Dass die Sorte mit zweitem Namen Mosler heißt, bedeutet nicht, dass sie von der Mosel kommt. Bekannt ist die Furmint-Rebe in Ungarn in der Tokajer-Region. Früher war sie ein wichtiger Bestandteil des Ruster Ausbruch. In den letzten Jahrzehnten hat man sich wieder an sie erinnert; seit 1987 ist sie klassifiziert. Der Wein hat einen typischen Apfelduft, eine gute Säurestruktur und kann sehr kraftvoll ausfallen. Die Sorte eignet sich gut für Prädikatsweine.

Roter Riesling

Wenige ha, unter 0,1% Anteil
Angebaut am Neusiedlersee, in der Steiermark

Diese kaum bekannte Mutation des Rheinriesling liefert einen Weißwein mit knackiger Säure und mineralischer Note.

Gemischter Satz

Keine statistischen Daten, geringer Anteil. Verbreitet in allen Weinbaugebieten

Die Mischung verschiedener Rebsorten (manchmal bis zu einem Dutzend) in einem Weingarten ist eine liebenswerte Tradition in Österreich, die in den letzten Jahren mit immer wieder mal bemerkenswerten Weinen wiederbelebt wurde. Der Wiener »Heurige« war früher meist ein Mischsatz. Anderswo wurden sogar gezielt Sorten mit unterschiedlichen Eigenschaften für die Kombination im Weingarten ausgewählt (aromatische mit weniger aromatischen, säurebetonte Sorten und solche mit weicher Säure). Gelesen wird meist alles zum gleichen Zeitpunkt. Die heutigen Anlagen sind oft sehr alt (bis zu 100 Jahre) und tragen nur mehr wenig. Aber die Ergebnisse sind vielfach gut.

Rotwein-Geschichten

Die erste und die zweite Revolution

Wenn man sich vor 20 Jahren mit österreichischen Winzern über Rotwein und seine Marktchancen unterhielt, winkten die meisten ab. »Da leben wir doch isoliert wie Albanien«, sagte etwa ein Winzer aus dem Burgenland (der heute zu den besten Rotweinerzeugern gehört). Mit anderen Worten: Man fühlte sich abgeschnitten vom Wissen der weiten Weinwelt, hatte kaum Ahnung, was in Frankreich geschah, sich in Italien und der »Neuen Welt« allmählich entwickelte und war zudem der Meinung, auf diesem Feld sowieso nicht mit der ausländischen Konkurrenz mithalten zu können.

Aber es gab doch ein paar, die über den Tellerrand hinausschauten und zum Beispiel registrierten, dass ein Ausbau der Roten in neuen, kleinen Eichenholzfässern Fortschritte bringen kann – wenn man das nötige Fingerspitzengefühl hat. Sie bewegten sich vorsichtig in einem Umfeld, in dem andere Regeln galten. Noch bis weit in die achtziger Jahre hinein wurde an den Weinbauschulen Österreichs gepredigt, dass die Barriques nichts bringen außer Holzgeschmack (eine These, die aufgrund mancher zweifelhafter Ergebnisse damals sogar vertretbar war). Und förmlich des Teufels war der vereinzelt praktizierte biologische Säureabbau. »Viel zu gefährlich«, urteilten Professoren über diese international anerkannte Methode, bei der zugesetzte oder natürlich vorhandene Mikroorganismen die spitze Äpfelsäure des Weins in die weiche Milchsäure umwandeln.

Weil sich bei diesem Prozess unerwünschte Nebenprodukte entwickeln können, wenn man ihn nicht genau steuert und kontrolliert, riet die Wissenschaft davon ab, sich überhaupt mit ihm zu befassen. Zudem bestand ja die Gefahr, dass die fleißigen Bakterien von den Rotweinfässern zu den Weißweinbehältern umsiedelten und dort die Arbeit erneut aufnahmen.

Heute ist der einst verfemte biologische Säureabbau die Regel bei Rotwein, wenn man Wert auf höhere Qualität legt. Wichtig ist zudem der Zeitfaktor. Und die chemische Entsäuerung, die lange üblich war, wendet kaum mehr jemand an.

Nicht jede Rotweinsorte muss unbedingt im kleinen Fass (Barrique) liegen. Der St. Laurent beispielsweise (linke Seite) ergibt auch im normalen großen Holzfass einen Wein mit Saft und Stil. – Vorhergehende Doppelseite: Schloss Kapfenstein in der Steiermark.

Rotweinsorten benötigen keine steilen Lagen, sie wachsen auch in der Ebene gut.

Die »rote Revolution« begann so richtig Ende der achtziger Jahre. Vorher gab es zwar schon reichlich »roten Wein«, aber der war nicht immer ganz einwandfrei. Es gab sowohl roten »Kunstwein« als auch solchen, bei dem Weißwein mit rotem Deckwein (meist aus dem Ausland bezogen) verschnitten wurde und damit eine kräftige Farbe annahm. Und es gab natürlichen Rotwein, dessen Most kräftig aufgezuckert war (weniger als 14 Grad Alkohol war im fertigen Wein nicht erwünscht) und der dann auch meist etwas süßlich in die Flasche kam, selbstverständlich kräftig entsäuert, in der Regel mit kohlensaurem Kalk.

Wer damals im Keller anders arbeitete, konnte sich kaum profilieren. Wenn man heute mit einem Winzer wie Ernst Triebaumer aus Rust, der mit einem 1986er Blaufränkisch aus seiner Riede (Lage) Mariental die Fachwelt überraschte und bei Wettbewerben Höchst-

noten erzielte, über die alten Zeiten spricht und glaubt, seine Fortschritte loben zu müssen, dann meint er nur: »So wie ich heute meine Weine mache, hat es auch schon mein Vater getan. Ich habe da kaum etwas verändert. Nur wollte damals kaum jemand unsere Weine trinken. Da war ein anderer Geschmack gefragt…«

Die Saat für guten, gar erstklassigen österreichischen Rotwein wurde nicht im 19. Jahrhundert gelegt, als der »Vöslauer« aus dem Süden von Wien bereits gelobt wurde und Robert Schlumberger in dieser Gegend die ansonsten lange verpönten französischen Rebsorten Cabernet Sauvignon und Merlot pflanzte. Vielleicht war der »Urknall« der Besuch eines gelernten Rechtswissenschaftlers aus der Steiermark im Jahr 1976 beim Winzer Hans Igler in Deutschkreutz. Dr. Helmut Romé, der sich damals schon in vielen Artikeln mit dem Weinbau befasste und später als Herausgeber der Zeit-

Oben: Die zwischen den Rebzeilen begrünte Riede Hallebühl bei Frauenkirchen am Neusiedlersee, bekannt für rote Gewächse aus dem Weingut Umathum, die einige Jahre Reifezeit benötigen.

Ein guter Winzer schenkt dem Wachstum am Rebstock viel Aufmerksamkeit. Und er sorgt im weiteren Jahresverlauf dafür, dass sich die Rebgärten gepflegt präsentieren (rechte Seite: Flächen beim Rotweinort Deutschkreutz im Mittelburgenland). Somit können auch Cuvées gelingen (im Bild oben »Vulcano« von Igler), die sich zunehmender Beliebtheit bei Erzeugern und Genießern erfreuen.

schrift »Falstaff« mit der Einführung eines Preises für Rotwein zu einem Wegbereiter der österreichischen Rotweinkultur werden sollte, fand gemeinsam mit einem guten Freund Gefallen an einem jungen Blaufränkisch in Iglers Keller. Man kaufte gleich ein ganzes Fass unter der Bedingung, dass der Wein so belassen wurde, wie er war. Also keine Entsäuerung, aber dafür ein Jahr mehr Reifezeit.

Als das Nachbarn mitbekamen, tippten sie sich an die Stirn und befanden, ein Rotwein mit 6,5 Promille Säure sei ungenießbar und bleibe dies auch. Auch Hans Igler war skeptisch. Aber schließlich war der Wein bezahlt, er musste sich darüber nicht den Kopf zerbrechen. Ein Jahr später nahm Käufer Romé mit Genugtuung zur Kenntnis, dass ihn seine Ahnung nicht getrogen hatte. Der Wein war fruchtig, harmonisch und überhaupt nicht mehr »bissig«. Daraufhin korrigierte Igler seine Ausbaumethoden und war in den achtziger Jahren beim Falstaff-Rotweinpreis stets sehr erfolgreich.

Igler holte sich seine Barriques von 1981 an gebraucht von Château Lafite! Das allein machte seine Rotweine für Österreich schon zu Kultobjekten. Leider starb er 1994 und konnte die Entwicklung der letzten Jahre nicht mehr miterleben. Seine Tochter Waldtraud und ihr Mann Wolfgang Reisner übernahmen das Weingut und setzten dem Deutschkreutzer fünf Jahre später mit ihrer besten Cuvée des Jahrgangs 1997

In tiefen Kellern in stillen, verträumten Gässchen reifen Rotweine heran, mit denen Österreich allmählich auch international einen hohen Stellenwert bekommt.

ein Denkmal, die sie »Ab Erico« (»vom Igel«, bzw. in der Gutsversion »vom Igler«) nannten.

Der Wein besteht hauptsächlich aus Merlot und etwas Cabernet Sauvignon. Diese Sorten wurden in Österreich erst 1986 offiziell zugelassen. Aber nach dem Grundsatz »Wo kein Kläger, da kein Richter« waren sie bereits vorher im Anbau. 1985 konnte beispielsweise Anton Kollwentz' Erstling vom Vorjahr aus dem einzigen kleinen Fass, das damals in seinem Weingut »Römerhof« in Großhöflein bei Eisenstadt im Keller lag, kurz vor der Abfüllung verkostet werden. Dieser sortenreine Cabernet verriet, dass Freund Anton die starkwüchsige Sorte gut im Griff hatte und auch wusste, wie viel Zeit im Barrique er ihr zumuten konnte. Gut ein Jahr später, der Wein war ab Gut längst ausverkauft, entdeckten wir ihn in einem Restaurant auf der Weinkarte und bestellten ihn natürlich sofort. Die Span-

nung war groß: Wie hatte er sich entwickelt? Doch dem Glas entströmte ein bitter-holziger Geruch. Wir hatten einen Korkschmecker erwischt…

Während Anton Kollwentz ebenso wie Igler einen eigenständigen Stil verfolgte, hatten andere Österreicher, die sich an diesen Rebsorten versuchten, ein spezielles Vorbild im Visier. Das machten sie mit einigen sehr internationalen Bezeichnungen deutlich, die nicht immer legitim waren. Aber das scherte niemand, da Österreich erst etliche Jahre später EU-Mitglied werden sollte und deshalb keinerlei Sanktionen wegen einer Deklaration wie »Médoc Gourmet« zu befürchten hatte. Exportiert wurden solche Weine nicht. Sie blieben im Lande und hinterließen bei weniger bewanderten Weingenießern den Eindruck, auch im südlichen Burgenland (wo der »Médoc« herkam) lasse sich ein hochwertiger Wein à la Bordeaux erzeugen.

Oben: Mörbisch am Neusiedlersee. Der Ort ist berühmt für seine sehr guten Rotweinlagen, aber auch für seine edelsüßen Weine.

In den weiten Rebflächen rund um den Neusiedlersee im Burgenland schlummert noch viel rotes Potenzial, das zunehmend geweckt wird.

Damals freilich war man noch weit davon entfernt. Zwar bekamen viele Weine in nationalen Wettbewerben extrem hohe Noten. Aber wenn man genauer hinsah, wurde meist die mitunter grimmige Gerbsäure dieser Gewächse freudig bepunktet, während geschmeidige, elegante Tropfen seltener gut abschnitten. Mancher dieser anfangs abweisenden Weine hat sich später vielleicht sehr erfreulich entwickelt – wenn man ihnen die Zeit zur Reife ließ. Bestes Beispiel dafür war eine Probe mit Weinen aus der Thermenregion, bei der Christian Fischer aus Sooß, einer der Rotweinstars der aktuellen Szene, eine verstaubte Flasche ohne Etikett auf den Tisch stellte. »Na, was ist das?« fragte er in die Runde. Dass es sich um einen Pinot Noir (Spätburgunder) handelte, war sofort klar. Aber welcher Jahrgang? Eine gewisse Reife wurde registriert, aber der Wein war noch längst nicht am Ende, sondern ein Hochgenuss. Also pendelten wir uns damals, im Januar 1999, bei 1993, 1992 oder eventuell sogar 1990 ein.

Da lachte der Erzeuger: »Stimmt alles nicht. Das war mein zweiter Wein, den ich biologisch entsäuert und ins Barrique gelegt hatte. Der erste Versuch ging schief. Das war der 85er. Mit dem 86er, den ihr probiert, hat es dann geklappt. Gestern haben wir eine andere Flasche aufgemacht und dekantiert, da war er noch besser …«

Der Jahrgang 1986 eben. Mit ihm schaffte Ernst Triebaumer den Durchbruch. Als sein Blaufränkisch Mariental im Jahr 1998 noch mal in einer vertikalen Verkostung von 1986 bis 1996 auf dem Tisch stand, zeigte er ebenfalls keine Altersschwäche, sondern erinnerte an einen ausgereiften Bordeaux. Dagegen ließen viele Weine, die ansonsten in jener Zeit und danach erzeugt und mit Preisen bedacht wurden, reichlich Runzeln erkennen, als wir in kritischer Runde 1994 eine Bestandsaufnahme machten. 1988, 1989 und 1990, da kam keine Freude auf. Keine Flasche wurde geleert. Der Gastronom, der die enttäuschte Runde bewirtete, bekam reichlich Stoff fürs Essigfass.

Aber in den neunziger Jahren begann dann allmählich die zweite rote Revolution. Und das auf breiter Front. Da entwickelte sich zum Beispiel die Gemeinde Gols im so genannten Seewinkel am Neusiedlersee zur Rotweingemeinde – obwohl in den Medien noch geunkt wurde, das Gebiet sei für diese Farbe denkbar ungeeignet. Das lag wohl daran, dass man sich zwar hier schon früher mit entsprechenden Reben befasste. Aber sie wurden unkontrolliert gepflanzt, ohne ihre Eignung für die verschiedenen Böden zu untersuchen. Heute geht man mit fast wissenschaftlicher Akribie ans Werk und kann dabei seit ein paar Jahren auf die tatkräftige Unterstützung eines französischen Önologen bauen, der den Winzern dazu riet, mehr auf die heimischen Rebsorten wie Blaufränkisch und Zweigelt zu setzen und Cabernet Sauvignon allenfalls noch als Bestandteil von Cuvées zu verwenden.

Oben: Zuerst trumpfte Senior Georg Stiegelmar aus Gols mit edelsüßen Weinen auf. Aber seit Junior Axel im Keller verantwortlich mitarbeitet, haben auch die Rotweine durchgängig ein ausgezeichnetes Format. Zu den Newcomern der letzten Jahre gehört Paul Achs aus Gols (Mitte). Ein Arrivierter ist Josef Umathum aus Frauenkirchen (unten).

Weingut
Familie Gesellmann

Inzwischen behauptet Hans Nittnaus, einer der Vorreiter dieser Bewegung, Gols habe international ein Mitspracherecht bei Rotwein. Und tatsächlich werden einige Golser Gewächse – vor allem aus der Vereinigung »Pannobile« (acht Winzer mit der Zielsetzung, »burgenländische Fülligkeit mit österreichischer Fruchtigkeit und internationaler Eleganz zu verbinden«) – dem hohen Anspruch gerecht.

Natürlich sind die Golser nicht allein auf weiter Flur. Das ganze Burgenland sieht gewissermaßen immer mehr Rot. Selbst Produzenten, die früher ausschließlich auf dem süßen Trip waren, zeigen heute Flagge, etwa Hans Feiler aus Rust, der mit seinem Sohn Kurt gewaltige Cuvées zustande bringt. Umgekehrt macht es am anderen Seeufer Josef Pöckl aus Mönchhof. Er erwarb sich zunächst Meriten mit seinen kraftvollen, herben Roten. Aber in den letzten Jahren macht es ihm zunehmend Spaß, sich mit Süßweinen vom Spätburgunder zu befassen – die Ergebnisse sind ebenfalls erstklassig.

Diese erfreuliche Entwicklung gewinnt an Boden. Längst schon gibt es in niederösterreichischen Anbaugebieten wie dem Kremstal fähige Rotweinerzeuger. Im Verein »Wagramer Selektion« (Donauland) tauchen bei der jährlichen Verkostung immer häufiger feine Spätburgunder und tadellose Cuvées auf. Östlich von Wien, in Carnuntum, gibt es allein im Ort Göttlesbrunn einige Winzer mit Prachtexemplaren. Sogar in Wien selbst beweist nicht nur der junge »Altmeister« Fritz Wieninger, dass die Flächen von Stammersdorf und einigen anderen Bezirken rotweintauglich sein können. Neuerdings macht ihm der gelernte Architekt Hans Peter Göbel, ebenfalls Stammersdorf, Konkurrenz.

Im riesigen Weinviertel lassen einige Erzeuger ihr Können aufblitzen. Hier steht oft die Neuzüchtung Blauburger (Portugieser x Blaufränkisch), die wenig geschätzt wird, weil die Weine überwiegend belanglos sind und keine Seele haben. Aber vielleicht macht der Blauburger Karriere als »österreichischer Port«? Dass das funktionieren kann, bewies Hans Bauer aus Jetzelsdorf mit dem 97er. Er stoppte den Saft in der Gärung mit Weindestillat ab, wie beim Portwein. Das Ergebnis war ein feiner, feuriger Zungenschmeichler mit 17 Grad Alkohol, der es getrost mit einem guten Jahrgangsport aufnehmen kann.

Halt macht die Entwicklung vor dem kleinen, aber wohl bedeutendsten österreichischen Weinbaugebiet, der Wachau. Es gibt zwar einige rote Sorten, aber das Resultat ist »roter Wein«, kein Rotwein. Wenn man in die besten Veltliner- und Riesling-Lagen ginge, wäre vielleicht mehr möglich. Aber ob das der Wachau gut zu Gesicht stehen würde? Wenigstens bewies einer der großen Männer des Gebiets hier schon, dass Rotwein das Zeug dazu hat, praktisch ohne Schwefel auszukommen. Der Zweigelt von Josef Jamek hat die Ausdauer, trotz des Verzichts auf die Stabilisierung durch schweflige Säure einige Jahre zu überleben.

Die Saat geht zwischen den Reben auf und trägt zum natürlichen Gleichgewicht bei. Rund fünf Monate später kann die Traubenernte beginnen. Und ein paar Jahre danach liegen die besten Weine vielleicht noch in einer Vinothek (auf der linken Seite Deutschkreutz) und können hier ihre Reifemöglichkeiten unter Beweis stellen.

Blauer Wildbacher ist eine Rotweinsorte, aber meist liefert sie einen hellroten, säurebetonten Wein, den etwas gewöhnungsbedürftigen Schilcher. Man genießt ihn in der Steiermark gern bei Pausen im Weinberg und geht dann wieder erfrischt an die Arbeit.

Die Steiermark, die eigentlich auf Weißwein setzt, kann eine säurebetonte Spezialität vorweisen, die kaum dem Rotwein zuzuordnen ist: der Schilcher von der Sorte Blauer Wildbacher. Die Rebe liefert zwar dunkle Beeren, aus denen sich auch Rotwein erzeugen lässt (einige Ergebnisse sind gar nicht mal schlecht). Aber der intensiv nach Johannisbeeren duftende Schilcher, bei dem in früheren Zeiten viel (manchmal sogar mit Johannisbeersaft) gepanscht wurde und den man nicht ganz zu Unrecht »Rabiatperle« nannte, hat heute fast so etwas wie Kultstatus. »Rabiat werden wir nur, wenn wir keinen Schilcher bekommen«, sagt Franz Gosch vom Schilcherschutzverband, unter dessen Fittichen der Ehrgeiz der Produzenten geweckt wurde. Heute gibt es schonend ausgebauten Hellroten, der pikant und saftig mundet und auch nach einer Versektung noch richtig Spaß macht.

Gegen die Variante des hin und wieder erzeugten Eisweins vom Schilcher

(Waldtraud Jöbstl aus Wernersdorf bei Wies in der Weststeiermark ist hier Spezialistin) hat man nichts. Denn damit wäre man für einen neuerlichen Papst-Besuch gut gerüstet. Einer hatte mal vor gut 200 Jahren kein gutes Haar an dem steirischen Rosé gelassen: Pius VI. (1717–1799) reiste zu Kaiser Franz Joseph II. nach Wien und machte in einem Franziskaner-Kloster in der Steiermark Station. Tags drauf schrieb er in sein Tagebuch: »Und sie haben uns rosaroten Essig vorgesetzt, den sie Schilcher nannten.« Heute würde ein Papst zumindest am süßen Eiswein seine Freude haben und ihn vielleicht sogar zum Messwein des Vatikans berufen …

»Olivin« heißt ein richtiger Rotwein der Steiermark, aus dem Keller von Georg Winkler-Hermaden in Kapfenstein in der Südoststeiermark. Benannt wurde dieser Zweigelt nach dem olivgrünen Kristall im Gestein des Kapfensteiner Kogels. Während hier ein echter Bezug zwischen Weinname und Herkunft besteht, lassen die Österreicher ansonsten vor allem bei ihren Cuvées viel Fantasie walten. Ein Wein heißt »Roter Oktober«, ein anderer »Kentaur«. »Vidure«, »Peccatum«, »Phantom«, »Fanfare«, »Opus Eximium«, »Vulcano«, »Terra O«, »Maximus«, »Imperator« und »Gladiator« sind nur einige von vielen möglichen Beispielen. Besonders gern werden auch klassische Figuren aus der Theater- und Musikwelt herangezogen. Aber auch eine Hunderasse (»Border« nach dem Border-Colli) war sogar schon im Spiel.

MONZA RACING

Österreichs rote Rebsorten

Eine Übersicht

Zweigelt (Rotburger)

4 020 ha, 7,9% Anteil

Verbreitet in allen Anbaugebieten

1922 nahm Professor Dr. Fritz Zweigelt, Begründer der Bundesrebenzüchtungsstation der Klosterneuburger Weinbauschule und ihr späterer Direktor, eine Kreuzung der Reben Blaufränkisch und St. Laurent vor, die zur wichtigsten österreichischen Rotweinsorte werden sollte. Sie ist nicht anspruchsvoll und muss im Ertrag gezügelt werden, sonst gibt es belanglose Weine, ähnlich einem Kirschsaft. Zweigelt aus geringen Ernten liefert dagegen dichte, elegante Rotweine mit Tiefgang, die gut in Barriques ausgebaut werden und auch im internationalen Vergleich bestehen können.

Blaufränkisch

2 700 ha, 5,5% Anteil

Verbreitet im Burgenland

Der Name stammt vermutlich aus der Zeit Karls des Großen, der im 8. Jahrhundert alle für wertvoll gehaltenen Sorten als »fränkisch« deklarierte (die minderwertigen hießen »hunnisch«). Die ursprüngliche Heimat des Blaufränkisch, den die Württemberger als Lemberger (Limberger) kennen, ist unbekannt. Sicher ist lediglich, dass die Rebe schon seit einigen hundert Jahren in Österreich zu Hause ist. In den letzten 20 Jahren hat sie immer häufiger bewiesen, dass sich bei niedrigen Erträgen qualitativ hervorragende Weine aus ihr bereiten lassen. Diese Roten mit ihrer feinbitteren, zartwürzigen Note sind sehr eigenständig, vertragen die Einflüsse von neuer Eiche beim Ausbau gut – und avancieren allmählich zum Vorbild für die Württemberger, die ihrem Lemberger meist allzu selten das mögliche Niveau entlocken.

Blaufränkisch

Blauer Portugieser

2 640 ha, 5,3% Anteil

Verbreitet in Niederösterreich und im Burgenland

Die Sorte wurde früh im 18. Jahrhundert in der Thermenregion erstmals ausgepflanzt; wahrscheinlich wurde sie aus Portugal importiert. Sie kann sehr ertragreich sein, liefert Weine, die man bevorzugt jung trinken sollte, und ist eigentlich nicht für hochwertige Qualitäten prädestiniert. Trotzdem schaffen es einige Winzer immer wieder mal, bei extremer Ertragsbegrenzung (maximal 30 hl/ha) beachtliche Weine zu erzeugen. Im Übrigen gehört der Portugieser in die Kategorie der »netten« Weine.

Kompakte Trauben mit kleinen, gesunden Beeren – das ist eine gute Voraussetzung für ein rotes Spitzengewächs. Im Bild auf der linken Seite die Sorte »Blaufränkisch«.

Blauer Burgunder

Blauer Burgunder (Spätburgunder, Pinot Noir)

820 ha, 1,7% Anteil
Verbreitet in Niederösterreich und im Burgenland

Die Sorte läuft in der Bourgogne zu großer Form auf (wenn man sie lässt und im Keller nicht geschlampt wird). Sie kann auch in Österreich sehr elegante, samtige Weine mit Tiefgang und feinem Fruchtaroma (Cassis, Himbeeren) liefern. Der Blaue Burgunder entwickelt Charme, hat reife, angenehme Tannine und eine gute Haltbarkeit. Hin und wieder – in der Thermenregion, im Seewinkel sowie im Kremstal und Kamptal – werden mit Ausbau in den kleinen Eichenfässern (Barriques) auch Weine erzeugt, die der Spitze Frankreichs schon recht nahe rücken. Das berechtigt zur Hoffnung, dass diese wertvolle Sorte in den nächsten Jahren an Fläche zulegt.

Blauer Wildbacher

Blauburger

500 ha, 1 % Anteil
Verbreitet in Niederösterreich und mit kleineren Flächen im Burgenland

Die österreichische Neuzüchtung aus den Sorten Portugieser x Blaufränkisch (Geburtsjahr in Klosterneuburg 1923) stellt keine besonderen Ansprüche an die Lage und erzielt gleichmäßig hohe Erträge bei meist intensiver Farbausbeute. Sie reift recht früh schon im September, kann Weine mit reichlich Alkohol und Extrakt ergeben, aber meist fehlen Eleganz und eine »Seele«. Früher war die Sorte gefragt, aber heute ist der Anbau etwas rückläufig. Interessant sind Versuche, aus Blauburger einen Wein à la Port zu erzeugen.

St. Laurent

410 ha, 0,8% Anteil
Verbreitet in Niederösterreich und im Burgenland

Die Sorte kommt vermutlich aus Frankreich, ist womöglich eine Mutation des Blauburgunders, feiert in Deutschland seit einigen Jahren eine gewisse Renaissance und gehört in Österreich schon seit mehreren Jahrzehnten zur Kategorie der qualitativ wichtigen roten Sorten. Allerdings neigt sie zum Verrieseln und zur Botrytis, was ihrer Beliebtheit in Weinbaukreisen Abbruch tat. Die Weine sind allerdings meist elegant, feinmaschig und ausgeprägt fruchtig, mit reifem Tannin. Das ganz große Format fehlt noch.

Blauer Wildbacher (Schilcher)

400 ha, 0,8% Anteil
Verbreitet in der Weststeiermark, mit kleinen Flächen auch in der Südsteiermark

Die Sortenbezeichnung Blauer Wildbacher findet man nur selten auf den Etiketten. Denn das Traubengut wird in der Regel nicht auf der Maische vergoren, sondern allenfalls kurz angegoren und dann gekeltert. So läuft nur ein roséfarbener Saft ab (zwiebelfarben bis erdbeerrot), der mit reichlich Säure einen leichten, intensiv nach Johannisbeere duftenden Wein ergibt, der unter

Zweigelt

dem Namen Schilcher in Österreich fast Kultstatus genießt. Er wird jung getrunken, ist sicher etwas gewöhnungsbedürftig und spaltet das Lager der Freunde steirischer Weine in Liebhaber und eine ablehnende Front. Vereinzelt gibt es Rotweine vom Blauen Wildbacher, die manchmal im Tannin recht grimmig sind, hin und wieder aber angenehm überraschen.

Cabernet Sauvignon

400 ha, 0,8% Anteil
Verbreitet in Niederösterreich, im Burgenland und in Wien

Die international hoch geschätzte Sorte, die bis Mitte der achtziger Jahre in Österreich nicht offiziell zulässig war, erfreut sich zunehmender Beliebtheit. Die Weine geraten in Österreich, wie eigentlich fast überall, sehr sortentypisch mit einer leicht grünen Note im Aroma, die von Johannisbeere untermalt wird. Sie sind gerbstoffbetont, robust und in der Jugend oft unzugänglich. Ausgebaut werden sie bevorzugt in Barriques. Gern wird »CS« wie im Bordelais auch in Cuvées verwendet. Der Cabernet Franc dagegen ist in Österreich kaum anzutreffen.

Merlot

Statistisch nicht erfasst, vielleicht 100 ha, 0,2% Anteil
Verbreitet in Niederösterreich und vor allem im Mittelburgenland

Diese Sorte, die im Bordelais deren wichtigsten Cuvée-Partner für Cabernet Sauvignon darstellt, ist in Österreich nicht so erfolgreich wie dieser. Gelegentlich wird sie zwar eigenständig ausgebaut, meist aber zusammen mit Cabernet Sauvignon und anderen Sorten wie Blaufränkisch. Die Weine sind weich, haben reife Tannine und eine angenehme Frucht.

Syrah (Shiraz)

Einige ha, statistisch noch nicht genau erfasst, unter 0,1%
Vereinzelt im Burgenland (Seewinkel) angebaut

Die bekannte Sorte aus Frankreich, die im Rhônetal Bestandteil exzellenter Weine ist und auch in Australien Triumphe feiert, ist in Österreich bislang nur für den Versuchsanbau zugelassen. Doch ihre Qualitäten ließ sie schon vereinzelt aufblitzen. Die Weine sind kraftvoll, würzig, konzentriert und haben manchmal einen etwas exotisch anmutenden Eukalyptusduft.

Die Zukunft

Nachdem in Österreich der Bio-Anbau in den letzten Jahren zugenommen hat und die hier beteiligten Winzer besonders viel Wert darauf legen, im Weinberg kaum Schädlingsmittel auszubringen, kann es sein, dass in den nächsten Jahren das Interesse an den so genannten »interspezifischen Kreuzungen« wächst, die besonders resistent sind. Die deutschen Öko-Winzer haben mit Sorten wie Regent und Rondo bereits recht gute Erfahrungen gemacht; die Kollegen im Nachbarland beginnen hellhörig zu werden.

Cherchez les femmes!

Die Frauen spielen im Weinbau Österreichs eine nicht zu unterschätzende Rolle. Selten treten sie dabei als eigenständige Winzerinnen in den Vordergrund. Aber mit ihrer Tatkraft, ihrem Charme und dem notwendigen Selbstbewusstsein ziehen sie oft die Drähte im Hintergrund, halten dem Mann den Rücken frei für seine Arbeit in Weinberg oder Keller und stehen zugleich an der harten Verkaufsfront – ganz zu schweigen davon, dass sie häufig auch noch die Kinder großziehen.

Diese »Multi-Funktion« hat Günter Müller, Eigentümer eines stattlichen Betriebes in der Steiermark, einmal so beschrieben: »Ich habe vier Frauen. Die erste ist meine Ehefrau und Geliebte. Die zweite ist die Mutter dreier Kinder. Die Nummer drei teilt mit mir die Liebe zum Wein. Und die vierte ist die Chefin im Weinunternehmen, auf die ich mich immer verlassen kann und die hier Wunderbares leistet.« Das Quartett wird in Wirklichkeit von einer Frau verkörpert. Die fesche Blondine heißt Eva Rosa Müller, geborene Preinsack, und sie war 1980 drauf und dran, nach Amerika ins Management zu gehen, als sie einen fröhlichen, charmanten Mann aus der Weinbranche kennen lernte, der gerade in den elterlichen Betrieb eingestiegen war und ihn umstrukturieren wollte. Günter machte nun Eva so überzeugend den Hof, dass diese ihre Lebenspläne änderte. Sie ging nicht über den großen Teich, sondern fasste schließlich Fuß in Groß St. Florian, der Zentrale des Müllerschen Besitzes in der Süd- und Weststeiermark. Eine gewisse Sehnsucht nach Amerika ist immer noch spürbar. Wenn sie Rotwein trinkt, dann ist's – obwohl man die Sorte selbst im Sortiment hat – besonders häufig Cabernet Sauvignon aus Kalifornien. Eva Müller ist eine überzeugende Weinverkäuferin, die sich für jeden potenziellen Kunden Zeit nimmt. Es macht ihr sichtlich Spaß, mit Interessenten zu verkosten und sie zu beraten.

Frauen an allen Weinfronten: Eva Müller ist nicht nur die «gute Fee« im steirischen Weingut, sondern auch mehrfache Mutter.

Bei Irmgard Hirtzberger aus Spitz in der Wachau laufen Verkaufsgespräche anders ab. Wenn die Preislisten an die Stammkunden verschickt sind, läutet hinterher tagelang das Telefon – und Frau Hirtzberger ruft dann gewissermaßen den Notstand aus. Die Nachfrage ist groß, die zur Verteilung stehende Menge vergleichsweise klein. Da heißt es genau rechnen. Die Wünsche können nicht immer hundertprozentig erfüllt werden. Vor allem die wertvollen Smaragd-Gewächse sind schnell verkauft oder »ausreserviert«.

Österreichs Winzerinnen formieren sich. Auf der VieVinum in Wien im Juni 2000 hatten elf aktive Produzentinnen einen gemeinsamen Auftritt, der unter dem Motto »Frauen-Power« stand.

Zum großen Problem der gelernten Betriebswirtschaftlerin und dreifachen Mutter wird immer wieder der Mann im Haus, dem es in dieser hektischen Phase schon mal passieren kann, dass ihn die Gattin rügt: »Franz, bist narrisch?!« Das geschieht immer dann, wenn er einem guten Freund wieder einen Karton Riesling Smaragd Singerriedel verspricht und Irmgard ohnehin schon wochenlang laviert, wer wie viele Flaschen zugeteilt bekommt. »Der Franz hat ein zu gutes Herz und kann nicht nein sagen«, urteilt sie. »Ich darf das dann ausbaden.«

Ansonsten ist Irmgard, geborene Pichler aus Wösendorf, die mit dem ebenfalls prominenten Franz Xaver Pichler aus Oberloiben nicht verwandt ist, ein Qualitätsfaktor im Haus. Respektvoll meint ihr Franz: »Sie ist eine ausgezeichnete Verkosterin und lobt einen Wein erst dann, wenn er wirklich gut ist.«

Rudolfine Pichler, die eigentlich Tierärztin werden wollte, aber dann 1971 einen Winzer heiratete, ist eine Art Leidensgefährtin von Irmgard Hirtzberger. Denn auch sie ist, neben dem Haushalt, für den Verkauf zuständig und hat ebenfalls sehr knappe Ware zu vermarkten. Das schwarzhaarige Temperamentsbündel treibt ihren Franz Xaver zu vinifikatorischen Höchstleistungen. Er schätzt an seiner Frau zwei Dinge: »Sie ist der ruhende Pol im Haus und sie hat ein hervorragendes Urteilsvermögen in puncto Wein.«

Rudolfine war es auch, die ihrem Mann Anfang der achtziger Jahre Mut zu einer Neuorientierung machte. Damals betrieb man gemeinsam einen gut gehenden Heurigen und kümmerte sich noch nicht sonderlich um Qualität. Franz Xaver (»Eff-Ix«) wollte weg vom Heurigen-Geschäft; er hatte Ehrgeiz. Rudolfine bestärkte ihn darin, obwohl das für sie letztlich mehr Arbeit (im Weinberg) bedeutete und sie heute noch auf einen 14- bis 16-Stunden-Tag kommt.

Heidi Pfaffl aus Stetten legte erst im Frühjahr 2000 die mit Freude getragene Last des Buschenschank-Betriebs in Korneuburg bei Wien ab. Seit 1988 war sie einige Monate im Jahr dafür verantwortlich, führte in der Küche Regie und leitete den Service. Daneben zog sie drei Kinder groß und half dem Schwiegervater bei der Landwirtschaft.

Der Heurige lief mit dem steilen Aufstieg von Roman Pfaffl als Winzer immer besser. Als er und Heidi 1978 heirateten, wurden lediglich 1,3 Hektar Reben bewirtschaftet und Wein zugekauft. Mit der Zeit wurden es 30 eigene Hektar auf den Fluren um Stetten im Weinviertel. Als Roman schließlich zum »Großwinzer« avancierte, weil er weitere elf Hektar vom Schlossweingut Bockfließ dazupachtete, beschloss Heidi, sich auf das Weingut zu konzentrieren und den »Laterndl Pfaffl« zu verpachten. Ihre Nachfolger leisten zwar gute Arbeit, aber es gibt Leute, die ihr nachtrauern. Als sie die Runde der »Weinviertler« (eine sich gegenseitig inspirierende Winzergruppe, zu der das Weingut Pfaffl ge-

Unentbehrlich: Margarethe Triebaumer aus Rust (oben) hält im Betrieb ihrem Mann den Rücken frei. Rudolfine Pichler (Mitte) wollte eigentlich Tierärztin werden. Aber seit etlichen Jahren treibt sie ihren Mann, Franz Xaver Pichler, zu vinifikatorischen Höchstleistungen. Unten: Wenn sie viele Gäste im Haus hat, fühlt sich Heidi Pfaffl pudelwohl und ist glücklich, wenn es allen schmeckt.

Christine Saahs betreibt gemeinsam mit ihrem Mann Nikolaus den renommierten Nikolaihof in der Wachau.

hört) einige Wochen nach der Aufgabe des »Heurigen« bewirtete, war sich die Runde einig: »Heidi, deine Surschnitzerl haben wir schon vermisst.«

Während Heidi Pfaffl nicht mehr Wirtin ist, betrachtet Michaela Stadlmann ein solches Dasein als Hobby. Der Rhythmus der Traisenkirchenerin mit der vom Weingut Stadtmann selbständig geführten Weinstube (100 Plätze) über das Jahr sieht so aus: drei Wochen geöffnet, vier Wochen geschlossen, dann wieder drei Wochen Heuriger – wobei sie in den vier Wochen Pause natürlich ihrem Mann Johann im Gut beisteht.

Lehrerin wollte sie eigentlich werden, obwohl sie aus einem kleinen Weinbaubetrieb stammt. Aber darin sah sie keine Zukunft. »Und einen Winzer nehm ich nicht. Der kann noch so schön und lieb sein«, war früher ihre Devise. Aber dann traf sie einen jungen Mann, dessen Vater sogar Weinbaupräsident in Österreich war, auf dem Weinfest in Traiskirchen und gab ihm 1977 ihr Jawort vor dem Altar. »Noch viele Jahre den Betrieb gemeinsam führen«, ist heute ihr Ziel. Und weil sie im Heurigen zum Küchenprofi geworden ist, träumt sie davon, »vielleicht mal ein eigenes Kochbuch zu machen«.

Ähnlich verlief die Geschichte von Christine Saahs, die gemeinsam mit ihrem Mann Klaus den renommierten Nikolaihof in Mautern (Wachau) betreibt. »Wir hatten zu Hause ein Gasthaus. Das war schrecklich«, erinnert sie sich. Aber 1971 heiratete sie ihren Klaus, fand ein großes Betätigungsfeld im Weingut, wurde vierfache Mutter und führt außerdem das Gutsrestaurant, in dem erstklassige Speisen aus biologischer Landwirtschaft serviert werden.

Vom Dezember bis April ist die beliebte Gaststätte geschlossen. Das ist die Jahreszeit, in der man Christine Saahs auf Messen im In- und Ausland findet und in der sie auch mal nach Japan oder China fliegt, um für den Nikolaihof zu repräsentieren. Ihr Mann bleibt derweil lieber in Mautern und kümmert sich um Keller und Reben.

Bei vielen Winzerfrauen läuft das ganze Geschäft zusammen. Typisch ist die »Gewaltenteilung« im Römerhof in Großhöflein. Fragt man Hausherr Anton Kollwentz, was denn zum Beispiel sein herrlich aromatischer Sauvignon Blanc kostet, dann wird er ratlos: »Des waas i net, da muaßt d'Margareta frag'n.« Die Grete, eine geborene Tinhof, ist seit 1961 mit ihrem Anton glücklich. In der Jugend hatte sie bei ihrer Mutter gesehen, »dass die Arbeit im Weinberg eine arge Plackerei ist«. Ergo wollte sie Architektin werden, nie etwas mit Weinbau zu tun haben und schon gar keinen Winzer heiraten. Aber wo die Liebe hinfällt …

Heute ist sie, außer für den Verkauf, genau für das verantwortlich, was sie einst als Schinderei ansah. Beim Ausdünnen, bei der Laubarbeit und der Lese steht sie im Weingarten, packt an und dirigiert das Personal. Hin und wieder, wenn etwas nicht optimal läuft, vernimmt man von ihr einen scharfen Kommandoton. Später lacht sie darüber

Irmgard Prieler aus Schützen am Gebirge im Neusiedlersee-Hügelland serviert ihrem Engelbert zwar gern einen Entenbraten. Aber sie mischt auch im Betrieb aktiv mit.

und sagt: »Der Anton könnte das nicht, der ist zu tolerant.«

Ein paar Kilometer weiter, in Rust am Neusiedlersee, meint Ernst Triebaumer über die Rolle der Frau: »Ohne sie läuft überhaupt nichts in einem Weinbaubetrieb.« »E. T.« weiß das seit 1972, als er die Handarbeits- und Kochlehrerin Margarethe Elisabeth Kirchknopf von der Fachschule in Eisenstadt wegheiratete. Eigentlich wollte sie später in ihren angestammten Beruf zurück. Aber dann kamen vier Kinder. Und der wachsende Betrieb brauchte die tatkräftige Mitarbeit.

So steht sie untertags oft im Weingarten, schreibt am Abend die Rechnungen und besorgt die Hausarbeit inklusive kochen. Dabei muss man sich wundern, dass ihr Ernst so schlank und rank wie ein junger Bursche geblieben ist. Denn Margarethe Triebaumer kocht recht nahrhaft und deftig. Das Leibgericht der Männer ist ihr nahezu legendärer Bohnenstrudel. »Wir bekommen ihn nur alle zwei Wochen«, erzählt Ernst Triebaumer – und reklamiert: »Am liebsten hätten wir ihn jeden zweiten Tag.«

Ebenfalls wohlgenährt ist Hans Feiler ein paar Häuser weiter in Rust im Weingut Feiler-Artinger. Spezialitäten von Inge Feiler sind Kalbsgulasch und Tafelspitz. Die vierfache Mutter, die mal Apothekerin werden wollte, ist Frühaufsteherin. »Ich sitze oft schon um sechs Uhr im Büro. Da habe ich die nötige Ruhe für die Arbeit.«

Margarethe Kollwentz im Römerhof in Großhöflein (oben) ist ihrem Anton eine große Stütze – auch bei der Arbeit im Weingarten. Mitte: Theresa Pöckl in Mönchhof ist die kritischste Ratgeberin ihres Mannes Josef – und der Wirbelwind im Haus. Unten: Johanna Iby ist die Flurenmeisterin im Haus Iby in Horitschon (Mittelburgenland). Mit Ehemann Anton hat sie einen stattlichen Betrieb aufgebaut.

Ihr zurückhaltender Hans ist froh darüber, dass seine Frau – inzwischen gemeinsam mit Sohn Kurt – gern an der Verkaufsfront steht und bei Präsentationen mitmacht. »Ohne die tatkräftige Hilfe von Inge könnte ich den Betrieb nie erfolgreich leiten«, lobt er. Der Respekt, den er vor seiner Frau hat, war einst bei der Einführung des Barrique-Ausbaus im Betrieb spürbar. »Wir waren ursprünglich Gegner der neuen kleinen Fässer«, erinnert sich Hans Feiler. »Meine ersten Versuche habe ich vor der Familie geheim gehalten.« Man darf allerdings davon ausgehen, dass ihn seine Inge nur im Glauben ließ, es wäre alles geheim.

Josef Pöckl aus Mönchhof hätte nie eine Chance gehabt, etwas vor seiner Theresa zu verbergen. Er meint zwar, dass sie ihm »die Freiheit schenkt, mich dem Wein zu widmen«. Aber in der Praxis redet die dreifache Mutter trotzdem ganz schön mit und gibt ihrem Josef auch mal Zunder, wenn ihr ein Wein nicht schmeckt (was allerdings in den letzten Jahren selten der Fall war). Sich selbst bezeichnet sie als »Kellermaus«. Mit dem Weingarten will sie nichts zu tun haben (»ich war bereits als junges Mädchen in der Familie stark eingespannt, das reicht«). Aber bei den Proben und bei der Füllung ist Theresa Pöckl dabei. Inzwischen hat sie noch einen zweiten Mann zu »überwachen«. Sohn René ist inzwischen alt genug, um selbständig Wein zu vinifizieren. Sein Erstling war eine bemerkenswerte Cuvée von Shiraz und Zweigelt.

Ein echtes Gegenstück zur Mönchhoferin ist Johanna Iby aus Horitschon. Für sie ist der Weingarten so etwas wie eine zweite Heimat. Rebschnitt und Anbinden, Ausdünnen und Kontrolle des Wachstums der Reben gehören zu ihrem Verantwortungsbereich, während ihr Mann Anton, der seiner Frau den Titel »Flurenmeisterin« verlieh, im Keller tüftelt. Er selbst ist der »Patron« und urteilt über die Arbeit seiner Frau: »Sie versteht den Rebstock wie niemand sonst. Das ist entscheidend für unsere Weinqualität.«

Doch auch ihre anderen Qualitäten weiß Anton durchaus zu schätzen. Sie kocht gern (Spezialität: Kürbisstrudel), erledigt das Etikettieren, betreut die Kunden. Darüber hinaus versteht es die zweifache Mutter nach den Worten von Anton Iby, »eine Lady zu sein«. Seine Gesamtbeurteilung: »Für mich ist sie die Größte!«

Engelbert Prieler aus Schützen äußert sich mit ähnlicher Hochachtung über seine Irmgard, mit der er nun schon bald 30 Jahre (seit 1972) verheiratet ist. »Ich habe immer noch das Gefühl, mit ihr Pferde stehlen zu können.« Ihre besonderen Charaktereigenschaften sind in den Augen ihres Mannes die Ruhe, der Ehrgeiz und die Willensstärke. Für die dreifache Mutter, die im Verkauf bereits Unterstützung von Tochter Silvia hat, beginnt der Tag um sechs Uhr morgens. Nach dem Frühstück geht es meist zunächst in den Weingarten. »Die Laubarbeit ist ihre liebste Tätigkeit.« Sauer kann sie hinterher werden, wenn es nach einem vielversprechenden Jahr ausgerechnet während der Ernte regnet.

Gegen Engelberts Absicht, durch Flächenerweiterung in Top-Lagen das Potenzial zur Erzeugung großer Weine zu erhöhen, hat sie trotz der damit verbundenen Mehrarbeit nichts. Denn die großen Weine des Gatten (zuletzt etwa der 1997er Blaufränkisch Goldberg) sind auch ihre Lieblingsweine. Eine bevorzugte Beschäftigung sind Blindverkostungen im Freundeskreis. Dabei geht sie gelegentlich mal fremd, bis hin zu einem 1975er Château Latour.

Mit Heidemarie Tement kann sie da nicht mithalten. Die Frau von Manfred Tement aus Zieregg in der Südsteiermark kann als weinigen Höhepunkt immerhin einen 1945 Mouton-Rothschild vorweisen. Auch sonst ging es ihr bisher nicht schlecht, wie einige Lieblingsweine deutlich machen: ein 1988er Bâtard Montrachet, der 1997 Riesling Kellerberg von F. X. Pichler aus der Wachau und aus dem eigenen Keller der 1992er Morillon Zieregg. Dass ein Nachfolger des letzten Weins, der 1997er Morillon, vom Magazin »Der Feinschmecker« unter die 100 besten Weine der Welt eingereiht wurde, macht sie besonders stolz.

Im Betrieb ist die zweifache Mutter stark eingespannt: Verkauf, Präsentieren, das Büro, der Weingarten, überall ist sie zugange – vom Haushalt ganz zu schweigen. Mit ihrem Manfred hat sie eine enorme Entwicklung im Betrieb mitgemacht. Anfang der achziger Jahre waren es drei Hektar, inzwischen sind

Birgit Eichinger-Allram muss sich als Winzerin allein durchsetzen. Ihr Mann Christian ist in der Baubranche tätig. Aber er ist immerhin verantwortlich für den Kellerneubau, in dem sich die jünge Önologin noch besser entfalten kann.

Gisela und Norbert Bauer aus Jetzelsdorf im Weinviertel (links) mit der nicht ganz vollständigen Familie (es gab inzwischen den vierten Nachwuchs). Waldtraud Jöbstl (mit Anhang) aus der Steiermark ist Großmeisterin der feinen Brände und Schilcher-Repräsentantin (rechts).

es 25. Geheiratet haben die beiden erst 1994, da waren die Kinder Armin und Stefan schon lang auf der Welt. »Wir haben einfach keine Zeit gehabt«, lacht sie. Obwohl das Paar schon lange beisammen ist, gibt sie ihm noch Rätsel auf. »Es ist für mich oft unverständlich, wie sie das alles schafft«, fragt sich Manfred Tement – und man hört den Stolz in seiner Stimme.

Eine ähnliche Frage mag sich auch Johann Jöbstl aus Wernersdorf bei Wies in der Weststeiermark gelegentlich im Blick auf seine Frau Waldtraud stellen. »Es war nicht leicht für sie, Familie und Karriere zu meistern«, urteilt der Senior, dem beim Ausbau seit einigen Jahren Sohn Johannes, ein gelernter Weinbauingenieur mit Abschluss in Klosterneuburg, zur Seite steht. Karriere hat das Energiebündel Waldtraud in der Tat gemacht. Sie ist unermüdlich mit Schilcher in verschiedenen Versionen auf allen möglichen Veranstaltungen präsent und hat ergänzend zum Wein eine Reihe pfiffiger Produkte wie Essig, Mistella (eine Kombination aus Weinbrand und Traubensaft), Sekt und Schilcher-Trüffel kreiert.

Sie wagte sich 1993 erstmals daran, einen Eiswein aus Schilcher zu produzieren, und kann seitdem mehrere ausgezeichnete Jahrgänge dieser edelsüßen Spezialität vorweisen. Und dann bekam sie reichlich Lob für eine Tätigkeit, die bei ihr bereits frühmorgens beginnt. »Wenn ich um 6.30 Uhr aufstehe, nehme ich erst mal die Brennerei in Betrieb«, erzählt Waldtraud Jöbstl. Nach dem Frühstück und dem Mittagessen wird oft gebrannt, und zwar nicht nur mit Stoff von der Rebe. Neben Trester und Hefebrand gibt es noch reichlich Möglichkeiten aus dem großen Obstgarten mit Johannisbeeren, Äpfeln, Birnen, Wildkirsche und anderen Sorten. Bereits 1991 wurde Waldtraud Jöbstl auf der österreichischen Fachmesse »Destillata« zur »Schnapsbrennerin des Jahres« gekürt. Seitdem gab es immer wieder Erfolge bei diversen Wettbewerben. Zur hartnäckigsten Konkurrenz gehören übrigens einige Frauen …

Das Wort Erziehung hat doppelte Bedeutung im Weingut Schützenhof in Deutsch Schützen im Südburgenland. Walter Faulhammer, der als Branchenfremder 1981 die gelernte Weinbau- und Kellermeisterin Karin Körper heiratete und dann beruflich zum Winzermeister umsattelte, weiß: »Meine Frau erzieht unsere zwei Kinder – und die Rebstöcke.«

Nicht nur das. Sie ist zuständig für Weinanalytik, das Etikettieren, den Verkauf und den Versand. Am liebsten plaudert sie mit der Kundschaft (natürlich) über Wein. Auch im Keller redet sie mit; das tat sie schon, als ihr Vater Felix Körper noch aktiv war und den Betrieb bekannt machte. Der Apfel fällt hier nicht weit vom Stamm. Tochter Kerstin (geboren 1990) verkaufte schon im Alter von sieben Jahren eine Cuvée, die ihren Namen trug, vom Gebinde weg an Kunden. »Diese Geschäftstüchtigkeit hat uns alle amüsiert«, erinnert sich die stolze Mutter.

Gisela Bauer aus Jetzelsdorf im nördlichen Weinviertel kann eigentlich nichts Schöneres passieren, als wenn Kunden abends um 22 Uhr anrufen, wenn ihnen ein Tropfen des Weinguts Norbert Bauer besonders gut gemundet hat. »Ein solches Lob freut mich ungemein, da wird nicht auf die Uhr geschaut«, erzählt sie. Trifft man die hübsche Gisela bei einer Präsentation (»meine liebste Arbeit«), sieht sie mit ihrer strahlenden Jugend eher wie die Tochter eines Hauses aus. Dabei ist sie mittlerweile vierfache Mutter. Ihr normaler Tag beginnt um 6 Uhr morgens. Danach sind die emsigen Kinder zu betreuen. Anschließend warten der Haushalt, das Büro, die Kundschaft, so dass ein Arbeitstag in der Regel 16 Stunden dauert. Der letzte Urlaub? »Ja, vor der Hochzeit, im Jahr 1992, und dann mal eine zweitägige Fahrt mit den Kindern durch Österreich. Das war's.«

Gemeinsam sind wir stark: Die Weningers aus Horitschon (Mittelburgenland). So stark, dass Martina ihrem Franz sogar ein zusätzliches Weingut im nahen Ungarn genehmigte.

Manchmal muss eine Winzerfrau ihren Mann zu seinem Glück zwingen. Martina Weninger aus Horitschon (Mittelburgenland) predigte einst mit Engelszungen, damit ihr Franz einen Wein zu einem Wettbewerb einreichte. Hinterher war er sehr dankbar – weil sein Roter den ersten Platz belegte. Durch den Verkauf mit vielen Weinverkostungen und durch internationale Proben hat sie in vielen Ehejahren (seit 1976) gelernt, was draußen gut ankommt. »Wir ergänzen uns eben optimal«, sagt Franz

Die komplette Familie Hiedler aus Langenlois (Kamptal). Maria Angeles hat ihren Ludwig und die Kinder ausnahmsweise zur Ruhepause »genötigt«.

Weninger. »Sie steht voll hinter unserer Qualitätsphilosophie.« In letzter Zeit war ihr Lieblingswein ein Kekfrankos-Gewächs aus Ungarn. Denn vor einigen Jahren erwarb Franz Weninger eigene Weingärten bei Sopron und produziert als regelmäßiger Grenzgänger inzwischen interessante Weine.

Dadurch lastet zwangsläufig noch etwas mehr Arbeit auf Martina. In der neuen, modernen Kellerei konnte sie sich gestalterisch betätigen. »Unser Marketing soll noch besser werden«, sagt sie. Zum Marketing gehören bereits zwei spezielle Cuvées, benannt nach den beiden Töchtern Martina und Verena, nämlich »Tinavera« und »Veratina«, die zu den besten Roten des Hauses gehören.

Die Kreativität einer Frau macht sich auch im Weingut Hiedler in Langenlois bemerkbar. María Angeles Hiedler ist für Marketing und Öffentlichkeitsarbeit zuständig. Die Spanierin, die ihren Ludwig beim Österreich-Urlaub kennen lernte und 1988 heiratete, betrachtet als eine ihrer Stärken die Flexibilität. »Das ist bei drei Kindern wichtig.«

Ihre Eltern hatten zwar nichts mit Wein zu tun, dafür aber die Urgroßeltern, die in Kastilien Rebbau betrieben. Die Rotweine der spanischen Heimat schätzt sie nach wie vor. Es kommt allerdings nicht von ungefähr, dass ihr Mann Ludwig in den letzten Jahren ein verstärktes Engagement bei roten Sorten zeigt. Aber damit wird er María Angeles nicht so beeindrucken wie mit seinem Weißweinen. Ihre schönste Erinnerung ist eine Hiedler-Vertikale mit dem Grünen Veltliner von 1996 zurück bis 1934. Am meisten hat sie von diesen Weinen der Jahrgang 1949 überrascht. Aktuell schwärmt sie von der neuen Linie »Maximum« mit sehr konzentrierten, kraftvollen Weinen. Diese entsprechen zwar nicht unbedingt dem Aussehen der zarten Frau mit den verträumten Augen, die als eines ihrer Hobbys klassisches Ballett angibt. Trotzdem sagt Ludwig Hiedler von ihr: »Sie ist das Maximum für Weingut und Familie.«

Wenn Langenloiser Güter auf Messen präsentiert werden, ist die gebürtige Spanierin in der Regel nicht die einzige Frau. Michaela Ehn steht ebenfalls gern an der Front – gemeinsam mit ihrem jüngeren Bruder Ludwig, der für die Vinifikation verantwortlich ist. Im Unterschied zu den meisten anderen Weinfrauen ist sie nicht mit einem Winzer verheiratet. Dr. Heinrich Fleischer kommt aus der Pharmabranche, war aber so weinfremd nicht, als er Michaela kennen lernte. Das war nämlich auf einer Präsentation der Österreichischen Traditionsweingüter, einem Eliteclub mit Gütern aus dem Kamptal und Kremstal, im Jahr 1993. Drei Jahre später wurde geheiratet. Sie findet es gut, dass er inzwischen den beruflichen Ruhestand erreicht hat. »Bei uns im Weingut gibt es für meinen Mann immer etwas zu tun. Ich spanne ihn schon ein.«

Der Aufgabenbereich von Michaela Ehn ist nicht auf die Messen beschränkt. Sie ist zuständig für Marketing und Verkauf, hat Mitspracherecht im Keller und arbeitet im Weingarten beim Rebschnitt, der Laubarbeit und natürlich der Ernte mit. Mit ihrer Zielsetzung spornt sie ihren Bruder Ludwig an: »Wir wollen aus unseren altbewährten Rebsorten wirklich ausdrucksstarke, charaktervolle Weine machen.«

Was wäre Georg Winkler-Hermaden aus Kapfenstein in der Südoststeiermark ohne seine Margot? Auf jeden Fall bezeichnet er sie »als guten Geist des Betriebs« und als Frau, die ihn dann bestärkt, wenn er sich unsicher fühlt, und ihn bremst, wenn er zu euphorisch wird. Begonnen hat alles damit, dass die gebürtige Oberpfälzerin (geboren in Regensburg) einst mit einem Freund Kapfenstein besuchte und dort »in einem verwunschenen Schloss einen Prinzen entdeckte«. An einem Freitag, dem 13., im Juni 1986, war Hochzeit.

Sie lebte sich schnell ein in der romantischen Steiermark. Vier Kinder kamen auf die Welt, einer – der Dritte in der Serie, Thomas – wieder an einem Freitag, dem 13. (April 1990). Ihr Arbeitstag ist lang und beginnt spätestens um 6.30 Uhr. Haushalt, der Verkauf, die Arbeit draußen, die Kinder, alles nimmt so viel Zeit in Anspruch, dass sie oft erst abends um 21 Uhr dazu kommt, sich noch mal zwei Stunden ins Büro zu setzen. Zwischendrin muss gelegentlich Spielraum für den Genuss bleiben. Schließlich ist sie selbst »der größte Fan« des Winzers Georg Winkler-Hermaden, schätzt seinen Grauburgunder und ist besonders stolz darauf, dass sie

Michaela Ehn aus Langenlois hat nicht nur Charme, sondern auch Durchsetzungsvermögen. Die Abstimmung mit Bruder Ludwig klappt bestens. Auch Ehemann Heinrich wird ins Geschirr genommen.

die »geistige Mutter« des roten »Olivin« (ein auf dem Markt sehr erfolgreicher Zweigelt, ausgebaut in Barriques) ist. »Ich habe den Georg zum Rotweinmachen verführt«, schmunzelt sie.

Die Präsenz der Frauen im Weingut lässt sich am Beispiel Wilma Malat, geborene Bründlmayer, aus Furth-Palt im Kremstal ablesen. Zu ihren Ressorts gehören der Haushalt (inklusive Versorgung zweier Kinder), das Büro, die Versorgung der Mitarbeiter, die Verwaltung einiger Mietwohnungen und die gesamte Kundenbetreuung. »Manche der Kunden sind gute Freunde geworden«, erzählt sie. »Die haben den Gerald noch nie gesehen und kennen nur mich.« Ein Einkäufer kam nach mehrmaligem Besuch, bei dem er immer nur Wilma Malat antraf, zu dem Schluss: »Sie haben ja überhaupt keinen Mann.«

Dabei hat sie den schon seit 1974. Gefunkt hatte es zwischen dem Autorennfahrer und Wilma Ernestine, die immer schon Weinbäuerin werden wollte, bei einem zufälligen Blickkontakt in Krems. Schwiegervater Franz war zunächst nicht glücklich mit dem neuen Mann im Betrieb, der Gärungstechnik studiert hatte und meinte, er müsse sofort im Keller einiges ändern. Wilma trat dabei ein bisschen auf die Bremse und legte ihrem Gerald schließlich auch nahe, mit dem gefährlichen Sport aufzuhören.

Nur ein einziges Mal sollte er noch ausbüchsen. Als sie ihn im Weinberg wähnte, riefen Freunde an und erzählten ihr begeistert, im Rundfunk sei gerade durchgesagt worden, dass der vormalige Staatsmeister Bestzeit gefahren war. Als der Hüne Gerald (1,90 m) an diesem Abend nach Hause kam, wurde er sehr schnell sehr klein.

Manche der Frauen, die Partner eines Winzers sind, haben im Lauf der Jahre so viel Erfahrung gesammelt, dass sie vermutlich durchaus in der Lage wären, eigenständig Wein auszubauen. Einige wenige in Österreich tun es. Die wohl bekannteste Winzerin ist Heidi Schröck aus Rust, die man aber bitteschön nicht mit der Berufsbezeichnung »Winzerin« belegen sollte. »Ich bin Weinbäuerin«, sagt die bodenständige Burgenländerin, die 1979/80 Österreichische Weinkönigin war. Als junge Dame machte sie Praktika in Deutschland und Südafrika, bestand die Gehilfen- und Meisterprüfung und übernahm schließlich den Betrieb vom Vater.

Ein kleines Intermezzo zwischendurch bescherte ihr die Zwillinge Georg und Johannes, die sie aber dann nach einer bald erfolgten Trennung vom Vater allein aufzog. Es waren harte Zeiten für sie. Vater Wilhelm stand ihr zur Seite, ebenso Ursel Schandl, eine der Schwestern, die mit ihrem Gatten Peter Schandl ein paar Häuser weiter ebenfalls ein Weingut betreibt.

Die brünette Rusterin mit der reizenden Stupsnase und den graublauen Augen war immer vielseitig interessiert. Vor allem das Fach Geschichte hatte es ihr angetan. »Da lernt man viel begreifen, auch die Gegenwart«, weiß sie. Dass Ruster Weingeschichte wieder lebendig wurde, dazu hat sie einiges als Sprecherin der Vereinigung »Cercle Ruster Ausbruch« beigesteuert. Sie führte außerdem als eine der Ersten am Ort die früher weit verbreitete, aber dann verdrängte Furmint-Rebe wieder ein. »In unserer Gegend mit gutem Wein, der herzhaften Küche und der schönen Landschaft kann noch einiges wachgeküßt werden«, meint Heidi. Vor einiger Zeit ist ihr das selbst auch passiert; es hat wieder gefunkt.

Aller Anfang ist schwer. Das gilt nicht nur für Heidi Schröck, sondern ebenso für Ilse Maier, die gemeinsam mit ihrem Gatten Josef, einem gelernten Forstwirt, den Geyerhof in Furth-Oberfucha bei Göttweig bewirtschaftet. Die vierfache Mutter studierte Weinbau an der Wiener Hochschule für Bodenkultur (wo er im Fach Forstwirtschaft tätig war) und kann sich noch an das zugleich schönste und traurigste Erlebnis im traditionsreichen elterlichen Weingut erinnern: den ersten Jahrgang, der unter ihrer Verantwortung entstand. Der Vater hatte sich damals, 1986, urplötzlich zurükgezogen. Nach der Euphorie über die schönen Trauben im Weingarten folgte im Keller die Ernüchterung. Bei der Vinifikation lief einiges schief, so dass der Jahrgang nicht die hohe Qualität wie anderswo brachte.

Zwei Jahre später entschloss sich das frisch verheiratete Paar zu einem mutigen Schritt. Unterstützt von Pionier Hans Diwald aus Großriedenthal sattelte man um auf ökologischen Weinbau. »Es hatte sehr viel mit unserem Verhältnis zur Natur zu tun«, erklärt Josef Maier im Rückblick. Aber auch die Natur machte der Winzerin Ilse Schwierigkeiten. Durch die Begrünung hatten die Reben Trockenstress. In Jahren mit wenig Regen litt darunter letztlich der Wein. Seit einigen Jahren hat sie das Problem im Griff – womit der Geyerhof jetzt ein würdiges Mitglied im renommierten Verein Österreichischer Traditionsweingüter ist. Erfreulicher Nebeneffekt der schwierigen Umstellung auf

Heidi Schröck aus Rust (Neusiedlersee-Hügelland, oben) will keine Winzerin sein, sondern »Weinbäuerin«. Denn in der freien Natur fühlt sich die einstige Weinkönigin besonders wohl. Ilse Maier (unten) bewirtschaftet mit Mann Josef einen der wenigen bekannten Öko-Betriebe Österreichs. Dennoch findet sie Zeit, sich um die Kinder zu kümmern.

Rosi Schuster aus St. Margarethen (Neusiedlersee-Hügelland) ist Spezialistin für Rotweine. Ehemann Franz, Lehrer für Kellerwirtschaft, ist dabei ein guter Berater.

Bio-Weinbau: Ilses Schwester Christine Saahs und Schwager Klaus Saahs vom Nikolaihof ließen sich anstecken.

Rosi Schuster ist im österreichischen Weinbau als dynamische »Winzerin aus Überzeugung« bekannt – wie sie es selbst im kleinen Hausprospekt formuliert. Der Mann an ihrer Seite ist Profi. Franz Schuster ist Lehrer an der Weinbauschule in Eisenstadt. Aber da er beruflich doch stark engagiert ist, ist sie im eigenen Betrieb – der vor einigen Jahren von Zagersdorf nach St. Margarethen verlagert wurde – »eigentlich für fast alles zuständig«.

Sie vinifiziert eine Reihe interessanter, gehaltvoller, in der Jugend manchmal etwas spröder Gewächse und muss nebenbei noch den Weingarten (7,5 Hektar) versorgen, die Kunden betreuen, die Büroarbeit erledigen (»schrecklich, aber notwendig«). Am Abend steht dann bei der Frühaufsteherin (6 Uhr) noch die Hausarbeit auf dem Programm. Ihr Ziel ist es, neben der Steigerung der Qualität vor allem dem einzigen Sohn Hannes (geboren 1982) eine solide Basis für die erfolgreiche Weiterführung des Betriebs zu verschaffen. Eine heimliche Liebe verbindet sie mit Bordeaux, einem bevorzugten Ziel des so genannten Urlaubs. Rosi Schuster lacht: »Bei uns endet jeder Urlaub in einer Weinreise.«

Gerade den selbständigen Winzerinnen fällt es nicht immer leicht, sich in der Hauer-Welt zu behaupten. Beispiel Lisl Rommer aus Gols, eine naturbegeisterte Winzermeisterin, die als Devise ausgegeben hat: »Früh aufstehen, vor der Arbeit nicht scheuen.« Der unruhige Quirl mit den langen, blonden Haaren und den lebhaften Augen stieg Mitte der achtziger Jahre in den elterlichen Betrieb ein. Verkauft wurde damals hauptsächlich im Gebinde an Kellereien.

Sie bemühte sich, das Flaschenweingeschäft hochzubringen. Der Familienrat war zunächst dagegen, geringere Ernten und gleichzeitig höhere Qualität anzustreben. Deshalb zog sich der weibliche »Dickschädel« (die Bezeichnung gibt sie sich im Rückblick selbst) für eine Weile aus dem Winzergeschäft zurück. Ihr Mann Michael trug dann zu ihrer Rückkehr bei. Und als in der Familie wieder alles eingerenkt war, konnte die Powerfrau mit Zweigelt, Cabernet Sauvignon sowie Chardonnay auf sich aufmerksam machen.

Aus ähnlichem Holz wie Lisl Rommer ist Birgit Eichinger-Allram aus Strass im Kamptal geschnitzt. Sie hatte ebenfalls Schwierigkeiten in der Familie, musste zunächst mit Vorurteilen kämpfen. Und zwar nur deshalb, weil sie den »falschen Mann« heiratete und der Vater entschied, dass sie deshalb nicht – wie geplant – den elterlichen Betrieb übernehmen konnte. Denn er glaubte nicht, dass sie ohne männliche Hilfe allein im Weingut zurechtkommen würde. Schließlich war Gatte Christian Eichinger »nur« Bauingenieur. Da die Schwester »Michi« zur selben Zeit einen Mann mit Weinambitionen ins Haus brachte, wurden die Weichen neu gestellt. Birgits Schwester Michaela und

Lisl Rommer aus Gols (Neusiedlersee) musste mit einigen Problemen kämpfen, ehe sie ihre Vorstellungen als Winzerin in der Familie durchsetzen konnte. Ehemann Michael wurde inzwischen zum Mitmachen beim Weinbau überredet.

ihr Mann Erich Haas übernahmen das Gut (das als »Haas-Allram« firmiert und recht erfolgreich ist). Für den burschikosen Blondschopf, der die Weinbau- und Kellermeisterprüfung sowie eine Marketingausbildung absolviert hatte, brach damals, im Jahr 1993, eine Welt zusammen.

Zwar übergab ihr der Vater einige Hektar Reben, half ihr bei der Arbeit im Weinberg und überließ ihr einen kleinen Kundenstamm. Aber das waren hauptsächlich Gastronomen, die Literware kauften – nicht die Zielgruppe für Birgit Eichinger-Allram. Ihr Motto lautete seinerzeit: »Du hast keine Chance, also nutze sie.« Sie steckte weg, dass der Startjahrgang 1993 zum Teil verhagelt war und es nur einige tausend Flaschen gab. Christian Eichinger half mit seinen Kontakten in der Bauindustrie beim Verkauf und führte als Profi Regie beim Bau eines eigenen Weinkellers – nach Birgits Anleitung.

Ausgerechnet im schwierigen Jahrgang 1996, der vielen in Österreich Probleme bereitete, begann der Durchbruch der unbekannten Winzerin. Sie war bei einigen Wettbewerben mit ihrem Grünen Veltliner auf Spitzenplätzen vertreten und hätte nur 1997 fast eine Ehrung dafür verpasst. Aber Töchterchen Gloria kam dann doch noch rechtzeitig kurz vorher auf die Welt. Ihr widmete Birgit eine Selektion vom Grünen Veltliner namens »Gloriette«. »Es war eine verdammt harte Zeit«, sagt sie im Rückblick auf die letzten Jahre.

Das Jahr des Winzers

Der bekannte Profi und der »Genosse«

Die Tätigkeiten eines Weinbauern können sich ganz unterschiedlich gestalten, entsprechend seinen Ambitionen und Zielgruppen. Zwei dieses Fachs berichten nachfolgend, wie ihr »Jahr des Winzers« abläuft: Franz Xaver Pichler aus Oberloiben in der Wachau, einer der besten seines Fachs in Österreich, und Peter Landauer aus Raiding, Mitglied der Genossenschaft Vereinte Winzer Blaufränkischland in Horitschon im Mittelburgenland. So unterschiedlich ihre Ausrichtung ist, eine Gemeinsamkeit haben die beiden ...

Januar Für Franz Xaver Pichler fällt nach dem Dreikönigsfest (6. Januar) der Startschuss für den Rebschnitt. Die knapp zehn Hektar werden von nur zwei Leuten bearbeitet: Senior F. X. und Sohn Lukas (Jahrgang 1973), der schon seit einigen Jahren dem Vater (Jahrgang 1941) zur Seite steht und bereits Verantwortung übernommen hat.

Die ist auch beim Zurückschneiden der Stöcke gefragt. Denn hier muss man zum Beispiel auf die Gesundheit des Holzes und seine Stärke achten. Der Vater delegiert diese Arbeit lediglich an den Sohn. Denn man muss Gespür für den Schnitt haben. »In dem Moment, in dem die Augen den Rebstock erfassen, machen die Hände das Richtige«, erzählt F. X. Pichler. »Da hat sich im Lauf der Zeit eine gewisse Automatik eingestellt, wie bei einem guten Skifahrer, der seine zwei Brettl beherrscht.« Die Helfer im Weinberg dürfen lediglich das Schnittholz entfernen. Denn beide Pichlers wissen ganz genau: Mit dieser Arbeit im Winter wird schon der Grundstock für die Qualität im Herbst gelegt.

Der letzte Jahrgang ist zu diesem Zeitpunkt schon nahezu ausverkauft! Pichlers Frau Rudolfine regelt den Verkauf aufgrund der zahlreichen Vorbestellungen. Da die Pichler-Weine enorm gefragt sind, gibt es Ende Januar allenfalls noch kleine Restposten in der Vorbestellung.

Irgendwann im Januar ist noch eine Fahrt nach Horitschon fällig. Dort stehen Proben für den »Arachon« an, eine rote Cuvée, die in Österreich inzwischen Kultstatus genießt. Denn neben

Für viele ist er einfach der »Effix«. Franz Xaver Pichler aus Oberloiben (Wachau) ist einer der besten Winzer Österreichs.

F. X. Pichler wirken noch zwei andere renommierte Winzer mit: Manfred Tement aus der Südsteiermark und Tibor Szemes aus dem Mittelburgenland, der einzige Rotweinspezialist in diesem Trio. Der Ausbau im Detail wird überwacht von Josef Pusch, dem Betriebsleiter der Genossenschaft Vereinte Winzer Blaufränkischland. Zu den gut zwei Dutzend Genossenschaftswinzern, die ihre Trauben für den »Arachon« anliefern, gehört auch Peter Landauer (Jahrgang 1965) aus Raiding bei Horitschon, der mit knapp einem halben Hektar Zweigelt am Projekt beteiligt ist.

Außerdem stehen auf seinen insgesamt acht Hektar (»Zwei Hektar möchte ich in den nächsten Jahren noch hinzunehmen«) Blaufränkisch-Reben, die in dem Gebiet südlich vom Neusiedlersee, im Grenzgebiet zu Ungarn, besonders gut gedeihen. Der Weinbau ist für den Eigentümer des Gemischtbetriebes mit Ackerland, der Weizen, Mais, Roggen, Rüben und Gerste anbaut, immer wichtiger geworden, weil das Einkommen aus der Landwirtschaft rückgängig ist. Die Arbeit macht ihm Spaß. »Den Rebschnitt im Winter, den besorg ich ganz allein. Das ist meine Lieblingstätigkeit im Weingarten.«

Februar Der Rebschnitt ist noch längst nicht abgeschlossen. In den Weingärten der Familie Pichler dauert es bis in den März hinein. Manchmal wird die Arbeit als echte Qual empfunden, wenn die Temperatur auf sechs, sieben Grad unter Null fällt und man mit klammen Fingern arbeiten muss. »Aber trotzdem ist es eine schöne Arbeit«, erzählt Eff-Ix. »Man hat seine Ruhe, kein Telefon klingelt. Und das anderswo scheinbar unentbehrliche Handy kommt mir nicht in den Weinberg. Wer was Wichtiges von mir will, kann sich auch an Rudolfine wenden oder einfach später noch mal anrufen.«

Was er an der Arbeit im Weinberg besonders schätzt, ist die Zeit zum Nachdenken. »Eigentlich hat man als Winzer relativ wenig Zeit, ganz eigenständig Wein zu erzeugen«, sinniert er bei solchen Gelegenheiten. »Zuerst, als junger Mann, ist der Vater noch dabei. Dann wird man selbstständig. Doch bereits nach 15, höchstens 20 Ernten wirkt der Sohn mit. Lukas gibt er mir bereits gute Ratschläge.«

Auch beim Arachon hat Junior Lukas schon ein gewisses Mitspracherecht. »Ich nehme ihn jedesmal mit, weil er ein sehr guter Verkoster ist«, lobt der Vater. Letztlich entscheiden allerdings die drei Regisseure Pichler, Tement und Szemes in Kooperation mit ihrem Kellermeister-Partner Pusch, wie sich die Cuvée des vorletzten Jahrgangs nach knapp anderthalb Jahren Ausbau in Barriques zusammensetzen wird. Der Blaufränkische, die klassische Sorte der Region, hat auf jeden Fall den Hauptanteil. Wie viel Prozent vom Cabernet Sauvigon, Zweigelt und Merlot hinzukommen, wird in detaillierten Tests ermittelt.

Dass F. X. Pichler dazu tendiert, den Zweigelt-Anteil etwas zu erhöhen, wird

Peter Landauer freuen. Denn seit 1999 ist er mit dieser Sorte im Boot. Und er hat über seinen Liefervertrag hinaus noch großes Interesse daran, dass das Projekt dauerhaft gut läuft und das Image der Kooperative verbessert. Denn der Raidinger ist seit acht Jahren Vorstandsmitglied und einer der drei stellvertretenden Obmänner. Klar, dass er in seiner Arachon-Anlage schon beim Schnitt im Winter nur wenig Augen an den Reben lässt, damit es später nicht zu üppig wuchert und dafür die Qualität steigt. Ist der Rebschnitt vorbei, dann bleibt etwas Zeit für einen Kurzurlaub mit Gattin Claudia und den zwei Töchtern Lisa und Veronika.

März Jetzt ist der Rebschnitt beendet. Und es muss kaum mehr befürchtet werden, dass harte Winterfröste die Reben schädigen. Die Gefahr ist in der Wachau im Winter größer als im Frühjahr. Pichler kann sich noch gut daran erinnern, dass 1956 – damals war er gerade 14 Jahre jung – die gesamte Ernte schon neun Monate vor der Lese abgeschrieben werden musste. Der Flurschaden war so ausgeprägt, dass sich die Stöcke nicht mehr erholten.

Schon während der Rebschnitt besorgt wurde, gab es im Keller reichlich zu tun. Der zweite Abstich, der Umzug der Weine von einem Behälter in einen anderen, ist erledigt. Wenn der Wein noch nicht ganz blank ist, wird mit einer leichten Filtration gelegentlich nachgeholfen.

Beim Arachon ist jetzt die Abfüllung fällig. Die Flaschenzahl steht fest, nach oben gibt es dabei eine feste Grenze von 100 000, die nicht in jedem Jahr erreicht wird. Denn nur das beste Material aus den zahlreichen kleinen Barrique-Fässern wird verwendet. Ein Zweitwein war zunächst geplant. Aber vorläufig ist man davon abgekommen, weil man sonst möglicherweise die Arbeit in den eigenen Betrieben vernachlässigen müsste. Außerdem ist die Horitschoner Kooperative eigentlich eine Fassweingenossenschaft, die viel für andere, teilweise namhafte Kellereien liefert und nur allenfalls fünf Prozent unter dem Namen der Vereinten Winzer abfüllt. Für einen höheren Eigenanteil müsste erst das logistische Problem mit Investitionen in eine Abfüllanlage und ein Lager gelöst werden. Dass es lukrativer ist, langfristig auf Flaschenabfüllung zu setzen, dessen ist sich Peter Landauer als stellvertretender Obmann bewusst. »Mit unseren fünf Prozent Flaschenweinen, die stets eine gute Qualität haben, machen wir immerhin 30 Prozent von unserem Umsatz.« Und weil der Absatz gut ist, kann es sich die Kooperative leisten, schon im März ihren Winzern die erste 50-Prozent-Rate für die Trauben der letzten Ernte auszuzahlen – eine in dieser Branche nicht unbedingt übliche gute Zahlungsmoral.

April »Bis Ende März habe ich stets das Gefühl, alles im Griff zu haben«, sagt Franz Xaver Pichler. »Aber ab April diktiert die Natur das Geschehen. Da weiß man dann oft nicht mehr, wo man zuerst sein soll.« Anfang des Monats ist sogar Nachtarbeit angesagt. Denn in den Weinbergen können Erdraupen auftauchen, denen die frischen Knospen nach dem Austrieb besonders gut munden. Es gibt gegen sie keine Bekämpfungsmittel, außer dem einen: »Mit der Taschenlampe in die Reben, die Raupen, die gegen 22 Uhr auftauchen, abpflücken und vernichten. Mein Rekord liegt bei 700 Stück«, erzählt Pichler.

Gefragt ist er in dieser Zeit auch im Keller für die anstehenden Abfüllungen. Der Grüne Veltliner ist als Erster an der Reihe. Die Korken müssen ausgewählt werden, mit Bedacht und im Rückblick. Denn das Problem der Korkschmecker macht auch vor Wachauer Topweinen nicht Halt. Und Lieferanten, deren Material unangenehm aufgefallen ist, werden nicht mehr berücksichtigt.

Sind die Weine abgefüllt, werden sie zur Weinprüfung angemeldet. Pichler kann sich an ein einziges Problem in etlichen Jahren erinnern, und zwar mit Sauvignon Blanc. »Hinterher, als der Wein im zweiten Anlauf durchkam, stellte sich heraus, dass die Prüfer erstmals mit dieser Sorte konfrontiert wurden und mit ihrem intensiven Aroma nichts anfangen konnten.« Draußen im Weinberg wird die Bodenbearbeitung notwendig und Pichler kann feststellen, ob die Feuchtigkeit aus dem Winter erhalten blieb. Denn gerade die besten Lagen in der Wachau sind oft durch Trockenheit gefährdet. Zwar gibt es seit gut zehn Jahren in vielen Arealen die Möglichkeit der Tröpfchenbewässerung. Aber lieber ist es den Weinbauern natürlich, wenn die Natur alles von selbst regelt.

»Genosse« Landauer ist im April vor allem damit beschäftigt, die Rebruten in den Drahtrahmen einzubinden. Jungweinproben, die in dieser Zeit häufig sind, macht er nicht mit. »Ich bin eigentlich Traubenproduzent und nicht allzu neugierig auf den letzten Jahrgang. Das ist nicht mein Metier.«

Aber zumindest ein Gläschen Arachon sei Landauer vergönnt. Denn der wird stets Ende April der Öffentlichkeit vorgestellt – und ist ein paar Wochen später bereits ausverkauft.

Mai »In den letzten Jahren waren die Maifröste bei uns seltener«, erzählt Peter Landauer mit fröhlicher Miene. »Früher sind mir schon mal ganze Rieden erfroren.« Ende des Monats, wenn die Reben kräftig ausgetrieben haben, beginnt er bereits mit dem Ausdünnen. Etliche Fruchtansätze werden vor allem in der Arachon-Anlage weggeknipst. Über seine sämtlichen Arbeiten führt Landauer genau Buch. So weiß er beispielsweise ganz genau, dass allein das Ausdünnen auf den 0,4 Hektar Zweigelt für den Nobelwein 20 Stunden zusätzliche Arbeit bedeutet. »Aber das wird später gut honoriert.«

Bei Franz Xaver Pichler wird nun auch der Riesling abgefüllt. Ansonsten sind er und Lukas oft im Weinberg zu finden. »Wenn das Leben in den Reben erst erwacht ist, hat man kaum noch Pause.«

Juni Jetzt hat Rudolfine Pichler jede Menge zu tun. Die Kundschaft kommt, um die Weine abzuholen, die reserviert waren. Manches Gewächs war schon vorher bei Verkostungen dabei und schnitt in der Regel gut ab. »Eff-Ix« war in der Vergangenheit schon selbstbewusst genug, um beispielsweise Journalisten, die seine Weine achtlos bewerteten, Hausverbot zu erteilen. Aber das sind eher Ausnahmen. Freundliche Kommentare machen Ihn immer noch stolz. »Natürlich ist man begierig auf Reaktionen. Wenn sie dann sehr positiv sind, hat man in dieser Zeit kaum die Möglichkeit, sie durch die geballte Arbeit im Sommer richtig zu genießen.«

Der Juni ist außerdem die Zeit, in der Pichler, wie viele Kollegen, präsentiert. Er tut es auf der Smaragd-Vorstellung der Vereinigung Vinea Wachau, die im zweijährigen Rhythmus stattfindet (1999, 2001), ebenso wie auf der Wiener Messe VieVinum in der Hofburg (2000, 2002), obwohl eigentlich nichts mehr zu verkaufen ist. Aber die Weine gibt es doch in zahlreichen Vinotheken im In- und Ausland, so dass es im Interesse seiner Fachhändler liegt, sich der Öffentlichkeit zu stellen.

Auch für Peter Landauer geht im Juni die Arbeit im Weinberg weiter. Er hat in den letzten Jahren durch den Einsatz von Raubmilben einiges an Aufwand eingespart. Die Milben gehen als Nützling gegen Schädlinge vor und tragen dazu bei, dass er Spritzungen reduzieren konnte. »Für mich ein toller Erfolg«.

Juli Die Rebblüte ist vorbei. War das Wetter trocken und ist nichts verrieselt, sind die Winzer zufrieden. Das Wachstum regulieren, heißt es jetzt im Weinberg. Pichler hat sich mit den Arachon-Kollegen zusätzlich um die Anlagen auf Horitschoner Gemarkungen zu kümmern. Etwa alle sechs Wochen bis zur Lese wird kontrolliert, ob genügend ausgedünnt wurde. »Wenn da irgendwann mal festgestellt wird, dass zu viel Trauben an den Stöcken hängen, müssen wir damit rechnen, dass die Ernte nicht akzeptiert wird«, ist sich Landauer bewusst.

August Anfang August entblättert Landauer die Reben, damit mehr Licht und Luft an das heranwachsende Traubengut kommen und sich keine Fäulnisherde bilden können. Das sind nach seiner Buchführung noch mal 18 Stunden Arbeit allein für den Arachon. Dann ist noch eine letzte Spritzung fällig und man kann sich einen kleinen Urlaub gönnen. Die Landauers fahren in der Regel nach Mariazell in der Steiermark, dem bedeutendsten österreichischen Wallfahrtsort.

Die Pichlers zieht es nach den letzten Arbeiten in den Terrassen von Loiben

(»vier bis maximal sechs Spritzungen waren es insgesamt, je nach Witterungsverlauf«) und einigen kleinen Arbeiten an den mit Steinmauern abgestützten Terrassen regelmäßig ab Mitte August eine Woche nach Italien. »Rudolfine möchte eigentlich immer ins Gebirge. Aber ich stehe das ganze Jahr in den Weinbergen. So wählen wir halt einen hügeligen Kompromiss und sind dabei meist in einer Weinregion«, verrät Franz Xaver. »Venetien ist unser Lieblingsgebiet.«

Das Erste, was er nach der Rückkehr tut, ist eine Visite in den Weinbergen. Die Beeren, vor der Abreise noch hart wie Schrotkugeln, sind zu diesem Zeitpunkt schon recht reif. »Man sieht hier sehr gut, was in dieser entscheidenden Vegetationsphase im Lauf einer Woche alles passiert.«

September Die Lese steht bald an. Entsprechende Vorbereitungen müssen getroffen werden. Ein zunehmendes Problem ist es, genügend Personal zu finden. In der Wachau kommen die Lesehelfer, wenn es sich nicht um bewährte Stammkräfte handelt, oft aus Polen, während sich im Mittelburgenland vor allem die Ungarn verdingen.

»Ohne diese Nachbarn hätte der Weinbau in unserer Gegend große Probleme«, urteilt Landauer. »Denn inländische Arbeitskräfte sind kaum mehr zu bekommen. Viele unserer ausländischen Helfer kommen gern jedes Jahr wieder. Kein Wunder – sie können bei uns in einer Woche etwa so viel verdienen wie in ihrer Heimat in drei Monaten.« Und das, obwohl der Leselohn nicht üppig ist.

Der Weinbauer aus dem »Blaufränkischland« (so heißt das Mittelburgenland im Volksmund) beginnt meist Ende September mit der Lese, nachdem zuvor noch mal ausgedünnt wurde. Auch bei seinen eigenen Erträgen achtet er darauf, nicht zu viel Masse zu erhalten. »Es gibt Jahrgänge wie 1999, da war es sehr schwer, die Reben zu zügeln. Auch ich hatte Rieden, wo ich deutlich über dem gesetzlichen Limit von 9000 Kilo Trauben pro Hektar lag. Daraus kann dann nur Tafelwein werden oder Saft. Und durch unsere strengen Auszahlungskriterien gibt es nicht sehr viel Geld dafür.« Langfristig hat er ein Einkommen von umgerechnet sechs Schilling für den Liter. »Damit bin ich ganz zufrieden.« Im September, kurz vor Lesebeginn, ist immer der letzte Jahrgang abgerechnet und er hat seine zweite Rate auf dem Konto. Für die Arachon-Trauben gibt es deutlich mehr. Die garantierte Mindestprämie liegt bei 77000 Schilling (etwa 11000 Mark) pro Hektar. Aber die Erträge müssen deutlich unter dem normalen Schnitt liegen. »Vorgegeben sind, je nach Sorte, maximal 14 Trauben pro Stock. Wenn ich es wachsen ließe, könnten es auch 45 bis 60 Trauben sein.«

Für Franz Xaver Pichler ist der September eine Zeit der letzten Atempause. Denn die Ernte in der Wachau beginnt nicht vor Mitte Oktober.

Oktober »Der reinste Horror«, ist für den Wachauer die in manchen Jahren extrem lange Zeit der Lese. »Für mich ist das nicht unbedingt schön. Die Weinernte ist eine enorme körperliche Belastung. Man hat zwar vorher immer eine gewisse Vorstellung davon, was zu tun ist. Aber in jedem Jahr kommt alles ganz anders.«

Begonnen wird mit dem Grünen Veltliner in einer Lage wie Klostersatz, wo die Beeren früher reif sind und genügend Zucker für die Kategorie Federspiel gebildet haben. Die Wachauer kennen drei Gewichtsklassen: den leichten Steinfeder, den mittelgewichtigen Federspiel und den hochwertigen, fülligen Smaragd. Franz Xaver Pichler sorgte in den letzten Jahren noch für einige »Sahnehäubchen« mit einem »M« beim Grünen Veltliner. Hier wollte er einfach die Möglichkeiten der Sorte ausreizen. Es gelang ihm, einige grandiose Weine zu erzeugen, die das Kürzel für »Monument« rechtfertigen. Beim Riesling lieferte er 1998 mit seinem jetzt schon legendären »Unendlich« (nach dem unendlich langen Abgang) sein Meisterstück. Ein Narr, wer diesen großartigen Wein vor 2010 entkorkt.

Während F. X. Pichler eher zögernd beginnt, ist Landauer schon Mitte Oktober mit der Ernte fertig. Die Landwirtschaft, die nicht besonders aufwendig ist, konnte nebenbei erledigt werden. Längerfristig will er umstellen auf Erntemaschinen (nur beim Arachon ist das nicht zulässig). Er macht hier eine ganz nüchterne Rechnung auf. »Maschinen kann man sich leihen, sie brauchen um die drei Stunden für einen Hektar und sind heute technisch perfekt ausgereift. Für eine normale Lese von einem Hektar sind acht bis zehn Leute zwei volle Tage aktiv, die mich auch Geld kosten. Hinzu kommt, dass die Traubenanlieferung von Seiten der Genossenschaft besser berechenbar ist.«

November Franz Xaver Pichler und Sohn Lukas kommen kaum mehr richtig zum Schlafen. Denn die Ernte hat jetzt so richtig begonnen. Was dem Laien so einfach erscheinen mag, ist eine komplizierte Arbeit, verbunden mit viel Überlegungen. »Man muss oft aus dem Bauch heraus entscheiden, was wo gerade richtig ist, und darf das Lesepersonal nicht einfach in die Terrassen schicken. Es gibt viel Erklärungsbedarf und kein festes Ritual. Jeder kleine Witterungswechsel zwingt zum Nachdenken und Reagieren«, erläutert Pichler. Er dirigiert (»manchmal etwas lautstark«), pflückt selbst, überwacht gleich darauf wieder die Kelterung und weiß aus langjähriger Erfahrung, dass es immer wieder mal falsche Maßnahmen gibt: »Die Summe richtiger schwieriger Entscheidungen macht am Ende den Unterschied in der Qualität der Weine aus.«

Manchmal dauert es eine Weile, bis er weiß, in welche Rieden oder Terrassen er seine Leute schicken soll. Denn es kann schon innerhalb weniger Meter im Weinberg ein merkliches Qualitätsgefälle geben.

Peter Landauer aus dem »Blaufränkischland« ist als Mitglied der Horitschoner Genossenschaft gewissermaßen ein Partner von Top-Produzent Pichler aus der Wachau.

Während Pichler mitten im Endspurt steht, ist für Landauer der Jahrgang längst gelaufen. Auch die Arachon-Trauben sind seit geraumer Zeit abgeliefert. Dass er mal selbst Wein ausbaut, daran hat er nie einen Gedanken verschwendet. »Es gibt Genossenschaftskollegen, die ein paar hundert Liter für den Eigenbedarf keltern. Doch ich trinke selbst wenig Wein. Und ich bin zufrieden mit meinem Erlös. Außerdem müsste ich für Flaschenwein meinen Betrieb ganz umstellen.«

Worüber er sich in seiner Eigenschaft als Genossenschaftsfunktionär allerdings Gedanken macht, ist das immer wieder ins Wanken geratende Preisgefüge auf dem Markt. So gerieten auch leistungsstarke Betriebe wie die Vereinten Winzer Horitschon im Jahr 1999 mit reicher Bescherung unter einen gewissen Preisdruck, trotz des Rotweinbooms in Österreich. Aber man fand ein Ventil im Export nach Deutschland, während andere Betriebe und vor allem die stark von Großkellereien abhängigen Traubenbauern zähneknirschend Tiefstpreise von drei Schilling für das Kilo akzeptieren mussten.

Dezember

Peter Landauer kann jetzt seine Jahresschlussabrechnung machen und überschlagen, wie viel Geld ihm im Jahr darauf ausbezahlt wird. Rund 30000 – 40000 Schilling muss er selbst jedes Jahr an Eigenkosten für den Hektar aufwenden. »Wenn da unser Literpreis für mich im Schnitt auf weniger als sechs Schilling absacken würde, ginge meine Rechnung nicht mehr auf. So aber stimmt es und ich bin eigentlich sehr stolz auf meine Arbeit.«

Franz Xaver Pichler hatte 1998 mal die Laune der Natur im extremen Ausmaß zu spüren bekommen. Als er nicht mehr mit hohen Qualitäten rechnete, kam spät im November Föhnwind auf, der nasses Traubengut trocknete und innerhalb kurzer Zeit einschrumpfen ließ. Die Folge waren nicht nur der »Unendlich«, sondern jede Menge Smaragd und Beeren- sowie Trockenbeerenauslesen. Aber auch in einem normalen Jahr ist die Lese nicht vor Ende November beendet. Und manchmal hängen sogar Anfang Dezember noch Trauben an den Stöcken. Da wird Pichler zum Spieler, den das Risiko reizt.

Erst als er ab Mitte der achtziger Jahre in jedem Jahr das Optimum anstrebte, wurde es stets sehr spät. »Wir kämpfen um jedes Grad.« Zwar schimpft er dann immer über den Stress und nimmt sich vor, im Dezember endlich auszuspannen, lange zu schlafen, spazieren zu gehen. Aber wenn es vorbei ist, beginnt die Arbeit als »Geburtshelfer« im Keller.

»Ich bin stundenlang im Keller und freue mich über jedes gelungene Fass. Die erste Probe des oft noch trüben Weines ist ein ungeheueres Glücksgefühl. Rudolfine und ich gehen von Fass zu Fass, sind bei einem Jahrgang wie dem 1999er mit seinem sehr gesunden Traubengut begeistert und hinterher meist etwas fröhlich ...«

Weingeschichten aus Österreich

Die Rache des Uhudler

Das Waschbecken im Zimmer der Pension in Heiligenbrunn gab ein höllisch anmutendes Geräusch von sich. Dann schien irgendjemand im Untergrund laut zu gurgeln. Schließlich spuckte der Wasserhahn eine rote, rostige Brühe aus. Es war wie eine Szene aus dem verfilmten Gruselroman »Es« von Horrorspezialist Stephen King, in dem eine unterirdische Macht ihr böses Spiel mit den Menschen treibt und sie gelegentlich mit einem geschickten Griff aus dem Gully oder der Spüle in die Tiefe holt. Hier war die Szene real. Nichts war es mit dem Zähneputzen. Auch aus der Dusche kamen nur ein paar dunkle Tropfen. Da sich der hygienebewusste Mensch irgendwie erfrischen musste, ging es ins Freischwimmbecken. Das Wasser war saukalt. Und man begriff auf einmal: Das alles war die Rache des Uhudler!

Denn Stunden vorher hatte man sich an eben diesem Wein versündigt, ihn im Gespräch mit einem Ortsbürgermeister aus dem Südburgenland herb kritisiert. Eine repräsentative Probe hatte der gute Mann auf den Tisch gestellt und den Besucher dann verkosten lassen. Man registrierte fast durchgängig einen ungewöhnlichen Himbeerduft in der Nase. Aus dem einen oder anderen Glas glaubte der Gast den abartig anmutenden Duft von nassem Hundefell zu erkennen. Mutig wie er war, und artig gegenüber dem Gastgeber, verweigerte er keinen Probeschluck und verspürte in dem dünnen Getränk nur jedes Mal eine scharfe Säure. Die nebenbei vom Ortsvorsteher gemachte Versicherung, dass dieser vergorene Saft aus Trauben gut für die Potenz sei (»aber i brauch's no ned«), konnte nicht freundlicher stimmen. »Soll ich ganz ehrlich sein?« wurde der Bürgermeister am Ende gefragt, als er wissen wollte, wie denn die Probe gemundet hat. »Ja, bitte«, entgegnete er. Ein paar Stunden später kam die Strafe für die ehrlichen Worte aus dem Wasserhahn.

Das Erlebnis liegt schon einige Jahre zurück. Aber es hat sich eingeprägt in

Der Uhudler: Interessant ist die Geschichte eines ungewöhnlichen Weines aus dem Südburgenland, der einst die Gemüter bewegte … Vorhergehende Doppelseite: Weinlandschaft bei Eisenstadt im Burgenland.

Das landschaftlich reizvolle Südburgenland entwickelt sich zum erstrangigen Rotweingebiet. Aber eine alte Rebgattung, der Uhudler, feiert gleichzeitig eine fröhliche Renaissance.

die Erinnerung an einen ansonsten wunderschönen Besuch im Südburgenland, einer reizvollen, romantischen Region in Österreich, die touristisch nicht überlaufen ist, sich im Weinbau in den letzten Jahren recht gut gemausert hat – und ein Rebenrelikt aus vergangenen Zeiten am Leben gehalten und zum Kultobjekt gemacht hat.

Uhudler ist ein Sammelbegriff für die amerikanische Gattung von Reben, die sich von den europäischen Kulturreben im Ergebnis deutlich unterscheiden. Die Rebe ist eine Schlingpflanze, die schon lang vor dem Menschen auf der Welt war; fossile Funde stammen aus der Kreide- bis Tertiärzeit (vor etwa 80 bis 60 Millionen Jahren). Der Formen- und Artenreichtum der Pflanze hat sich im Lauf der Jahrtausende weiterentwickelt und zu unterschiedlichsten Varianten geführt.

Ein duftiges Kennzeichen der amerikanischen Reben ist ihr eigenwilliges Aroma, das in der Fachsprache als »Foxton« oder »Fuchsigkeit« bezeichnet wird. Sie haben außerdem eine sehr ausgeprägte Säure und sind qualitativ nicht eben wertvoll. Dass sie dennoch in Europa einst Fuß fassen konnten und weite Verbreitung fanden, ist auf die große Reblauskrise zurückzuführen, die um 1870 begann und die man erst Jahrzehnte später in den Griff bekam. Die Wurzellaus wurde aus Amerika eingeschleppt. Sie vermehrte sich rasch und befiel schnell die Fluren in allen Weinländern Europas.

Sie vernichtete Millionen von Hektar Rebland, ehe ihrem zerstörerischen Treiben Einhalt geboten wurde, indem man die europäischen Vinifera-Stöcke auf amerikanische Unterlagssorten propfte, die der Laus, wie schon in ihrer Heimat Amerika, nicht mundeten.

Doch zuvor wurde versucht, durch Einfuhr amerikanischer Rebsorten, deren Widerstandsfähigkeit bekannt war, und mittels Kreuzungen das Problem zu beheben. Diese Hybriden mit Namen wie Delaware, Noah, Isabella, Concordia, Elvira, Othello, Ripadella, Seibel (Letztere eine gemeinsame Bezeichnung für eine Reihe französischer Hybriden) waren in den ersten Jahrzehnten des 20. Jahrhunderts weit verbreitet in ganz Europa und damit auch in Österreich. Weil die Qualität nicht zufriedenstellend war, ihnen außerdem nachgesagt wurde, der aus den Trauben gekelterte Wein sei nicht gesund, und weil schließlich durch die Propfung auf die amerikanischen Unterlagen eine andere Lösung des Reblaus-Problems gefunden wurde, wurden die Hybriden wieder ausgehackt. Die Wissenschaft ließ zwar nicht ganz von ihnen und züchtete später einige Kreationen ohne störende »Nebengeräusche«, die zumindest in Deutschland bereits offiziell zugelassen sind (zum Beispiel Orion, Phoenix) und die einen Vorteil der alten Direktträger aufweisen: eine bessere Resistenz gegen Schädlinge. Längerfristig könnten sie eine stärkere Verbreitung finden. Aber von den Gattungen der ersten Generation blieb kaum mehr etwas übrig.

Das Blattgut der lange offiziell verbotenen, aber doch tolerierten Hybriden, ist etwas anders geformt als bei normalen Rebstöcken. Und die Weine haben einen sehr eigenwilligen Duft...

In Österreich wurde die »Rabiatperle«, die in ihrer Glanzzeit etliche tausend Hektar (!) Verbreitung hatte, 1936 verboten. Ihren gefährlich klingenden Namen bekam sie wohl wegen der allzu rabiaten Trinker, die sich an dem anspruchslosen Wein zu sehr berauschten. Trotz des Verbots wurden die Reben nicht überall ausgehackt. Im südlichen Burgenland blieben noch Flächen erhalten, oft im Mischsatz mit klassischen Sorten. Nach dem früheren österreichischen Weingesetz war es möglich, die Trauben zu keltern. Doch es war offiziell nicht zulässig, den Wein zu verkaufen.

Aber auch hier galt: Wo kein Kläger, da kein Richter. In den siebziger und achtziger Jahren avancierte der illegale Wein nicht nur zum beliebten Haustrunk der Winzer, sondern vor allem im Gebiet von Heiligenbrunn und Umgebung förmlich zu einem Kultgetränk. Es war wie beim Whisky und sonstigen scharfen Sachen in der Zeit der amerikanischen Prohibition: Man genoss den besonderen Nervenkitzel, einen verbotenen Wein zu trinken. Dass dieser selbst kein Genuss war, wurde in Kauf genommen. Woher der später entstandene Sammelbegriff »Uhudler« für die gesamten Sorten stammt, ist nicht exakt bekannt. Angeblich warfen Winzer-Frauen ihren Männern vor, sie würden »wie ein Uhu« ausschauen, wenn sie dem Getränk zu eifrig zugesprochen hatten.

Heiligenbrunn ist der bekannteste Zielort für die zunehmende Zahl von Uhudler-Freunden. Die Spezialität wird hier in einer gemütlich-rustikalen Atmosphäre ausgeschenkt.

1989 meinten einige Erzeuger, es sei an der Zeit, den Zustand der Illegalität zu verlassen. Denn es gab immer mehr heimlichen Zuspruch. Man hatte außerdem den Ärger mit den gelegentlichen Besuchen von Kellerei-Inspektoren satt, denen stets versichert werden musste, dass die etlichen hundert Liter Uhudler allesamt für den Eigenbedarf bestimmt waren. Hermann Krutzler, einer der profiliertesten Winzer im Gebiet, kann sich noch daran erinnern, dass in der Familie bis 1950 jährlich mindestens tausend Liter Noah als »Haustrunk« angegeben wurden. Das mußte der Inspektor glauben, ob er wollte oder nicht...

Der »Verein der Freunde des Uhudlers«, von acht Gemeindevertretern aus Heiligenbrunn, Burgauberg-Neudauberg, Heiligenkreuz, Königsdorf, Güssing, Neustift, Eberau und Strem gebildet, machte mobil, holte Bürgermeister, Richter, Mediziner und Politiker an seine Seite. Schließlich war es soweit: Seit 1. August 1992 darf Uhudler offiziell als Tafelwein im freien Ausschank verkauft werden. Er ist seitdem als regionale Spezialität ein gutes touristisches Lockmittel geblieben, das keineswegs billig wie ein normaler Tafelwein verkauft wird (70 bis 80 Schilling für den Liter dürfen es schon sein). Im kleinen Tonkrug (»Plutzer«) ist er ein begehrtes Mitbringsel.

Und auch die alte These, dass der Genuss gesundheitsgefährlich sei, konnte durch Untersuchungen des Instituts für gerichtliche Medizin in Graz widerlegt werden. Die Werte an Methanol und sonstigen Begleitstoffen entsprechen im Gehalt »jenen der weißen und roten Edelweine«, wurde festgestellt. Die Duftnoten wurden nicht untersucht. Und der Weinautor, der sich seinerzeit mutig an die umfangreiche Uhudler-Probe machte, glaubt nach wie vor nicht daran, dass die Wasserleitung damals so einfach ein Leck hatte...

Der Doppler-Keller im Weinviertel

Es gibt einige Keller in Österreich, die wahre Schatzkammern sind und jahrzehntealte Raritäten bergen. Die Winzer Krems, die Dürnsteiner Genossenschaft Freie Weingärtner, das Strasser Weingut Dolle, die Kellerei Kirchmayr in Weistrach (Oberösterreich) und Erwin Retzl in Zöbing sind hier bekannte Spezialisten, die größere Mengen verfügbar haben, sie – zumindest teilweise – auch verkaufen und damit einen Beitrag zur Weinkultur leisten. Denn ansonsten sind die jungen Weine gefragt. Sie werden den Winzern aus den Händen gerissen und meist schon vor ihrer perfekten Reife getrunken …

Den wohl kuriosesten Weinkeller Österreichs findet man nicht in einem Weingut, sondern in einem Museumsdorf in Kronberg im Weinviertel. Das Dorf unweit der Brünner Straße im Norden von Wien, einige Kilometer von Wolkersdorf entfernt, ist Heimatort des bekannten Künstlers Hermann Bauch. Bauch, Jahrgang 1929, interessierte sich schon als neugieriger Bub für die zahlreichen unterirdischen Gänge in der Kronberger Kellergasse und im Kreuzberg. Auf dieser Anhöhe stand vor 200 Jahren noch eine Burg. Früher, im 13. und 14. Jahrhundert, hausten hier Mitglieder des Ordens der Tempelritter, die ebenfalls ihre Spuren im Berg hinterließen, ehe sie wegen ihrer angeblichen ketzerischen Geheimlehren überall, wo man ihrer habhaft werden konnte, auf dem Scheiterhaufen verbrannt wurden.

Im Rückblick betrachtet, handelte es sich aber offenbar um durchaus vernünftige Thesen, die von den Templern vertreten wurden. Sie hatten die Vision, dass sich die unterschiedlichen Religionen von Moses, Buddha, Jesus und Mohammed zu einer monotheistischen vereinen ließen. Ihr Wunschtraum erfüllte sich nicht, wohl aber der, den ein würdiger Nachfolger des ehrenwerten Ordens, nämlich unser Künstler Hermann Bauch, irgendwann in den sechziger Jahren hatte.

Damals schickte er sich nach einer gründlichen Ausbildung in verschiedenen Kunstsparten gerade an, Karriere zu machen. Der Kronberger entpuppte sich als Multi-Talent. Er beherrscht die unterschiedlichen Maltechniken, schuf wunderschöne Glas- und Steinmosaikarbeiten, Bleiglasfenster, Gobelins, Grafiken, Skulpturen und war in vielen historischen Gebäuden, insbesondere in alten Kirchen und Klöstern, auch als Restaurator tätig. Bald begann Bauch, immer nach dem Motto »Retten, erhalten und gestalten«, eine rege Sammlertätigkeit. Nach einigen Jahren in Wien war er in

Ein nicht unbeträchtlicher Teil des österreichischen Weines wird nach wie vor in »Doppler« mit zwei Liter Fassungsvermögen abgefüllt. Der Inhalt einer »Volks-Magnum« kann durchaus angenehm überraschen.

Hermann Bauch, ein angesehener Künstler aus dem Weinviertel mit viel Begeisterung für Wein, öffnete anläßlich seines 71. Geburtstages im Mai 2000 einen zugemauerten Keller mit Gewächsen aus den sechziger Jahren.

die Heimat zurückgekehrt und verwirklichte langsam einen Kindheitstraum. Heute ist daraus das vermutlich bedeutendste Privatmuseum Österreichs geworden. Der Künstler ließ die Relikte vieler alter Bauernhäuser und Scheunen, die anderswo dem Abbruch freigegeben waren, nach Kronberg auf den Kreuzberg bringen und baute sie originalgetreu wieder auf. Im Innern entstanden Veranstaltungsräume, ein Weinmuseum, ein Schulmuseum (Klassenzimmer aus Hermann Bauchs Kindheit) und diverse Ausstellungsräume sowohl in den Häusern als auch in den unterirdischen Durchgängen und Kellerräumen.

Einige dieser großen Keller sind zugemauert. Zu besonderen Anlässen – wie etwa zum 71. Geburtstag von Hermann Bauch am 12. Mai 2000 – wird eine Mauer eingerissen, wodurch spezielle Weinflaschen für zahlreiche Besucher freigegeben werden konnten. Die Weine kommen aus verschiedensten Regionen Österreichs, stammen aus den sechziger und siebziger Jahren. Und überwiegend handelt es sich um »Doppler«! So bezeichnet man in Österreich die Zwei-Liter-Flasche, in die normalerweise nur einfacher Wein abgefüllt wird. Doch früher, als die 0,75-l-Bouteille noch nicht so üblich war, wurden auch bessere Weine in die so genannte »Volksmagnum« gefüllt. Bauch hat viele solcher Flaschen geschenkt bekommen, als zusätzliche Anerkennung für Restaurierungsarbeiten etwa. Und weil er selbst mit seinen zwei Schoppen täglich die Mengen nicht annähernd bewältigen konnte und andererseits als Hausherr eines Museumsdorfes, das jährlich von etlichen tausend Besuchern bevölkert wird, Verluste befürchten musste, mauerte er seine Weinschätze einfach ein.

Anfangs führte er noch Buch, was wo liegt. Aber die Aufzeichnungen gingen irgendwann verloren. So muss er sich heute, wenn er einen der meist unetikettierten Doppler entkorkt, auf sein Erinnerungsvermögen verlassen. Auf seine Lieferanten war, das hat so manche Probe aufs Exempel ergeben, offenkundig in der Regel ebenfalls Verlass. Die meisten Weine präsentierten sich noch gut und oft erstaunlich frisch, obwohl sie zum Teil mehr als 30 Jahre alt sind. Viele sind kirchlicher und klösterlicher Herkunft. Durch etwas Süße und vermutlich auch einen stärkeren Oxidationsschutz der Weine mit mehr Schwefel blieben die reifen Gewächse stabil. Hinzu kommt, dass ein Doppler einen ähnlichen Effekt wie die offizielle, im Bordelais gern benutzte Magnum-Flasche (1,5 l) hat. Der Kontakt des Weins mit der Luft ist geringer als bei einer Normalflasche, was ebenfalls zur Haltbarkeit beiträgt. Und die zugemauerten Keller haben das optimale Klima. Außerdem ist Hermann Bauch überzeugt: »Es hat sich niemand getraut, mir schlechten Wein zu verehren.«

Die Reben-Erbforschung in Klosterneuburg

Die deutsche Weinszene muss ihre Lehrbücher umschreiben. Die Schweizer waren erschüttert und stolz zugleich. Und die EU müsste eigentlich gegen gewisse Sortenbezeichnungen vorgehen, weil sie nicht mehr der Realität entsprechen. Das Ereignis mit den diversen, nicht unerheblichen Auswirkungen spielte sich in der Abteilung Rebenzüchtung auf der Höheren Bundeslehranstalt für Obst- und Weinbau in Klosterneuburg ab und betraf die Sorte Müller-Thurgau, die in Deutschland nach dem Riesling am stärksten verbreitet ist, neuerdings unter dem Synonym Rivaner Erfolge feiert und in der Schweiz nach alter Sitte als Riesling x Silvaner bezeichnet wird (was in Österreich ebenfalls noch vereinzelt der Fall ist).

Was ein Team um Dr. Ferdinand Regner vor einigen Jahren feststellte, war in gewisser Hinsicht revolutionär und bestätigte außerdem den Verdacht, den viele Ampelographen (Rebkundler) schon lange hatten: Nicht der Silvaner ist neben dem Riesling Elternteil des Müller-Thurgau, sondern eine andere Sorte. Eigentlich logisch, denn der Züchter Dr. Hermann Müller aus dem Schweizer Kanton Thurgau, der 1882 während seiner Tätigkeit an der Forschungsanstalt in Geisenheim (Rheingau) diese später nach ihm benannte Kreuzung kreierte, kannte zwar den Silvaner. Aber noch besser war er aufgrund seiner Herkunft mit den Eigenschaften der in der Schweiz weit verbreiteten Rebsorte Gutedel (Chasselas) vertraut, so dass eine solche Sortenkombination durchaus nahe lag. Doch der Beweis fehlte – bis die Klosterneuburger Wissenschaftler kamen. Was sie herausfanden, entspricht zwar nicht exakt dem deutschen Gutedel oder dem Chasselas aus der Schweiz, sondern einem Ableger aus dieser Familie. Aber das genügte trotzdem, um alte Lehrmeinungen über den Haufen zu werfen.

Früher hatte man eigentlich wenig Möglichkeiten, eine Rebsorte auf ihre Herkunft zu analysieren. Man konnte sich am Aussehen der Blätter, an Farbe und Form der Trauben und vielleicht noch am Geschmack orientieren. So können geübte Winzer und Ampelographen die gängigen Rebsorten gut auseinander halten. Doch woher sie eigentlich kommen, wer in der Natur vor möglicherweise Hunderten von Jahren am Zustandekommen von natürlichen Kreuzungen oder Mutationen beteiligt war und welche Entstehungsgeschichte sie damit haben, diese interessanten Fragen waren bis vor wenigen Jahren nicht zu beantworten.

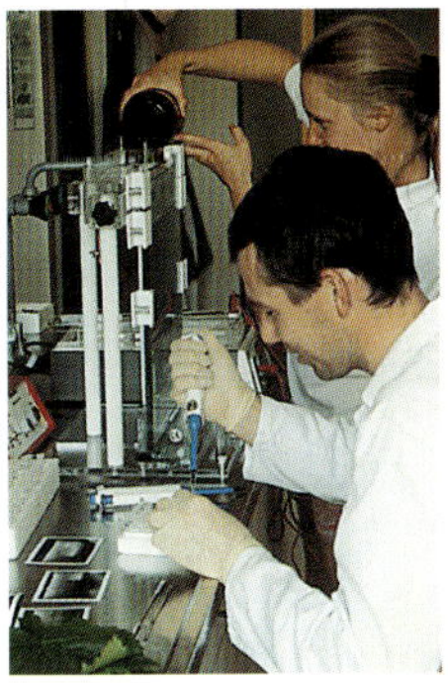

Wer war Vater, wer war Mutter? Wissenschaftler der Bundeslehranstalt für Weinbau in Klosterneuburg bei Wien sind seit einigen Jahren den »Eltern« traditioneller Rebsorten auf der Spur – mit teilweise überraschenden Ergebnissen.

Der Wein gibt keine Aufschlüsse über sein Erbgut, wohl aber ein Rebblatt. Mit moderner Technik lassen sich zum Beispiel Kreuzungsvarianten der Vergangenheit feststellen.

Heute sind Experten wie die Forscher in Klosterneuburg in der Lage, die Erbsubstanz zu analysieren und ein genetisches Profil jeder einzelnen Rebsorte zu erstellen. Das Ganze entspricht gewissermaßen einer Reise in die Vergangenheit mit einer Art moderner Zeitmaschine. Sie könnte aus der Feder eines H. G. Wells stammen.

Was spielte sich 1882 wirklich in Geisenheim ab? Auf welche Sorten griff Professor Müller bei seiner Kreuzung zurück? Welche Mutationen entsprangen dem Traminer vor Hunderten von Jahren? Ist der Grüne Veltliner, von dem niemand weiß, woher er stammt, eine eigenständige Sorte? Wer sind die Nachkommen des im Mittelalter weit verbreiteten Massenträgers Heunisch? Es sind Fragen wie diese, die Rebkundler beschäftigen und deren Beantwortung auch den normalen Weingenießer interessiert.

Man spricht metaphorisch von einem genetischen Fingerabdruck, den jede Sorte hat. Über 1000 verschiedene Stöcke wurden in der Forschungsanstalt in den letzten Jahren unter die Lupe genommen; 350 Rebsorten konnten dabei unterschieden und charakterisiert werden. Benötigt wird nicht viel Material. Zwei Gramm lebendes Gewebe von der Traube oder vom Stock genügen für die Erbforschung. Die Trägersubstanz der Erbinformation (DNS) findet sich in allen Teilen einer Pflanze, solange diese nicht abgestorben ist, im Blatt, in der Traube, in den Beerenhäuten sowie in der Wurzel und im Holz. Eine Untersuchung im fertigen Wein ist nicht möglich, unvergorener Traubensaft kann dagegen analysiert werden.

Anfangs wurde die molekularbiologische Methode von Klosterneuburg international mit Skepsis betrachtet. Aber jede bislang publik gemachte Untersuchung wurde mehrfach kontrolliert und im Ergebnis damit abgesichert. Inzwischen ist man davon überzeugt, eines Tages feststellen zu können, ob Reben genmanipuliert sind (die ersten Anlagen gibt es ja bereits, unter anderem in Deutschland und Australien).

Nach dem Aufsehen erregenden Ergebnis ihrer Untersuchung des Müller-Thurgau sind die Wissenschaftler inzwischen den Spuren anderer bekannter Sorten nachgegangen. Besonders spektakulär war die Erkenntnis, dass der Cabernet Sauvignon, in dem man früher einen Klon des Cabernet Franc sah, eine Kreuzung von Cabernet Franc und Sauvignon Blanc (also einer roten und einer weißen Rebsorte) ist. Wo und wann diese Kreuzung entstand, lässt sich allerdings nicht feststellen, sondern nur vermuten (Südfrankreich und Nordspanien sind im Gespräch). Der Cabernet Franc selbst wiederum stammt offenbar von Wildreben ab.

Außerdem haben die Wissenschaftler ermittelt, dass der Neuburger eine Kreuzung des Roten Veltliner mit dem in Österreich einst stark verbreiteten Silvaner und der Frührote Veltliner ein Kind der gleichen Eltern ist (ein doppeltes kleines Trostpflaster für den Silvaner, nachdem man ihm die Elternschaft

Der Sauvignon Blanc (hier eine steirische Abfüllung, der man jederzeit vertrauen kann) hat vermutlich den Traminer als Stammvater, ist aber selbst bei der Kreuzung Cabernet Sauvignon ein »Elternteil«.

beim Müller-Thurgau aberkannte). Man hat herausbekommen, dass der Grüne Veltliner eine genetisch eigenständige Sorte ist und nichts mit Roter und Frühroter Veltliner zu tun hat.

Die Scheurebe, eine 1916 von Dr. Georg Scheu aus Alzey kreierte Kreuzung, wurde bislang als weitere Züchtung aus Riesling x Silvaner angesehen. Doch die Erbforschung ergab nicht die geringste Spur einer Beteiligung des Silvaners. Der zweite Elternteil ist vermutlich eine Wildrebe.

Der Grüne Veltliner, die Hauptsorte Österreichs, ist ein Abkömmling des uralten Traminers, der wohl Stammvater etlicher anderer Sorten ist (zum Beispiel Sauvignon, Burgunder), ebenso wie der nahezu ausgestorbene Heunisch, ein Massenträger früherer Jahrhunderte, der nicht so schlecht gewesen sein kann, wie ihn die Geschichtsschreiber zeichnen. Denn immerhin gehören Qualitätssorten wie Chardonnay und Riesling zu seiner Nachkommenschaft. Zumindest lässt sich entsprechendes Erbgut in ihnen finden.

Die Forschungsergebnisse aus Klosterneuburg finden erst langsam Einzug in die Praxis. Denn man geht damit nicht an die breite Öffentlichkeit, sondern publiziert die Resultate vorwiegend in Fachzeitschriften mit begrenzter Verbreitung.

Der Müller-Thurgau wird weiter so heißen. Allenfalls um den sachlich nicht mehr korrekten Rivaner könnte es eines Tages geschehen sein.

Der verrückteste Weingarten

In Fels am Wagram im Donauland, gleich hinter dem alten Weinkeller des Hauses Leth, befindet sich der wohl verrückteste Weingarten des Landes. Die Flur von Franz Leth senior ist eine bunte Mixtur, aber gleich mit 160 (!) verschiedenen Sorten, von denen jeweils 15 Stöcke gepflanzt sind.

1995 begann Leth, der damals im Alter von 58 Jahren eigentlich gemütlich auf den Ruhestand zusteuerte, mit seiner ungewöhnlichen Art der Traditionsbewahrung. Für sein Ziel, alte Sorten zu erhalten und solche, die bis auf wenige Stöcke ausgestorben waren, wieder zu kultivieren, musste er erst eine Ausnahmegenehmigung beantragen. Weil sich auch die Wissenschaft am Experiment interessiert zeigte, bekam er anstandslos »grünes Licht«.

Im Weingarten, den er einst kaufte, befanden sich schon einige kaum mehr gepflegte Sorten. Das brachte ihn auf die Idee, die Anlage zu vergrößern. Er machte sich überall auf die Suche und weitete seine Anstrengungen zuletzt noch auf deutsche Neuzüchtungen aus, so dass inzwischen sogar die Siegerrebe auf Felser Fluren steht. Der Sohn, ebenfalls ein Franz und zuständig für den Ausbau, erinnert sich, dass der Vater immer schon ein Interesse an der Sortenvielfalt hatte. Aber dass ihm eines Tages die Aufgabe zukommen würde, in Gebinden mit mal fünf, mal 30 Liter 160 verschiedene Weine zu vinifizieren, hätte er nie erwartet.

Hilfestellung gibt Franz III. (Jahrgang 1986), der später Winzer werden will. Für den Enkel von Senior Franz ist das alles »ein Wahnsinn«. Und manches, was herauskommt, ist sogar wahnsinnig interessant. Nicht in diese Kategorie gehören die diversen Hybriden, die sich Leth dabei aus dem Südburgenland holte (Noah, Elvira, Delaware, Isabella). Sie sind allenfalls eine Abrundung, die mit ihrem ausgeprägt fuchsigen Aroma zur Vorsicht mahnen. Einmal fiel ein Ballon auf den Boden und zerplatzte. »Da sind wir zwei Wochen nicht mehr in den Keller gegangen«, erinnert sich Franz II.

Anders ist es etwa mit einer Kreuzung namens Welschliner (Welschriesling x Grüner Veltliner) aus der Werkstatt von Lenz Moser, die in Österreich nie Fuß fassen konnte, aber bislang süffige Weine mit guter Säurestruktur lieferte. Oder der früher weit verbreitete Braune Veltliner: Er duftet pfeffrig wie der traditionelle Grüne und hat auch dessen würzige Note, obwohl keine Verwandtschaft besteht. Dann der Grünling, der vermutlich eine Mutation des Sauvignon Blanc ist. Man erkennt Paprika im Duft und spürt auf der Zunge pikante Würze. Der Augsta aus der Steiermark duftet etwas parfümiert und erinnert an einen ordentlichen Muskateller. Wenn der

Riesliner, ebenfalls eine Züchtung von Lenz Moser, nicht die von den Leths registrierte Eigenschaft der Stiellähme hätte, würde man ihn vielleicht in Österreich heute schätzen. Denn das Ergebnis ist mineralisch, würzig und von reifer Säure geprägt.

Dass sich niemand in der Vergangenheit ausdauernd mit dem Steinschiller beschäftigt hat, machen Proben des dünnen, bitteren Weins deutlich. Dass der Heunisch, Stammvater vieler Qualitätsreben und zugleich ein früherer Massenträger, aus der Sortenpalette Österreichs und anderer Länder verbannt wurde, ist nach den Erfahrungen von Winzer Leth nicht verwunderlich. Harte, abweisende Säure, bitter im Geschmack – so etwas muss man nicht haben. Ähnlich ist der Eindruck vom Grobriesling, der beim Mostgewicht – wie der Heunisch – weit unten ist und dafür sorgt, dass sich nach einem Schluck der ganze Mund zusammenzieht und sich die Zunge krümmt.

Beim Anbau legen Vater und Sohn Leth sowie Nachwuchswinzer Franz III. nicht unbedingt Wert auf hohe Qualität. Wenn man bei nur 15 Stöcken Ertragsbegrenzung praktiziert, wird die Arbeit sinnlos. Man achtet allerdings auf schonenden Ausbau, um die Art der Weine nicht zu beeinflussen. Angereichert wird nur bei den ganz dünnen Säften. Auf Entsäuerung wird verzichtet – mit dem Risiko, dass einzelne Weine mit grimmigen 15 Promille in die Ballons kommen.

»So groß werden die Trauben von einigen der praktisch ausgestorbenen Sorten«, erläutert Franz Leth. Den Saft baut er in kleinen Glasballons aus. Einige der Reben könnten für eine Wiederbelebung interessant sein.

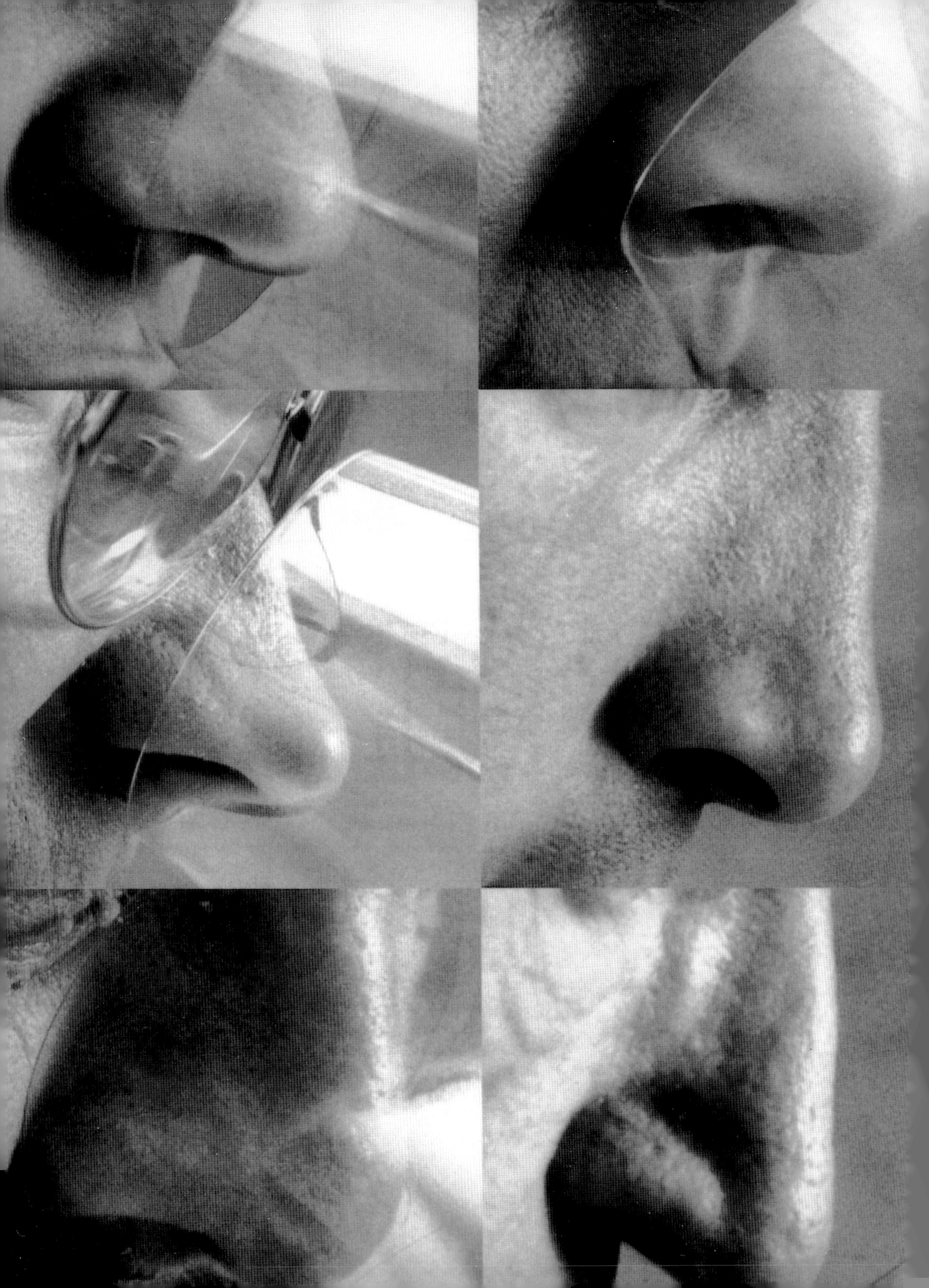

Der »Salon Österreichischer Wein«

Die etwas andere Weinprämierung

Die Stimme klang leicht unwirsch und kam vom sichtlich irritierten »Obmann« unserer Verkostungsgruppe eins bei der Probe zum »Salon Österreichischer Wein«. »Meine Herren! Es ist etwas sehr Merkwürdiges passiert.« Was so merkwürdig war, bekamen wir gleich darauf zu hören: »Zehn Verkoster gaben dem Wein Nummer eins zwischen 18 und 19 Punkten, aber zwei schrieben nur 14. War das ein Irrtum?«

Es war kein Irrtum, sondern nur die normale Notierung zweier Gäste aus Deutschland, die damals, 1992, in Österreich offiziell bei der Bundesprämierung mitbewerteten und sich dabei an ihren üblichen Kriterien orientierten. Sie hatten sich dabei nicht abgesprochen oder gar gegenseitig von ihrem Bewertungsbogen abgelesen. Das wäre auch gar nicht möglich gewesen, da bei dem großen Test in den Räumen der Weinbauschule und -lehranstalt in Klosterneuburg jeder Verkoster in einem eigenen Kabäuschen sitzt und keinen Sichtkontakt zu den Nachbarn hat. Die Noten war nicht die Anpassungen an die offiziellen deutschen Normen, nach denen seinerzeit und immer noch Auszeichnungen mit viel Toleranz vergeben werden. Während dabei ein international unübliches Fünf-Punkte-System gilt und sich die Weintester relativ selten unter die 3,5-Punkt-Schwelle wagen, praktizierten die Österreicher das weltweit mehr gebräuchliche 20-Punkte-System – aber auf ihre Art, vorgegeben von »amtlichen« Regeln. Was ehedem Praxis war, erfuhren die beiden Verkoster aus deutschen Landen seinerzeit in der Halbzeitpause, als darüber diskutiert wurde, was man denn so an Noten verabschiedet hatte.

Dabei gab es einige merkwürdige »Übereinstimmungen«. So hatten die deutschen Tester, die ihre übliche Messlatte einsetzten, einen grasig-grünen Cabernet mit elf von 20 möglichen Punkten abgestraft. Ein Österreicher meinte, der Wein sei in der Tat nicht gut gewesen: »Deshalb hat er auch nur 17 Punkte bekommen.«

Das waren noch Zeiten, als man sich in Austria gewissermaßen selbst einlull-

Viele kundige Weinnasen überprüfen intensiv in Blindverkostungen eine hochwertige Auswahl für den »Salon Österreichischer Wein«. Das Ergebnis dieser Bundesprämierung wird landesweit publik gemacht.

In kleinen »Kabäuschen« verkosten die »Salon«-Tester kritisch und unbeeinflusst von den Nachbarn. Man kennt bei der Probe nur Rebsorte und Jahrgang – sonst nichts.

te und für gewöhnliche oder sogar nahezu fehlerhafte Weine Noten vergab, die jeder Realität spotteten, aber den Erzeugern das Gefühl vermittelten, sie seien bei der Weltklasse so richtig mittendrin. In wenigen Jahren hat Österreich indes den Sprung vom Bewertungs-Mittelalter in die Neuzeit geschafft. Die Verkoster wurden angehalten, die 20-Punkte-Bandbreite besser zu nutzen. Zudem probieren immer häufiger Experten aus dem Ausland – meist Journalisten oder Händler – mit, während sich einige aus der alten Garde in den Tester-Ruhestand verabschiedeten. So wäre es heute unmöglich, dass unser eingangs erwähnter Welschriesling noch mal auf 17,75 Punkte kommen würde. Er wäre mit einer 14 vor dem Komma bereits sehr gut bedient und hätte damit eine realistische Bewertung erfahren.

Die Umstellungen haben auch die Obmänner gut bewältigt. Nur an eines haben sie sich noch nicht ganz gewöhnt, nämlich dass neuerdings Frauen in den Bewertungskommissionen sitzen. Bei jeder Begrüßung heißt es zunächst einmal: »Meine sehr geehrten Herren, ich heiße Sie herzlich ... äh, ääh ... meine sehr geehrten Damen und Herren ...«

Die insgesamt erfolgte »Blutauffrischung« hat dem »Salon Österreichischer Wein« zweifellos gut getan. Vor einigen Jahren konnte es leicht passieren, dass schwächliche oder gar fehlerhafte Weine »durchrutschten«, weil allzu oberflächlich probiert wurde. Heute sind das einzige Manko einige »Sicherheits-Verkoster«, die nicht auffallen wollen und regelmäßig zwischen 14 und 15 Punkten bewerten, statt bei großartigen Weinen großzügig zu sein und bei mäßigeren Weinen notwendig kritisch. Aber das ändert nichts an der Seriosität der Resultate.

Ein großer Unterschied zum Beispiel zur deutschen Prämierung ist die zahlenmäßige Begrenzung auf lediglich 200 »Salon-Weine« (bei der Bundesweinprämierung in Deutschland wird ein riesiges Füllhorn von über 4000 Großen Preisen sowie Silber- und Bronzemedaillen ausgeschüttet). Bei der Auswahl der 200 Top-Gewächse gibt es ein Mitspracherecht von Fachjournalisten, Sommeliers, Vertretern des Handels und der Markengemeinschaften, die in verschiedenen Regionen Österreichs bestimmte Weine oder Weintypen selektionieren.

Fix gesetzt sind dabei, nach Anzahl der Vorschläge, 47 Weine aus den Reihen der Fachjournalisten und Somme-

liers. Obwohl es sich dabei in der Regel um gut durchdachte Angaben handelt, kann es schon mal passieren, dass auf diesem Weg ein strittiger Wein in den »Salon« gelangt, der nicht auf allgemeinen Beifall stößt. Denn hier findet keine Kontrolle mehr durch die »Salon«-Jury statt.

Die restlichen 153 Plätze werden aus 306 Weinkandidaten ermittelt. Diese rekrutieren sich aus den Landesprämierungen, aus den Reihen der Markengemeinschaften sowie aus Bestsellern des Lebensmittelhandels und der Gastronomie (Letztere werden über Gastro-Magazine ermittelt). Nun ist es nicht einfach so, dass die rechnerisch besseren 153 Weine in den »Salon« einziehen. Zunächst gibt es schon einen fixen Schlüssel, wie viele Weine und Sekte über die Landesprämierung aus den verschiedenen Bundesländern stammen dürfen. Die Rebfläche für Niederösterreich, das Burgenland, die Steiermark und Wien ist hier die Basis.

Benachteiligt ist dabei stets die Steiermark, die trotz ihrer beachtlichen Leistungsdichte auf den knapp 3700 Hektar Reben nur 15 Weine und einen Sekt in die Vorauswahl schicken darf, während es beim Riesen Niederösterreich (knapp 33000 Hektar) 136 Weine und fünf Sekte sowie ein Perlwein sein durften.

Weine, die beim »Österreich-Salon« erfolgreich sind, werden bei Präsentationen und Messen oft besonders intensiv nachgefragt – und nachgetestet.

Verkostet wird in 13 verschiedenen Kategorien:
- Grüner Veltliner
- Welschriesling
- Riesling
- Weißburgunder
- Chardonnay
- Sauvignon blanc
- Sortenvielfalt (zum Beispiel Neuburger, Grauburgunder, Muskat Ottonel, Roter Veltliner) und Cuvées
- Prädikatsweine (alles, was unter den Begriff »edelsüß« fällt, vom Eiswein bis zur Trockenbeerenauslese)
- Blaufränkisch
- Zweigelt
- Rote Sortenvielfalt (also Cabernet Sauvignon, St. Laurent und andere) sowie Cuvées und Rosé
- Sekt/Perlwein
- Brände aus Weindestillat

Am Ende werden per Verkostung maximal zwölf Salonsieger ermittelt. Voraussetzung ist dabei, dass es in der jeweiligen Kategorie mindestens fünf Salonplätze gibt. Außerdem wird ein »Kreis der Auserwählten« besonders herausgestellt; das sind jene Güter oder Kellereien, die das größte Renommee besitzen.

DOM-KELLER

Schäumendes Österreich

Noch in den achtziger Jahren war die Sektproduktion in Österreich überschaubar. Einige Kellereien bestimmten den Markt und teilten ihn im Wesentlichen unter sich auf. Zu diesen heute nach wie vor prominenten Erzeugern gehören die Häuser Schlumberger in Wien, Karl Inführ in Klosterneuburg (nach eigener Angabe meistprämierte Sektkellerei Österreichs), die schon 1857 gegründete Sektkellerei Johann Kattus in Wien mit ihrer Marke »Hochriegl« sowie P. M. Mounier, ebenfalls Wien, eine Kellerei, die wie Schlumberger zum großen deutschen Underberg-Konzern gehört und auch im gleichen Haus in der Heiligenstädterstraße residiert.

Die Wein- und Sektkellerei Schlumberger, sicher der bekannteste Name unter den schäumenden Österreichern, ist auch diejenige mit der größten Tradition. In der ersten Hälfte des 19. Jahrhunderts zog es den Bankbeamten Robert Schlumberger von Ulm nach Reims in die Champagne. Dort ließ er sich – wie andere Deutsche, die in jener Zeit in das reizvolle Gebiet im Norden Frankreichs auswanderten (Josef Bollinger, Johann-Joseph Krug, Florenz-Ludwig Heidsieck, Gottlieb Mumm) – in die Geheimnisse der Champagner-Produktion einweihen.

Während die Landsleute von Schlumberger in Frankreich blieben und die Saat für heute noch bekannte Champagnerfirmen legten, heiratete er in eine wohlhabende Winzerfamilie ein und konnte 1842 Österreichs älteste Sektkellerei in Bad Vöslau südlich von Wien (heute zum Gebiet Thermenregion gehörend) gründen.

Zehn Jahre später, 1852, gelang es ihm dann, in der Stadt Wien einige direkt nebeneinander liegende Weinkeller zu erwerben, die miteinander verbunden wurden – hier könnte man theoretisch ein ganz besonderes, riesiges Kellergassenfest feiern.

Schlumberger gilt – vor Kattus – als österreichischer Marktführer mit einem Anteil von rund 20 Prozent (zwischen 4,2 und 4,5 Mio. Flaschen, inklusive Mounier). Eine große Grundweinquelle sprudelt im Weinviertel, wo über 200 Weinbauern im Gebiet um Poysdorf recht gut davon leben, dass ihnen das Unternehmen regelmäßig Welschriesling und Grünen Veltliner abnimmt.

Welschriesling ist die Sorte, die leichtgewichtige, würzige, säurebetonte Grundweine für die meisten österreichischen Sekte liefert. Die Reben stehen bevorzugt in der Gegend von Poysdorf im Weinviertel. Abnehmer sind auch die großen Sektkellereien (linke Seite).

Die besonders guten Sektgrundweine bekommen in Kellereien mit Ambitionen noch etwas zusätzliche Reife im Holzfass. Aber diese Art des Ausbaus wird kaum mehr gepflegt, weil moderne Stahltanks vielfach Einzug gehalten haben.

Andere Winzer in Poysdorf haben Kattus als regelmäßigen Kunden. Das Unternehmen, 1857 vom Schwaben Johann Kattus gegründet und immer noch im Familienbesitz, erreicht fast die gleiche Größenordnung wie Schlumberger. Rechnet man die neueren Produkte Perlwein und Frizzante dazu – eine Antwort auf den in Österreich ebenfalls verbreiteten Prosecco aus Italien –, dann liegt Kattus in der Zahl der Flaschen sogar vor Schlumberger. Etwas zurück bleibt hier der von Hans und Karl Inführ geleitete Familienbetrieb, der es jährlich auf ca. drei Millionen Flaschen bringt.

Auf Absatzwerte wie Schlumberger und Kattus kommt erstaunlicherweise ein Nicht-Österreicher, nämlich die deutsche Kellerei Henkell & Söhnlein (Wiesbaden), die mit ihrem »Henkell trocken« vor allem im Lebensmittelhandel erfolgreich ist, aber das meist mit Preisen von knapp unter 60 Schilling. Henkell & Söhnlein steuert sein Österreich-Geschäft von der Zentrale in Wiesbaden aus und beliefert die Alpenrepublik auch mit anderen Marken wie Deinhard, Söhnlein und Fürst von Metternich, so dass man mit allen zusammen im Regal der eigentliche Marktführer ist (Anteil etwa 40 Prozent).

Der österreichische Markt zeigt sich im Billigsegment aber längst nicht so wie in Deutschland, wo häufig Preise von weniger als vier Mark für die Flasche zu beobachten sind. In Österreich bildet so etwas eher die Ausnahme.

Nach der zweiten Gärung, bei der stiller Wein zum temperamentvollen Sekt wird, ist Flaschenreife angesagt, bevor die Hefe entfernt (degorgiert) wird. Spitzensekte lagern einige Jahre auf der Hefe, wie Champagner.

In Deutschland entfällt der Pro-Kopf-Verbrauch von rund fünf Liter im Jahr zu einem beachtlichen Teil auf die »Billigheimer«. Die Österreicher bringen es auf etwa drei Liter, was im Vergleich durchaus ehrenwert ist, da anspruchsvollere Produkte gefragt sind. Sicher ist nicht alles, was die bekannten Häuser verlässt, ein grandioser Schaumwein. Es fehlt gelegentlich am konstanten Niveau, was bei Schlumberger möglicherweise auf die nach wie vor praktizierte Vergärung in der Flasche mit mindestens 20 Monaten Hefelager zurückzuführen ist. Sie lässt durchaus individuelle Ausreißer zu. Der preiswertere »Goldeck« scheint insgesamt zuverlässiger und dauerhaft feiner zu sein als der erfolgreichere »Sparkling«.

Gern wird vom Marktführer eine hohe Bekömmlichkeit der Sekte hervorgehoben. Durch eine spezielle, schonende Verarbeitung der Grundweine lässt sich ein sehr niedriger Gehalt an Histamin erreichen. Dieses biogene Amin kann im Wein durch eine etwas schlampige Kellerwirtschaft entstehen und vor allem Allergiker gesundheitlich beeinträchtigen. Zwar sind die Werte im Wein nur selten dramatisch. Aber bei deutschem Sekt und Champagner wurden immerhin schon bis zu 16 Milligramm pro Liter registriert, was nicht ganz unbedenklich ist und sich in Kombination mit Speisen, die mehr Histamin enthalten (vor allem Käse), unangenehm bemerkbar machen kann. Der »Schuldige« ist aber dann eigentlich der

Drei Steirer, die für feinen Sekt bekannt sind. Von oben nach unten: Gerhard Wohlmuth kann einen würzigen Chardonnay vorweisen. Schilcher-Winzer Franz Strohmeier ist bekannt für seinen herrlich süffigen Hellroten. Und Walter Skoffs Muskateller bekommt bei Verkostungen immer wieder Höchstnoten wegen des pikanten Aromas.

Käse, der deutlich mehr Histamin enthält als Wein oder Sekt (hohe Werte haben vor allem Roquefort und Cheddar).

Doch kommen wir zurück zu einem angenehmeren Teil des Genießens. Dass sich in Österreich in den letzten Jahren eine gewisse Sektkultur entwickelt hat, liegt auch an der zunehmenden Bedeutung der Sekte vom Winzer, die hauptsächlich nach der Champagnermethode erzeugt werden. Nur darf er sich nicht »Winzersekt« nennen, weil dieser Begriff für Deutschland geschützt ist. Ergo müssen die Österreicher den alten Begriff »Hauer« für Weinbauer nutzen und »Hauersekt« oder »Weinhauersekt« auf dem Etikett vermerken. Vor gut zehn Jahren war es wirtschaftlich noch uninteressant, solchen Sekt im Weinbaubetrieb zu erzeugen. Aber seit Senkung der Sektsteuer und seitdem bürokratische Hürden niedriger wurden, ist es zunehmend attraktiv geworden, schäumenden Wein ins Sortiment aufzunehmen.

Manche Winzer steigen mit einer entsprechenden Gewerbeberechtigung selbst in die Sektverarbeitung ein. Viele vertrauen den Brüdern Norbert (Jahrgang 1968) und Peter Szigeti (Jahrgang 1965) aus Gols, die 1990 ihre Kellerei in Betrieb nahmen und seitdem – neben ausgezeichneten Eigenprodukten – im großen Stil für Weinerzeuger in ganz Österreich die Versektung besorgen. Inzwischen hat man rund 150 Kunden in der Kartei, die sich wie ein »Gotha des österreichischen Weines« liest. Loimer, Nigl, Skoff, Topf, Leberl, Jöbstl, Stift

Göttweig, das Weinviertler Weingut des Fürstenhauses Liechtenstein, sie alle gehören zu denen, die dem Know-how der Szigetis vertrauen. Als das österreichische Magazin »Vinaria« Ende November rund 80 Sekte aus Österreich testete, hatten 60 davon Zwischenstation in Gols gemacht. Ähnlich war das Verhältnis bei einer Verkostung der internationalen Zeitschrift »Vinum«. Der hier zum Spitzenreiter gekürte Muskateller von Walter Skoff aus der Steiermark bekam den letzten Schliff im Keller der innovativen Brüder.

Was den Namen »Szigeti« trägt oder in der Golser Kellerei durch die zweite Gärung temperamentvoll wird, erhielt Nährstoff aus der Champagne. Die Grundweine werden nach Frankreich geschickt und dort verkostet sowie analysiert. Anschließend senden die Experten in genau berechneter Dosierung die Champagnerhefe nach Gols, damit die Flaschengärung beginnen kann.

Mit ihrem Jahresausstoß von rund 400 000 Flaschen (davon etwa 50 Prozent Eigenproduktion mit steigender Tendenz) sind die Brüder Szigeti keine Konkurrenz für die Großen, auch weil sie nicht vorhaben, deutlich zuzulegen. Bei 500 000 Flaschen wäre das Ende der Fahnenstange erreicht.

Was heute als Winzer-, Pardon »Hauersekt« erfolgreich ist, gab es bereits vor mehr als sechs Jahrzehnten, und zwar in Langenlois, der Gemeinde, die sich mit dem Heimatort der Szigetis einen dauerhaften Konkurrenzkampf liefert, bei dem es um die Frage geht, wer mehr

Sie marschieren gemeinsam und doch getrennt – auch bei Sekt. Michael Moosbrugger (links) leitet das Weingut Schloss Gobelsburg mit Unterstützung von Partner Willi Bründlmayer. Beide erzeugen sie zudem noch eigenständig jeweils Sekt und gehören auch damit zur österreichischen Spitze.

Rebfläche vorweisen kann. So richtig ernst nimmt in Österreich zwar die Beantwortung dieser Frage niemand – zumal man sich darauf geeinigt hat, Langenlois als Stadt mit den meisten Hektar und Gols als die Gemeinde mit der größten Zahl der Reben zu titulieren.

Trotzdem ist interessant, dass es auf dem Feld des Sektes ebenfalls eine Art Konkurrenz gibt – wobei einige Langenloiser Erzeuger auf Golser Wertarbeit vertrauen (im Fall Fred Loimer mit ausgezeichnetem Ergebnis), während andere die Verarbeitung erfolgreich selbst in die Hand nehmen.

An der Spitze steht hier eine der ersten Adressen Österreichs, nämlich Willi Bründlmayer in der Zwettlerstraße. 1992 machte er erstmals mit seinem »Bründlmayer Brut« vom Jahrgang 1989 Furore, der drei Jahre auf den feinen Hefen lagerte. Seitdem ist die Cuvée von Blauburgunder (weißgekeltert), Weißburgunder und Chardonnay für viele der Inbegriff österreichischen Spitzensekts. Stilistisch erinnert er etwas an

Im Keller der Brüder Jurtschitsch aus Langenlois schlummert ein Sekt aus dem Jahr 1936. Der Restposten steht natürlich nicht mehr zum Verkauf. Aber wer die Chance bekommt, davon zu trinken, verspürt Ehrfurcht.

die Champagne. Die Qualität kann von Jahrgang zu Jahrgang leicht schwanken, aber das Niveau ist immer mindestens sehr gut.

Konkurrenz kommt aus der unmittelbaren Nachbarschaft. Winzer Karl Steininger begann in seinem Gutshof in der Walterstraße, nur ein paar Schritte neben der Vinothek »Ursinhaus« im Herzen von Langenlois, ebenfalls 1989 mit der traditionellen Flaschengärung. In den ersten Jahren war die Qualität gelegentlich noch etwas schwankend. Doch die letzten Jahrgänge waren vor allem bei Riesling und Sauvignon blanc mehr als überzeugend.

Das nahe Gobelsburg mit seinem traditionsreichen Schloss kann man getrost zu Langenlois hinzurechnen. Das Schlossgut ist damit gewissermaßen die »dritte Kraft« in der eigenständigen Langenloiser Sektszene. Gut zwei Jahre nach der Pacht durch Willi Bründlmayer und Michael Moosbrugger wurde Ende 1998 der erste Sekt des Hauses vorgestellt. Er unterscheidet sich vom Bründlmayer-Gewächs schon durch die Sorten (hauptsächlich Grüner Veltliner, etwas Pinot Noir und Riesling). Und beim Ausbau pflegt der Gobelsburg-Hausherr Moosbrugger eigenständige Varianten wie den biologischen Säureabbau bei den Grundweinen, die – wie in der Champagne – nur der ersten Pressung entstammen.

Den vielleicht verrücktesten Sekt Österreichs kann man in Langenlois nicht kaufen, aber zumindest verkosten – wenn die Brüder Edwin, Paul und Karl Jurtschitsch, die Eigentümer des Sonnhofs, in fröhlicher Geberlaune sind. Der Großvater ließ einst den Jahrgang 1936 versekten. Gut zwei Jahre lag der Riesling auf der Hefe und bekam dann noch eine üppige Dosage, nämlich einen edelsüßen 1911er. Bald darauf zogen die Männer des Hauses in den Krieg. Vorher wurden nach dem Motto »Man kann ja nie wissen, was passiert« einige hundert der insgesamt 12000 Flaschen eingemauert.

Bei Kriegsende wurde das Lager geplündert und/oder leergetrunken. Lediglich die versteckten Flaschen blieben erhalten. Nur hatte man zunächst Wichtigeres zu tun, als sie wieder zu Tage zu fördern. Dadurch gerieten sie in Vergessenheit. Erst vor einigen Jahren wurden sie wiederentdeckt. Es ließ sich in den Annalen noch feststellen, was in den dick von Kellerschimmel befallenen Flaschen war. Aber keiner glaubte mehr so recht daran, dass der Inhalt noch genießbar sein würde. Doch der

Die Qualität des Grundweines ist für die Sektproduktion von elementarer Bedeutung. Die Weine sollten möglichst wenig Gerbstoff haben, säurebetont sein und leichter im Alkohol. Denn bei der zweiten Gärung legen sie im Alkoholgehalt ohnehin noch etwas zu.

hohe Zuckergehalt hatte gut konserviert. Und die unwahrscheinlich massiven Korken, die wie Mahagonistifte anmuten, trugen dazu bei, dass sich sogar etwas Kohlensäure erhalten hatte. Natürlich ist jetzt jede Entkorkung ein spannender, faszinierender Akt, der regelrecht zelebriert wird. Und wenn es dann, was meist der Fall ist, im Glas zart perlt und man gleich darauf üppige, lebhafte Frucht auf der Zunge spürt, dann kommt so etwas wie Andacht oder Erfurcht auf.

»Langenlois könnte die Champagne Österreichs sein.« Diese Aussage stammt von Winzer Fred Loimer. Sie wird durch dieses über 60-jährige Sekt-Relikt, das auch in der Champagne eine absolute Rarität wäre, nur unterstrichen.

Dass österreichischer Sekt gut vorankommt und immer besser wird, liegt im ganzen Land an den gut geeigneten Sorten für die Produktion. Der würzige Grüne Veltliner ist bestens tauglich, ebenso alles aus der Familie der Burgunder und natürlich der Riesling. Vom Welschriesling sind die großen Sektkellereien ebenso überzeugt wie mancher Hauer. Aroma-Fetischisten haben an einen Muskateller, Muskat Ottonel oder dem Sauvignon blanc ihre helle Freude. Und wer an einem heißen Sommertag kurz davor steht schlappzumachen, muss nur ein Gläschen mit hellrotem Schilchersekt aus der Steiermark trinken. In kurzer Zeit kehren die Lebensgeister zurück, und man ist wieder bereit zum Bäume-ausreißen.

Weinbau in gemäßigten Klimazonen

Früher standen Reben noch über Linz hinaus an der Donau. Heute ist der österreichische Weinbau konzentriert auf Regionen im Osten, die vor allem von warmen pannonischen Einflüssen profitieren. Das nahe Wasser spielt meist ebenfalls eine bedeutende Rolle. Einige der Gebiete in Niederösterreich liegen in unmittelbarer Donaunähe. Und die Regionen im Burgenland profitieren teilweise von den Einflüssen des warmen Neusiedlersees.

Die Weinlagen (Rieden) befinden sich meist in in etwa 200 Meter Seehöhe. In Niederösterreich gedeihen Reben auch noch auf 400 Meter. Am höchsten hinauf geht es in der Steiermark. Orte wie Kitzeck und St. Andrä befinden sich auf rund 550 Meter Höhe. Insgesamt liegen alle Gebiete innerhalb gemäßigter Klimazonen ohne extreme Schwankungen, etwa auf dem 47. bis 48. Breitengrad. Das ist vergleichbar mit der Bourgogne. Baden südlich von Wien befindet sich exakt auf dem 48. Breitengrad.

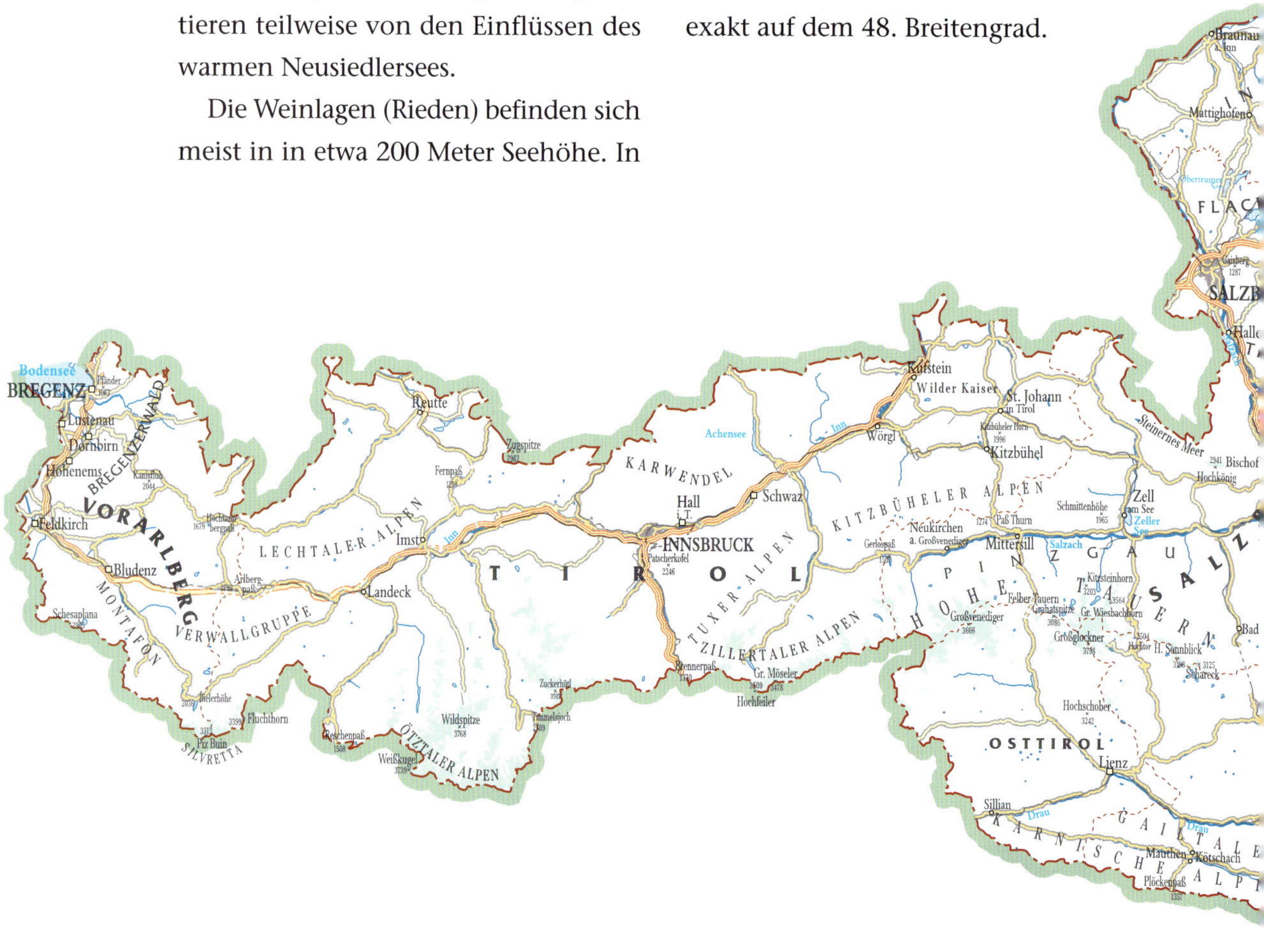

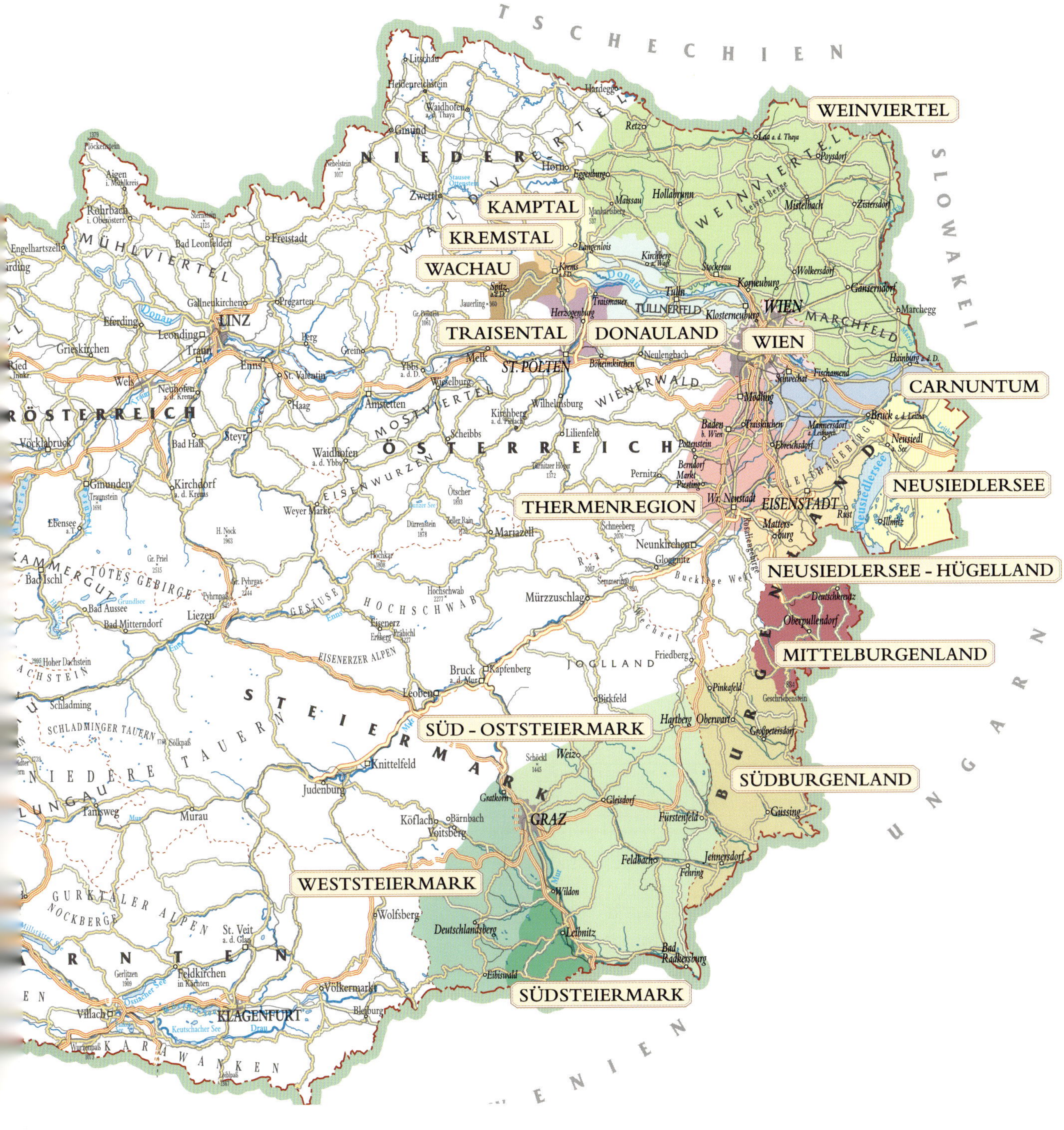
TSCHECHIEN
SLOWAKEI
UNGARN
WEINVIERTEL
KAMPTAL
KREMSTAL
WACHAU
TRAISENTAL
DONAULAND
WIEN
CARNUNTUM
NEUSIEDLERSEE
THERMENREGION
NEUSIEDLERSEE - HÜGELLAND
MITTELBURGENLAND
SÜD - OSTSTEIERMARK
SÜDBURGENLAND
WESTSTEIERMARK
SÜDSTEIERMARK
NIEDERÖSTERREICH
STEIERMARK
BURGENLAND
LINZ
ST. PÖLTEN
GRAZ
KLAGENFURT
EISENSTADT

SALON
CABERNET SAUVIGNON
HANS IGLER
ET
1995
ERNST TRIEBAUMER
AUSBRUCH
FEDERSPIEL 1996
RIED KLAUS
BLAUFRÄNKISCH
ERNTE 1993
RESERVE
WENINGER
ÖSTERREICH
1995
ZWISCHEN DEN SEEN
KRACHER
Polz
HOCHGRASSNITZBERG
MORILLON
1997
SÜDSTEIERMARK ÖSTERREICH
JURIS
St. Laurent 1993
ALZINGER
PRIELER
CHARDONNAY
1996
SAUVIGNON BLANC
PAUL ACHS
1995
PINOT NOIR
FREIE WEINGÄRTNER WACHAU
JOSEF LEBERL
1995
BLAUFRÄNKISCH
Velthinsky
IBY
1995
BMC
MITTELBURGENLAND
Igler
BLAUFRÄNKISCH
1996
MORILLON
1995
MALAT
1995
BLAUFRÄNKISCH
Eiswein 1993
SCHLOSS GOBELSBURG
SEPP MOSER
1996
RIESLING GEBLING
Smaragd 1996
Kollwentz
Sauvignon blanc
Steinmühle
1996
Zweigelt
1997
FISCHER
1996
SMARAGD
WEINGUT KNOLL
ARACHON
1996
WEINRIEDER
Lackner-Tinnacher
1996
Sauvignon blanc
Südsteiermark
Sauvignon Blanc

Die Top-Erzeuger in Österreich

Vorweg: Wenn auf den folgenden Seiten rund 150 österreichische Güter empfohlen werden, dann wird dabei kein Anspruch auf Vollständigkeit erhoben. Denn die Entwicklung ist im Fluss. Es gibt immer wieder neue Entdeckungen zu machen. Und auch alteingesessene Betriebe, die früher kaum auffielen, beginnen plötzlich durchzustarten (während andere plötzlich Schwächen zeigen können). Die meisten der vorgestellten Erzeuger sind schon über einen längeren Zeitraum im kritischen Visier.

Die Symbole sind so zu verstehen:

*

Guter Betrieb mit korrekten Weinen

* *

Sehr guter Betrieb, gleichmäßig gute Kollektion, aber weniger absolute Spitzenweine

* * *

Ausgezeichneter Betrieb, gehört bereits zu den besten in Österreich

* * * *

Absoluter Top-Betrieb, Spitze in Österreich, gehört auch nach internationalen Maßstäben zur Elite

+

Das Plus-Zeichen kennzeichnet einen Trend; die nächste Kategorie kann bald erreicht werden

NIEDERÖSTERREICH

Carnuntum

WEINGUT MARKOWITSCH

Pfarrgasse 6–8
2464 Göttlesbrunn
Telefon/Fax 02162-8222

Große Rotweinverkostung in Österreich: Im Vergleich mit Nobelgewächsen aus Bordeaux, Australien und Chile, alle um einiges teurer, behauptete sich eine 1997er Cuvée aus der Region Carnuntum prächtig und bekam sogar Noten-Applaus von der Bordeaux-Fraktion. Hinterher strahlte Erzeuger Gerhard Markowitsch (30), der als Klosterneuburg-Absolvent seit sechs Jahren im Betrieb von Vater Johann (56) tätig und seit drei Jahren für den Keller verantwortlich ist. Der junge Mann nennt sich selbst »Qualitätsfanatiker«, strebt Perfektion an und ist auf diesem Weg schon ein gutes Stück vorangekommen. Die 97er Cuvée war im 17-Hektar-Betrieb keine Eintagsfliege, sondern nur einer von zahlreichen Belegen für Ambition und Können. Der Junior stellt dies sowohl bei den Weißweinen (Sauvignon Blanc, Grüner Veltliner und Chardonnay aus dem Barrique) wie bei den Roten (prächtiger Pinot Noir und Cuvée »Rosenberg«) unter Beweis.

Bewertung: * * *

FRANZ NETZL

Rosenbergstraße 17
2464 Göttlesbrunn
Telefon 02162-8236, Fax 8236-4

1981 begann der Absolvent der Weinbauschule Klosterneuburg dem Vater Johann zu helfen. Als 30-Jähriger wurde Franz Netzl dann im Jahr 1991 die Verantwortung übergeben. Der Junior entwickelte sich, sehr zum Wohlgefallen des Seniors, zum qualitätsbewussten Winzer, der sich mehr und mehr auf Rotwein zu konzentrieren begann. Der Flächenanteil der roten Sorten ist mittlerweile auf 60% der neun Hektar gestiegen. Auf den früheren Getreideanbau hat Netzl völlig verzichtet. »Die volle Konzentration muss dem Wein gehören«, hat er erkannt.

Man spürt es an seiner »Selektion« (Zweigelt und Cabernet Sauvignon) ebenso wie am Cabernet Sauvignon solo. Aber Franz Netzl vernachlässigt die Weißweine nicht. Sein Welschriesling ist herrlich süffig. Der klassisch ohne Barriques ausgebaute Chardonnay bietet Würze und Frucht. Der Pinot Blanc »Exclusiv« ist ein »Maul voll Wein« mit Finesse. Außerdem gelingt ihm – nicht normal für das Gebiet – ein pfeffriger, typischer Grüner Veltliner. Und sein Hauersekt »Anna-Christina« vom Welschriesling, benannt nach der mitarbeitenden Gattin, gehört zu den feinsten in Österreich.

Bewertung: * *

WEINBAU PITNAUER

Weinbergstraße 4–6
2464 Göttlesbrunn
Telefon/Fax 02162-8249

Ursprünglich wollte Johann Pitnauer (Jahrgang 1957) Bäcker werden. Aber als

der ältere Bruder verunglückte, musste er der Familie zuliebe das Berufsziel wechseln. Nach dem Besuch von Kursen auf der Weinbauschule Krems und der Erlangung des Meisterbriefs begann er sukzessive den Vorteil guter Lagen auf den Südhängen von Göttlesbrunn zu nutzen. Er ließ das frühere Geschäft mit Einfachweinen hinter sich und machte bald vor allem mit seinen kraftvollen Rotweinen auf sich aufmerksam.

Sie tragen eigenwillige Namen. Ein Zweigelt heißt »Bienenfresser« (nach einem farbenprächtigen Vogel in der Gegend), die Cuvée Cabernet Sauvignon/Zweigelt »Franz Josef« ist Vater Franz und Großvater Josef gewidmet. Seit einigen Jahren gibt es auch, wenn es die Natur zulässt, den grandiosen »Pegasos« (das geflügelte Pferd aus der griechischen Mythologie). Mit ihm beweist Pitnauer, dass Syrah (ergänzt durch etwas Cabernet und Zweigelt) eine passende Sorte für Österreich sein kann.

Bei den weißen Sorten überzeugt vor allem der Weißburgunder, der es in manchen Jahren mit erstklassigen Weinen aus der Bourgogne aufnehmen kann. Vom St. Laurent wird Weinbrand erzeugt. Und aus den Traubenresten vom »Bienenfresser« gewinnt Pitnauer noch einen würzigen Trester.

***Bewertung:* * * ***

Donauland

CHORHERRENSTIFT KLOSTERNEUBURG

Rathausplatz 24
3400 Klosterneuburg
Telefon 02243-411528 und 411522,
Fax 411550

Das schon 1114 gegründete Stiftsweingut, das als eine »Wiege des Weinlandes Österreich« gilt, hat einige schwierige Jahre hinter sich. Es ist eben nicht immer ganz einfach, einen Großbetrieb (hier: 103 Hektar) in Schwung zu halten. Eigentümer sind die Chorherren Klosterneuburg. Der Besitz des Gutes ist weit verstreut. Es gibt Flächen auf Wiener Fluren, im Donauland sowie in der Thermenregion in Tattendorf und Gumpoldskirchen. Die Qualität entsprach ein Weilchen dem eher behäbigen Treiben hinter Klostermauern. Die Weine waren zwar korrekt, aber Ausstrahlung und Tiefgang fehlten. Vor einigen Jahren sorgte dann ein neuer Verantwortlicher im Keller für neuen Schwung. »Das Potenzial des Stifts hat mich schon immer fasziniert«, erinnert sich Josef Toifl. Da hätte es schon mit dem Teufel zugehen müssen, wenn nichts zu bewegen gewesen wäre. Toifl bekam Unterstützung von der Geschäftsführung, konnte einige Neuerungen durchsetzen und legte erstmals mit dem Jahrgang 1999 eine Kollektion ohne »Langweiler«, aber mit einigen hervorragenden Gewächsen vor, wie es sie lange nicht mehr aus diesem Keller gegeben hatte. Den Unterbau bildet die Serie »Classic«. Unter »Domäne« werden die besonderen Selektionen vermarktet. Grandios waren zuvor schon die Rotweine des schwierigen Jahrgangs 1998 vom St. Laurent sowie eine Cuvée aus Cabernet, Merlot, St. Laurent und Pinot Noir, mit denen das Stift die österreichische Spitze anpeilt.

***Bewertung:* * * +**

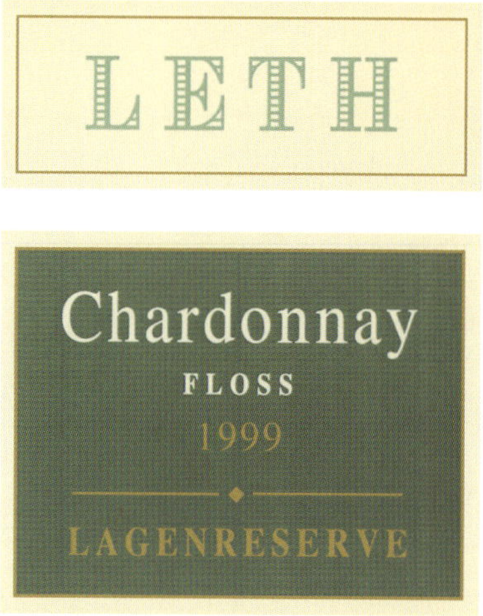

WEINBERGHOF FRITSCH

Oberstockstall 24
3470 Kirchberg am Wagram
Telefon 02279-50370, Fax 2820

Vermutlich wäre die Weinregion Wagram im Donauland noch heute selbst in Österreich weitgehend unbekannt, wenn da nicht Anfang der neunziger Jahre Karl Fritsch sen. (Jahrgang 1940) mit der Gründung der Vereinigung »Wagramer Selektion« entsprechende Impulse gegeben hätte. Nach schwierigen Anfängen griff das Konzept zur Qualitätsförderung – auch deshalb, weil Fritsch und sein Sohn Karl II. (Jahrgang 1968), der sich ebenfalls im Verein engagiert, stets mit entsprechendem Beispiel vorangingen.
Die beiden Dickschädel betreiben im eigenen Gut eine vernünftige Arbeitsteilung. Der Vater ist für die Weinberge verantwortlich, der Sohn für die Kellerwirtschaft. Jedes Jahr werden hohe Qualitäten angestrebt (deklariert als »Perfektion«), aber auch die leichtere Kategorie nicht vernachlässigt (zum Beispiel mit dem Grünen Veltliner »Windspiel«). Weißburgunder, Chardonnay, Rheinriesling sowie der Frührote Veltliner haben Format. Auch die Rotweine sind in den meisten Jahren überdurchschnittlich und manchmal, wic dcr 1997cr Burgunder, sogar groß.

***Bewertung:* * * +**

FRANZ LETH

Kirchengasse 6
3481 Fels am Wagram
Telefon 02738-2240, Fax 2240-17

Die Rebfläche des Familienweinguts, das seit einigen Jahren vom jungen Franz Leth (unter Mithilfe von Vater Franz im Weinberg) verantwortlich geführt wird, wurde zuletzt auf stattliche 30 Hektar aufgestockt. Auch mit der Qualität ging es nach oben. Der Grüne Veltliner ist mit rund 50% Flächenanteil die Hauptsorte. Leth schätzt besonders die gehaltvolleren Varianten. Eine Spezialität des Hauses ist der saftige Rote Veltliner, der schon als Jungwein ein Genuss ist. Auch mit würzigem Rheinriesling weiß das Gut aufzutrumpfen – und mit den aromatischen Sorten Sauvignon Blanc, Traminer und Muskateller. Der Chardonnay erreicht in guten Jahren die Dimension eines feinen weißen Burgunders. Darüber hinaus versteht sich Franz Leth zunehmend auf die Erzeugung gehaltvoller, eleganter Rotweine. Sein Zweigelt »Gigama« 1997 wurde 1999 bei einem umfangreichen Test des Weinmagazins »Vinum« mit vier von fünf möglichen Sternen ausgezeichnet.

***Bewertung:* * * +**

BERNHARD OTT

Neufang 36
3483 Feuersbrunn
Telefon 02738-2257, Fax 2257-22

Bernhard Ott (Jahrgang 1972) gehört zu den hoffnungsvollen Newcomern im Gebiet. Der junge, bärtige Mann mit der Nickelbrille, der eher an einen Junglehrer als an einen Winzer erinnert, hat viel Ehrgeiz, der immer besser in seinen Weinen zum Ausdruck kommt.
Nach Besuch der Weinbauschule Krems und einem Kurs in Sachen Weinmanage-

ment sowie einem Praktikum beim besten Württemberger Erzeuger Ernst Dautel in Bönnigheim stieg er 1995 in den solide geführten Zwölf-Hektar-Betrieb der Eltern ein. Die ersten Resultate waren nicht immer ganz stimmig. Da stand Bernhard noch nicht »mit der Natur auf Du und Du« (sein eigener Slogan) wie beim Jahrgang 1999, der ihm durchgängig gelang. Den Schwerpunkt legt er auf die traditionelle Sorte des Gebietes, den Grünen Veltliner (75% Flächenanteil). Besonders eindrucksvoll sind ein eleganter »Der Ott« und die kraftvoll-würzige »Rosenberg Reserve«. Auch die Ergänzungen Riesling und Sauvignon Blanc sind überdurchschnittlich.

***Bewertung:* * ***

WEINGUT REINBERGER

Kremserstraße 8
3484 Grafenwörth
Telefon/Fax 02738-2795

Er weiß selbst noch nicht so recht, wie gut er eigentlich ist. Alfred Reinberger (Jahrgang 1969) bleibt in Gesprächen still, zurückhaltend. Doch er hat ein zähes Naturell. Zu Hause hat er nach Absolvierung der Weinbauschule Klosterneuburg und einem Praktikum in der Bourgogne schließlich doch seinen Kopf gegenüber Vater Alfred durchgesetzt. Der wollte den Junior zunächst nach dessen Eintritt in den Betrieb ab 1991 nicht so recht gewähren lassen, so dass sich Alfred II. eine »Auszeit« nahm und erst 1996 wieder einstieg, diesmal aber voll verantwortlich.
Seitdem startete er auf seinen sieben Hektar gewaltig durch und glänzte bei den jährlichen Wettbewerben des Vereins »Wagramer Selektion« mit immer besseren Kollektionen.
Gleichmäßig gut fallen Grüner Veltliner (in verschiedenen »Gewichtsklassen«), Rheinriesling, die Spezialität Roter Veltliner (auch im edelsüßen Bereich) und Chardonnay aus.
Bei der Frühjahrsverkostung 2000 brachte Reinberger alle sieben Weine mit sehr guten Durchschnittsnoten durch – eine beeindruckende Gesamtleistung.

Bewertung: * * +

KARL SCHUSTER

Hauptstraße 61
3471 Großriedenthal
Telefon/Fax 02279-7203

Karl Schuster ist ein Naturfreund. Vor Ort setzte er als Gründungsmitglied und Qualitätsvorbild der »Vereinigung naturnahen Weinbaus« (VENA) besondere Akzente. Bei der Ausbildung zum Weinbau- und Kellermeister war er einst Jahrgangsbester. Das merkt man noch heute. Auf sieben Hektar erzeugt er überwiegend Weißweine (allerdings ist auch sein Blauburgunder stets recht ansehnlich).
Vom Grünen Veltliner gibt es mehrere Varianten bis hin zur gehaltvollen, herben Spätlese. In geeigneten Jahren wird außerdem ein rassiger Eiswein angestrebt. Weitere Stärken sind der würzige Rote Veltliner, der aromatische Sauvignon Blanc sowie der Chardonnay, den Schuster senior bereits 1981 pflanzte. Der Wein hat meist das notwendige Gerüst für den Barrique-Ausbau. Brände von Obst, Hefe und Trester ergänzen das Sortiment.

Bewertung: * *

TONI SÖLLNER (LITANA)

Berggasse 1
3482 Gösing/Wagram
Telefon/Fax 02738-3201

1995 hatte er seinen ersten großen Auftritt bei der Vereinigung »Wagramer Selektion«. Der seinerzeit gerade 22-jährige Toni Söllner trumpfte gleich mit einer Reihe brillanter Weine auf, unter anderem mit einer beeindruckenden Serie vom Roten Veltliner. In den Jahren darauf wurde es ruhiger um das Talent, das schon mit 16 Jahren (!) erstmals selbständig Wein im kleinen Familienbetrieb ausbaute. Toni heiratete Daniela Vigne, begann sich auf die Zukunft als Winzer vorzubereiten und sattelte um auf ökologischen Weinbau. Das Familiengut ist mittlerweile geteilt. Bruder Reinhard wird seine Hälfte (vier Hektar) übernehmen. In einigen Jahren wollen Toni und Daniela einen eigenen Keller bauen. Vorläufig betreut er noch die Weine und Weingärten aus dem künftigen Betrieb des Bruders mit. So richtig zurückgemeldet hat er sich mit dem Jahrgang 1998, als ihm in seinem Bereich »Litana« prachtvolle Rote Veltliner, Grüne Veltliner und Rheinriesling gelangen.

***Bewertung:* * ***

WEINGUT WIMMER-CZERNY

Obere Marktstraße 37
3481 Fels am Wagram
Telefon/Fax 02738-2248

Hans Czerny (Jahrgang 1965) übernahm den Betrieb 1993 vom Vater, der nach wie vor mitarbeitet. Der Junior änderte einiges im Weinberg (Umstellung auf Umweltschonung, andere Erziehung der Reben) und verzichtete grundsätzlich auf die Anreicherung des Mostes. Die Trauben reifen gut aus, die Erträge auf den elf Hektar sind durch viel Ausdünnen niedrig (unter 40 hl/ha). Das sorgt für gehaltvolle, lagerfähige Weine von Grünem Veltliner (mit 50% Flächenanteil die Hauptsorte), Rheinriesling, Weißburgunder, Roter Veltliner, Sauvignon Blanc (für Czerny der »Star unter unseren Nebensorten«).

Besser als die meisten Kollegen in der Region hat der junge Czerny die Rotweinsorte Zweigelt im Griff. Die Reben sind 25 bis 30 Jahre alt und liefern die Substanz, die einen in Barrique ausgebauten Zweigelt auch nach acht bis zehn Jahren noch nicht durchhängen lässt und ihm Eleganz und Tiefgang bewahrt. Bei Wettbewerben im In- und Ausland schnitt das Weingut schon mehrfach hervorragend ab. Der Betrieb gehört auch zu den besten in der Vereinigung »Wagramer Selektion«.

***Bewertung:* * * +**

Kamptal

FAMILIE BRANDL

Heiligensteinerstraße 13
3561 Zöbing
Telefon 02734-26350, Fax 26354

Den Probierraum konnte schon Vater Johann (Jahrgang 1949) mit zahlreichen Urkunden für Landessieger tapezieren.

Seitdem sein Sohn Günther (Jahrgang 1970) die Verantwortung – aber nicht die komplette Arbeit – übernahm, sind noch eine Reihe von Erfolgen bei diversen Verkostungen hinzugekommen, inklusive einer mehrfachen Präsenz im »Salon Österreichischer Wein«.
Was die Brandls besonders auszeichnet, sind allerdings nicht unbedingt diese Bewertungen, sondern eine gleichmäßig gute Gesamtkollektion mit feinem bis mächtigem Riesling und charaktervollem Grünen Veltliner an der Spitze. Hier machen auch der einfache Veltliner und sogar der Welschriesling Spaß. In der gehobenen Kategorie werden die Möglichkeiten genutzt, die das Terroir einer Spitzenlage wie Heiligenstein bietet. Aber in manchen Jahren übertrifft der Riesling aus dem Kogelberg noch den Heiligensteiner. Mittlerweile weiß Brandl jun. außerdem mit einem gehaltvollen Zweigelt (»Gallicus«) zu überzeugen. Durch einen Kelleranbau mit besserer Traubenannahme und neuem Presshaus ist eine weitere Steigerung zu erwarten.
***Bewertung:* * * +**

WILHELM BRÜNDLMAYER

Zwettlerstraße 23
3550 Langenlois
Telefon 02734-21720, Fax 3748

Der Name Bründlmayer hat in Österreich und auch international schon seit vielen Jahren einen guten Klang. Bereits Vater Wilhelm Bründlmayer war qualitätsorientiert und kultivierte beispielsweise eine eigene Veltliner-Variante mit besonders gehaltvollen Beeren. Sohn Wilhelm (Jahrgang 1952) ließ die Saat erst richtig aufgehen, pflegte weiter die vom Senior übernommene Lyra-Erziehung (es gibt sogar Weine, die den direkten Vergleich zwischen Lyra- und konventioneller Hocherziehung erlauben) und hatte ein besonderes Augenmerk auf die Natur in den 60 Hektar Weingärten.
Dass Willi Bründlmayer einst an der »Riesling-Uni« in Geisenheim im Rheingau studierte, macht sich bei seinem üppigen, rassigen, mineralischen Riesling bemerkbar. Der aber wird in manchen Jahrgängen vom gehaltvollen Grünen Veltliner an Haltbarkeit noch übertroffen. Darüber hinaus beherrscht Bründlmayer den Umgang mit Chardonnay im Barrique, erzeugt Rotweine mit viel Charme (Pinot Noir!) und versteht sich seit einigen Jahren auch auf die Produktion von konzentrierten, vielschichtigen edelsüßen Weinen, die zu den besten des Landes zählen. Der Sekt gehört ebenfalls zu den begehrtesten »Schäumern« in Österreich.
***Bewertung:* * * * ***

PETER DOLLE

Herrengasse 2
3491 Strass im Strassertal
Telefon 02735-2326, Fax 2857

Der erste Dolle war branchenfremd, kam aus Krefeld und heiratete in eine »Frauen-Wirtschaft« ein, mauserte sich aber zum achtbaren Winzer. Sohn Peter (Jahrgang 1948) übernahm das Weingut 1983, änderte die Stilrichtung mehr zum herben Wein und begann sich zudem noch mit roten Sorten zu beschäftigen. Der Qualitätsstandard wurde angehoben. Seit einigen Jahren ist auch Peter III. (geboren 1968) nach

Studienaufenthalten im Rheingau, in Südafrika und Australien mit im Geschirr. Zum 21-Hektar-Gut gehören eine stilvolle Weinstube sowie eine Vinothek, in der nicht nur verkäufliche Altweine aus den sechziger Jahren liegen, sondern sich Kunden außerdem eine eigene Abteilung für ihr privates Lager mieten können. Für diesen Bereich ist Liletta-Maria (»Mizzi«), die Frau von Peter II., zuständig. Das Niveau ist gut. Grüner Veltliner, Rheinriesling und Chardonnay überzeugen am meisten. Bei den Rotweinen verdient besonders die Cuvée »Année« (Cabernet Sauvignon, Blauburgunder und Zweigelt) Beachtung. Die vorhandenen Möglichkeiten werden allerdings nicht ganz ausgereizt.

Bewertung: * *

LUDWIG EHN

Bahnstraße 3
3550 Langenlois
Telefon 02734-2236, Fax 22364

Die Familie betreibt seit 1859 Weinbau. Inzwischen steht die fünfte Generation mit Ludwig Ehn (verantwortlich für den Keller) und seiner Schwester Michaela am Ruder. Das Zwölf-Hektar-Gut hat Besitz in einigen Toplagen, deren Möglichkeiten früher nicht so recht ausgeschöpft wurden. Doch Ludwig Ehn hat sich von Jahr zu Jahr gesteigert.

Mit den Rotweinen steht er noch am Anfang. Die Weißweine sind spätestens seit 1997 sehr überzeugend und gehören zu den besten in den Reihen der Traditionsweingüter, dem Eliteclub des Kamp- und des Kremstals. Sehr gut sind Riesling und Grüner Veltliner in verschiedenen »Gewichtsklassen«. In geeigneten Jahrgängen heißt die Veltliner-Spitze »Titan«. Aber fast noch delikater sind der Sauvignon Blanc (feiner Stachelbeerduft, viel Schmelz) sowie der elegante Pinot Blanc. Der »gemischte Satz« aus der Riede Alter Panzaun ist dem Geheimtipp-Status entwachsen. Der Weißwein besteht aus neun verschiedenen Sorten, deren Reben vor mehr als 50 Jahren gepflanzt wurden. 1999 wurde der erste Muskateller eingefahren; er war gleich einer der besten Österreichs.

Bewertung: * * * +

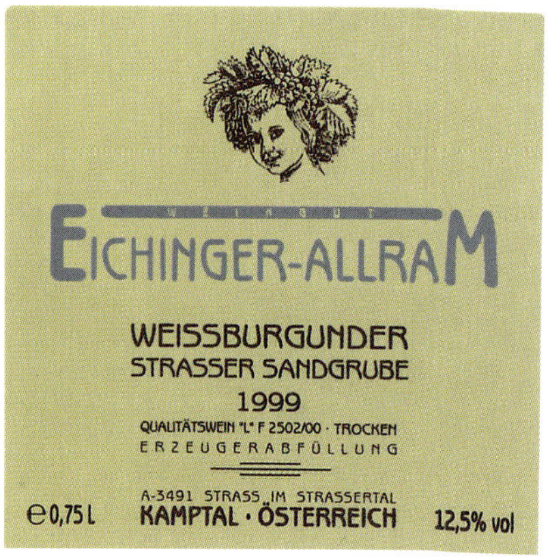

BIRGIT EICHINGER-ALLRAM

Langenloiser Straße 365
3491 Strass im Strassertal
Telefon 02734-5648, Fax 56488

Sie ist eine der wenigen selbständigen Winzerinnen Österreichs und machte innerhalb weniger Jahre Karriere. Birgit Allram (Jahrgang 1969) sollte eigentlich den elterlichen Betrieb übernehmen, heiratete dann aber einen Mann, der kein Winzer war, so dass Schwester Michaela den Vorzug bekam (die mit ihrem Mann Erich Haas durchaus achtbare Weine erzeugt).

Birgit, ein lustiger Blondschopf, begann mit wenigen Hektar und einem Provisorium als Keller. Aber auf Basis einer gründlichen Ausbildung mit Praktikum bei Frescobaldi in Italien schaffte es die Weinbau- und Kellermeisterin in kurzer Zeit, auf sich aufmerksam zu machen. Ihre Rebflächen (sechs Hektar) befinden sich in besten Lagen. »Ich will das natürliche Potenzial durch eine penible Vinifikation voll ausschöpfen«, ist ihre Devise. Das gelingt ihr

schon seit einigen Jahrgänge mit Grünem Veltliner in verschiedenen Versionen von leicht (als »Frühlingswein« in Verbindung mit Riesling) bis zum kraftvollen, in Barriques ausgebauten »Goliath«. Auch Riesling (Heiligenstein), Weißburgunder und Chardonnay (der ohne Barrique feiner wirkt) zeigen Format, während der Rote Veltliner mit Würze und Schmelz überrascht.

***Bewertung:* * * ***

SCHLOSS GOBELSBURG

Schlossstraße 16
3550 Gobelsburg
Telefon 02734-2422, Fax 242220

Willi Bründlmayer, seit 1996 mit seinem Freund Michael Moosbrugger gemeinsam Pächter des traditionsreichen Schlossweingutes, das dem Zisterzienserstift Zwettl gehört, muss Acht geben. Denn der 35-Hektar-Betrieb in Gobelsburg, der nach Jahren der Vernachlässigung wieder auf Vordermann gebracht wurde, machte dem Langenloiser Gut Bründlmayers zunehmend Konkurrenz – wofür neben Bründlmayer der als Hauptbetreiber verantwortliche Moosbrugger die Weichen gestellt hat. Der Grüne Veltliner (mit 50% die Hauptsorte) liefert einen würzigen, kraftvollen Wein, der allerdings manchmal zu alkoholisch ausfällt (Ried Lamm). Der Riesling aus den Rieden Heiligenstein und Gaisberg ist mineralisch und saftig. Herzerfrischend gerät der nicht angereicherte Messwein vom Veltliner. Zu den besseren Rotweinen der Region gehört die Cuvée »Bertrand« aus Blauburgunder, Merlot und St. Laurent, die dem früheren Abt Bertrand gewidmet ist, unter dessen Leitung Gobelsburg seine letzte Blüte erlebte. Der Ende 1998 erstmals in den Verkauf gebrachte Sekt gehört zu den besten Österreichs.

***Bewertung:* * * * +**

LUDWIG HIEDLER

Am Rosenhügel 13
3550 Langenlois
Telefon 02734-2468, Fax 24685

Als Ludwig Hiedler (Jahrgang 1958) 1983 den elterlichen Betrieb übernahm, stellte er in der Vinifikation einiges um. Es dauerte zwar ein paar Jahre, bis die neuen Methoden durchgängig griffen. Den Bereich der lediglich solides Mittelmaß produzierenden Betriebe verließen Ludwig und seine Frau María Angeles, eine gebürtige Spanierin, spätestens mit dem Jahrgang 1997, als sie mit ihrer neuen Linie »Maximum« für Grünen Veltliner, Riesling und Weißburgunder neue Maßstäbe setzten und zeigten, welche Kraft und welche Feinheiten spätgelesenen Trauben entlockt werden können.

1999 überbot Kellermeister Ludwig sich selbst mit einem grandiosen Riesling aus dem Heiligenstein und einem Veltliner aus der Riede Thal, der noch einen Deut besser als der »Maximum« war. Nicht zu verachten ist auch der oft unterschätzte Frührote Veltliner. Im roten Bereich hat Hiedler noch Entwicklungsmöglichkeiten. Bislang gibt es eine Cuvée von Blauburgunder und Sangiovese (»Liubisa«, nach dem alten Ortsnamen von Langenlois) und einen ordentlichen Zweigelt. Die Sorte wird außerdem zu einem süffigen »Weißgepressten« verwertet. Bemerkenswert ist die

langsame Entwicklung der Burgundersorten. Auch Chardonnay- und Weißburgunder-Senioren aus den achtziger Jahren sind noch erstaunlich frisch.

***Bewertung:* * * ***

WEINGUT HIRSCH

3493 Kammern 25
Telefon 02735-2460 oder 2832, Fax 2460

Der fast 500 Jahre alte ehemalige Zehenthof, einst im Besitz des Stiftes Passau, ist seit 1878 Eigentum der Familie Hirsch. Für Junior Hannes (Jahrgang 1972) atmet er »sozusagen Weinkultur«. Diese gute Luft scheint Vater Josef (Jahrgang 1948) und den Sohn, der nach seiner Ausbildung in Klosterneuburg Praktika in Neuseeland, Kalifornien, Australien und Südafrika absolvierte, förmlich zu beflügeln.
Hannes hat, in Übereinstimmung mit dem Vater, einiges bewegt und seine internationalen Erfahrungen gut umgesetzt. Einen Wechsel zu neuen Sorten gab es allerdings nicht. Favoriten sind nach wie vor der Grüne Veltliner (55% der 16,5 Hektar) und der Riesling. Der Veltliner aus dem Kammerer Heiligenstein kann in Spitzenjahren die Dimension eines Montrachet erreichen. Riesling aus dem Zöbinger Heiligenstein und dem Gaisberg hat viel pikante Frucht und Dichte. Kaum bekannt, aber sehr erfreulich, sind die Rotweine vom St. Laurent und der Verschnitt aus Cabernet Sauvignon und St. Laurent.

***Bewertung:* * * ***

SONNHOF JURTSCHITSCH

Rudolfstraße 39
3550 Langenlois
Telefon 02734-21160, Fax 211611

Die drei Brüder Edwin, Karl und Paul Jurtschitsch sind gemeinsam Eigentümer des 50-Hektar-Betriebs. Sie haben sich die Arbeit gut aufgeteilt. Der Älteste, Edwin (Jahrgang 1943) ist für den Außenbereich verantwortlich, wo schon seit mehr als 25 Jahren umweltschonend gearbeitet wird. Für die Vinifikation ist Paul (ein 1945er) zuständig, während sich Karl (geboren 1948) um die Vermarktung kümmert und hier mit dem leichten, pfiffigen »GrüVe« eine erfolgreiche Marke kreierte, von der immerhin jährlich 100000 Flaschen verkauft werden.
Stimmig im Sortiment ist sowohl der Unterbau mit süffiger, korrekter Literware. Nach oben hin hat das Gut, das Anfang der neunziger Jahre nicht unbedingt in Bestform war, zuletzt einige markante Akzente gesetzt. Der Riesling ist reine Frucht. Die Veltliner aus dem Loisberg und von Alten Reben zeigen Grandezza und Tiefgang. Das gelegentliche Gramm Restzucker ist nicht störend. Chardonnay und Sauvignon Blanc sind gehaltvolle Abrundungen des weißen Programms. Bei den Rotweinen imponiert vor allem die elegante Cuvée »Rotspon« (Blauburgunder, Zweigelt, etwas Merlot), die sogar aus verschiedenen Jahrgängen komponiert wird. Gelungene Ergänzungen der letzten Jahre stellen diverse edelsüße Weine dar. Auf diesem Feld war die Familie schon in den sechziger Jahren sehr erfolgreich, als es solche Gewächse im Kamptal kaum gab.

***Bewertung:* * * * +**

FRED LOIMER

Kamptalstraße/Vögerlweg
3550 Langenlois
Telefon 02734-2239, Fax 22394

Im Mai 1999 bot sich Fred Loimer eine große, mit viel Arbeit verbundene Chance. Er nutzte sie und erwarb den ehemaligen Schlosskeller Haindorf am Ortsrand von Langenlois. In den Gebäuden über der Erde war einiges zu verändern und aufzubauen. Aber Loimer störte das nicht, denn er kaufte zugleich prachtvolle Kellergewölbe, in denen er viel mehr Platz als am alten Standort hat und die Vorzüge eines optimalen Raumklimas nutzen kann.
Loimer übernahm den Stab von seinem Vater im Jahr 1988. Damals bewirtschaftete das Gut acht Hektar und war unbekannt. Heute sind es knapp 20 Hektar eigene Reben sowie etwas Pachtfläche, die von Vertragswinzern bewirtschaftet wird. 25 Hektar Eigenbesitz wird längerfristig angestrebt. Der Langenloiser, der als junger Spund Praktika in Kalifornien und Deutschland absolvierte, avancierte vor gut zehn Jahren zum Senkrechtstarter. Dabei half ihm sein Prinzip: »Jede Sorte nur dort anbauen, wo sie das Beste geben kann.« Im Weinberg wird getüftelt und mit umweltschonenden Mitteln gearbeitet. Von den Erfahrungen Willi Bründlmayers hat er viel profitiert. Auch im Keller spielt Loimer geschickt auf verschiedenen Instrumenten und setzt Stahl, das große Holzfass und Barriques optimal ein. Dass er ein Könner ist, merkt man nicht nur an den gehaltvollen Gewächsen von Riesling und Grünem Veltliner, Weiß- und Grauburgunder sowie Chardonnay. Selbst der einfache Veltliner Landwein in der Literflasche ist ein Genuss! Mit Sekt macht das Naturtalent seit einigen Jahren Furore. Und 1998 schenkte ihm die Natur gleich eine Serie edelsüßer Weine.
***Bewertung:* * * * ***

ERWIN RETZL

Heiligensteinerstraße 9
3561 Zöbing
Telefon 02734-2251, Fax 22514

Um das Gut der Familie war es vor einigen Jahrzehnten schlecht bestellt. Es gab keinen Nachfolger, bis die Wienerin Maria Retzl sich breitschlagen ließ, den Betrieb von Onkel und Tante zu übernehmen. Sie musste sich damals, 1968, erst im Weinbau zurechtfinden und der männlichen Nachbarschaft beweisen, wie stark eine zarte Frau sein kann. So nach und nach bekam sie alles in den Griff und konnte vor etwa zehn Jahren ihrem Sohn Erwin ein funktionierendes Weingut übergeben.
Erwin Retzl konnte in den letzten Jahren die Rebfläche erweitern (jetzt 15 Hektar) und folgte beim Wein der Linie, die seine Mutter eingeschlagen hatte. Sein Hauptaugenmerk liegt weniger auf dem Grünen Veltliner, obwohl das die Hauptsorte ist. Die besten Weine gewinnt er von Riesling und Sauvignon Blanc. Ein herrlicher (und preiswerter) Durstlöscher an heißen Sommertagen ist der Müller-Thurgau.
Bekannt wurde das Weingut vor allem wegen seiner alten Schätze im Felsenkeller am Fuß der Spitzenlage Heiligenberg. Hier liegen nicht mehr verkäufliche, aber oft sensationell gute Weine, die bis 1903 zurückreichen. Zu besonderen Anlässen bittet Erwin Retzl Leute, von denen er

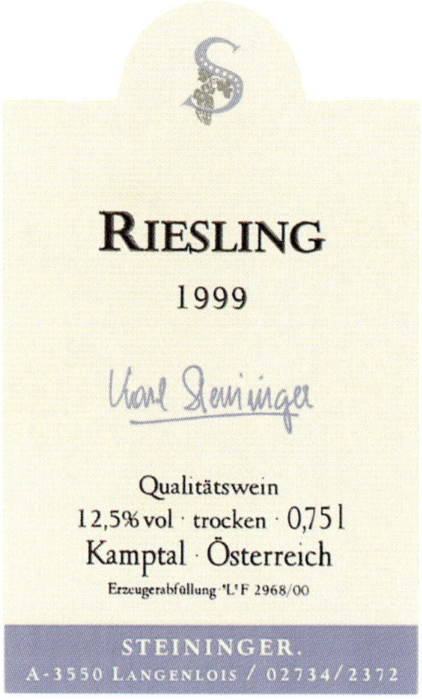

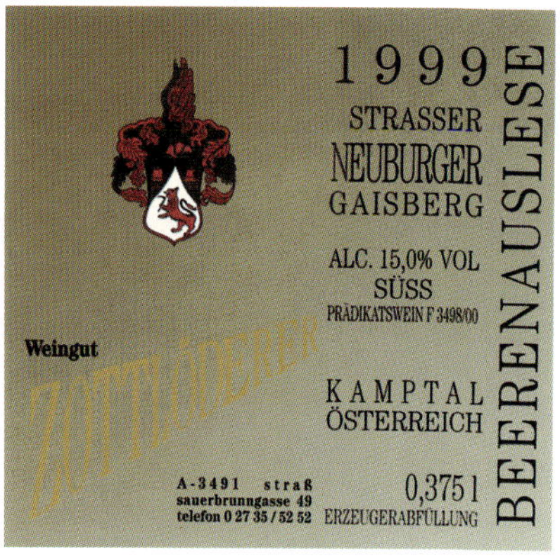

weiß, dass sie Verständnis und Liebe für reife Weine aufbringen, zur kleinen, manchmal auch ausgiebigen Verkostung. Wer zu wenig Ehrfurcht beweist und dabei ausspucken will (wie einmal britische Journalisten), bekommt die »rote Karte« gezeigt und wird des Kellers verwiesen.

***Bewertung:* * ***

KARL STEININGER

Walterstraße 2
3550 Langenlois
Telefon 02734-23720, Fax 237211

Noch Ende der achtziger Jahre setzte Karl Steininger mehr auf Masse. Heute gehört er zwar noch nicht zur Spitze in Langenlois, wohl aber zu den Betrieben, die sich weit nach oben gepirscht haben. Das Potenzial seiner 19 Hektar wird immer besser genutzt. Dabei hat Steininger im Herbst oft reichlich Geduld. Resultat kann dann eine »Novemberlese« mit viel Power sein (Riesling!). Andererseits strebt er ein Kontrastprogramm mit »Grüner Veltliner leicht« an, der durch seine kapriziöse Art gefällt. Dazu gibt es noch gehaltvollen Weißburgunder, Chardonnay sowie Grünen Veltliner mit mehr Muskeln. Und mit seinen diversen Sekten aus Eigenproduktion ist Steininger inzwischen einer der bester Erzeuger Österreichs.

***Bewertung:* * * +**

JOHANN TOPF

Herrengasse 6
3491 Strass im Strassertal
Telefon 02735-2491, Fax 74842

Die Familie ist schon seit 1649 im Weinbau tätig. Johann Topf übernahm den Betrieb Anfang der neunziger Jahre vom Vater, erweiterte die Rebfläche und erwarb zuletzt noch vom Fürsten Metternich 13 Hektar, so dass er mittlerweile 30 Hektar unter seinen Fittichen hat. Außerdem baut er einen Teil der Metternichschen Weine aus (das Gut wurde radikal verkleinert und umstrukturiert).
Zu seinen Maximen gehören Mengenbegrenzung, Auspflanzen der besten Rebsorten auf den dafür geeigneten Böden und ein vorsichtiger Umgang mit dem Produkt im Keller (nur beim Barrique-Ausbau ist er manchmal – mit Ausnahme des Chardonnay – ein bisschen zu forsch). Die besten Weine liefern Riesling (Heiligenstein!), Grüner Veltliner (Strassertal und Wechselberg). Vom Traminer erzeugt er in geeigneten Jahren einen feinen edelsüßen Wein. Spaß macht der leichtgewichtige Silvaner, der in Österreich kaum mehr zu finden ist. Topf muss in den nächsten Jahren aufpassen, dass er mit der neuen Größenordnung, die fast eine Verdoppelung der Fläche bedeutet, gut zurechtkommt.

***Bewertung:* * ***

FRANZ ZOTTLÖDERER

Sauerbrunngasse 49
3491 Strass im Strassertal
Telefon/Fax 02735-5252

Der Name ist – probieren Sie es mal – schwer korrekt auszusprechen. Aber er ist es zunehmend wert, dass man ihn sich einprägt. Denn Franz Zottlöderer platziert sich bei jeder Verkostung, die in Strass und anders-

wo stattfindet, mit seinen Weinen in vorderer Front. Ausgebaut werden die Weine in Stahl, traditionellen Holzfässern und vereinzelt in Barriques (Chardonnay und der schon bei einigen Wettbewerben erfolgreiche Neuburger).
Auf den acht Hektar stehen – je nach Eignung für die verschiedenen Lagen – neben den beiden genannten Sorten Grüner Veltliner (aus dem Ried Hasel besonders gut), Riesling (Gaisberg mit einem feinen Marillenduft), Pinot Blanc, Sauvignon Blanc (erst seit 1997) sowie Malvasier und die roten Sorten Zweigelt und Blauer Portugieser.
***Bewertung:* * ***

Kremstal

MALAT
3511 Furth-Palt 27
Telefon 02732-82934, Fax 82934-13

Er wollte schon immer etwas schneller als die anderen sein, der frühere Rallye-Staatsmeister Gerald Malat. Zuerst hinter dem Steuer eines PS-starken Flitzers, dann in der Gunst einer jungen Maid namens Wilma Bründlmayer aus Palt. Und schließlich beim Fortschritt im Weinberg (heute stattliche 30 Hektar) und Keller. Irgendwie hat er das meiste bewerkstelligt. Außerdem ist er heute noch Vorsitzender der »Vereinigung Österreichischer Traditionsweingüter«. In deren Kreisen wurde schon mal geäußert: »Am besten auf Lebenszeit.«
Es passt zu dem selbstbewussten ehemaligen Studenten der Gärungstechnik, der im Keller von Schwiegervater Bründlmayer (der ältere Bruder des Langenloiser Seniors) nach seiner Einheirat einiges revolutioniert und schon Anfang der neunziger Jahre auf computergesteuerte Technik umgestellt hat, dass er seine feinsten Weine vom Grünen Veltliner und Riesling schlicht als »Das Beste« deklariert.
Die Rotweine waren es, mit denen er zunächst bekannt wurde. Cabernet und Blauburgunder geraten nach wie vor fein und elegant. Die Weißweine sind vom Niveau her mittlerweile gleichwertig. In den letzten Jahren hat er außerdem sein Herz für die edelsüßen Weine entdeckt und mit würzigen, konzentrierten Trockenbeeren- oder Beerenauslesen (Grüner Veltliner!) überrascht. Fast selbstverständlich, dass es außerdem noch einen Sekt von Format und hochgeistige Obst-Produkte im Hause gibt.
***Bewertung:* * * ***

MANTLERHOF
Hauptstraße 50
3494 Gedersdorf-Brunn im Felde
Telefon 02735-8248, Fax 8916

Der Weinbau in der Familie Mantler lässt sich bis ins Jahr 1365 zurückverfolgen. Der heutige Stammsitz wurde 1814 erworben. Der Vater des jetzigen Besitzers Josef (Sepp) Mantler, ebenfalls ein Josef, galt in der Region als Qualitätspionier, der sich besonders um die Sorte Roter Veltliner verdient machte und zu ihrer Erhaltung beitrug.
Der Sohn, seit 1978 in der Verantwortung, mag diese launische, stark frostgefährdete und zum Massenträger neigende Sorte ebenfalls und entlockt ihr immer wieder

großartige Qualitäten. Aber auf seinen 16 Hektar spielen der Grüne Veltliner und Riesling trotzdem die Hauptrollen. Der jugendlich gebliebene Sepp (Jahrgang 1952) mag beim Grünen die kraftvolle Note; fast legendär ist ein 1986er, mit dem er bei Vergleichsproben schon auf eine Stufe mit dem sündteuren Montrachet gestellt wurde. Nur hätte man sich vom Preis einer Flasche Burgunder ungefähr 30 Flaschen Mantler kaufen können.

***Bewertung:* * * ***

SEPP MOSER

Untere Wienerstraße 1
3495 Rohrendorf
Telefon 02732-705310, Fax 7053110

Er feierte zwar Anfang 2000 seinen 70. Geburtstag und übergab bei dieser Gelegenheit den Betrieb mit inzwischen 50 Hektar im Kremstal und am Neusiedlersee an Sohn Nikolaus (32). Doch bald darauf machte Sepp Moser, der »Marathon-Mann« in der österreichischen Weinszene, wieder Termine mit Kunden in Deutschland … Vater und Sohn werden wohl noch ein Weilchen gemeinsam zusammenarbeiten. »Ich wäre dumm, wenn ich auf seine Erfahrung verzichten würde«, sagt Nik, der nach einem Aufenthalt in Frankreich schon seit 1992 in der Zentrale in Rohrendorf aktiv ist.

Der Senior musste in den letzten 15 Jahren viel Kondition, Nerven und Tatkraft einsetzen, um sich als Winzer nach dem Tiefschlag des Weinskandals wieder zu erholen. Denn sein Weingut, abgespalten von der Kellerei Lenz Moser, war seinerzeit ebenfalls stark exportorientiert und hatte innerhalb weniger Wochen fast seinen gesamten Markt in Deutschland verloren. Sepp Moser ließ sich trotzdem nicht entmutigen und bekam irgendwie die Kurve – vielleicht deshalb, weil er ganz einfach ein sympathischer Mensch ist, dem man schwerlich einen Wunsch abschlagen kann.

Hinzu kommt, dass die Qualität bei Weiß (aus dem Kremstal) und Rot (vom See, bei Apetlon) immer überdurchschnittlich war. Hervorzuheben sind hier besonders der Chardonnay, der manchmal fast geniale Sauvignon Blanc sowie Blauburgunder und Cabernet.

***Bewertung:* * * ***

MARTIN NIGL

Priel 8
3541 Senftenberg
Telefon 02719-2609, Fax 26094

Bis 1986 war Nigl sen. Genossenschaftslieferant. Als die Auszahlungen immer schlechter wurden, überredete ihn Junior Martin, der gerade die Weinbauschule Klosterneuburg absolviert hatte, in die Selbstvermarktung einzusteigen. Er selbst war hochmotiviert, weil er schon Jahre zuvor mit kleinen Gebinden für den Hausgebrauch gearbeitet hatte und mit dem Ergebnis sehr einverstanden war.

Nigl (Jahrgang 1967) startete fast sensationell durch und gelangte innerhalb weniger Jahre in Österreichs Spitze. Man hat bei seinen mineralischen, konzentrierten Weinen vom Riesling und Grünen Veltliner die Qual der Wahl. »Privat« steht für den jeweils besten Wein eines Jahrgangs. Aber

auch die Weine aus den Rieden Piri und Hochäcker oder ein Veltliner aus alten Reben vom Urgestein sind ein Genuss. Bei den in den letzten Jahren hinzugekommenen Ergänzungen Chardonnay und Sauvignon Blanc hat meist der Letztere die Nase ein wenig vorn. Zu den Rotweinen gehört eine Cuvée Zweigelt/Blauburgunder, an der noch ein wenig gefeilt werden muss. Obwohl die Rebfläche in den letzten Jahren von zehn auf 15 Hektar erweitert wurde, stand häufig allzu früh hinter seinen besten Weinen das Wort »ausverkauft« in der Preisliste. Das könnte sich ändern, da Nigl 1999 zusätzliche zehn Hektar vom geschrumpften Metternichschen Weingut aus Strass übernahm.

***Bewertung:* * * * ***

FRANZ PROIDL

Oberer Markt 5
3541 Senftenberg
Telefon 02719-2458, Fax 24584

Weinbau ist für Franz Proidl, den neunten Winzer in der langen Weinbaugeschichte (seit 1750) der Familie, »ein faszinierendes Hobby«. Aber er betreibt es professionell, obwohl ihm das nicht in die Wiege gelegt wurde. Denn der Vater befasste sich lieber mit Schweinezucht und verkaufte die Trauben an die Kremser Genossenschaft. Der junge Franz (Jahrgang 1961) hatte jedoch die Weinbauschule besucht und wollte kein Traubenbauer werden.

Ergo sattelte er um. Der Jahrgang 1991 war sein erster. Viel Geld (und Arbeitszeit) investierte er in die Rekultivierung einer verwilderten Weinflur unterhalb der Senftenberger Burgruine, auf der schon früher gute Weine wuchsen und heute wieder wachsen.

Proidl ist die Experimentierlust richtig anzusehen. Der temperamentvolle Mann schätzt nicht nur Grünen Veltliner und Riesling. Auf seinen zehn Hektar stehen außerdem Muskateller und Müller-Thurgau, eine Sorte, die ihm schon vielschichtige, grandiose Trockenbeerenauslesen schenkte. Außerdem hat er noch einige Rotweinsorten im Anbau. Das Ergebnis stuft er selbst realistisch als »mittelprächtig« ein.

***Bewertung:* * * ***

STIFT GÖTTWEIG

Kirchengasse 14
3511 Furth bei Göttweig
Telefon 02732-85895, Fax 76801

Die Mönche des mächtigen Benediktinerstifts Göttweig hoch oben auf dem Berg gegenüber Krems auf der südlichen Donauseite begannen hier vor 900 Jahren mit Weinbau. Nach dem »Anschluss« Österreichs an Deutschland im Jahr 1938 wurde der Betrieb der Stadt Krems zugeschlagen. Zeitweise war das Niveau gut, aber dann wurde die Qualität vernachlässigt. 1987 pachtete Dr. Wolfgang Unger, Betreiber des kleinen Weinguts Further Hof und Vizepräsident der Niederösterreichischen Handelskammer, das Klostergut langfristig. Er legte neue Flächen an, investierte in den Keller und konnte durch die Arbeit des tüchtigen Kellermeisters Johann Dockner allmählich an die ruhmreiche Vergangenheit anknüpfen. Heute stehen knapp 40 Hektar unter Reben. Die Stärken des Guts sind zweifellos der Grüne Veltliner (Classic), der feinaromatische Sauvignon Blanc sowie der würzige Pinot Blanc. In den letz-

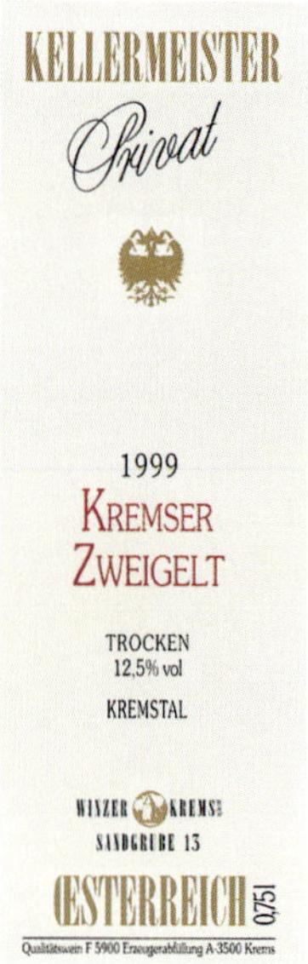

ten Jahren gelangen auch mehrfach feine edelsüße Weine. Seit Anfang 1999 leitet Tochter Petra Unger den Betrieb mit viel Charme und Elan.

Bewertung: * * +

UNDHOF SALOMON

Undstraße 10
3504 Krems-Stein
Telefon 02732-83226, Fax 83226-78

Fritz Salomon, Vater des heutigen Besitzers Erich Salomon (und von Dr. Bertold Salomon, dem Chef der Österreichischen Weinmarketing-Gesellschaft), war ein Pionier. Als einer der ersten Produzenten in Österreich füllte er bereits in den zwanziger Jahren in Flaschen und stieg groß ins Exportgeschäft ein. Außerdem machte er den Weißburgunder im Gebiet heimisch. Erich hielt den Ruf des Undhof lange hoch. Dann widmete er sich in den achtziger Jahren ausgiebig dem Aufbau des Weinklosters in unmittelbarer Nachbarschaft des eigenen Betriebs. Der Weinbau litt darunter. Einige Jahre lang wurde das Potenzial des Undhofs nicht ausgeschöpft; die schwache Qualität gab regelrecht Rätsel auf. Erich Salomons Augenmerk lag erkennbar woanders. Inzwischen ist er dieser Sorgen ledig, das Weinkloster ist verpachtet, der Undhof knüpft wieder an die besseren Zeiten an. Mit Grünem Veltliner aus dem Wachtberg und Riesling (auch in edelsüßer Version) aus dem Kögl zeigt Salomon, was in ihm steckt. Die alte Liebe Traminer ist ebenfalls wieder in guter Form.

Bewertung: * * +

WINZER KREMS

Sandgrube 13
3500 Krems
Telefon 02732-85511, Fax 855118

Österreichs größter Qualitätsweinproduzent, die Genossenschaft von Krems, ist nur zum Teil ein Kremstaler Betrieb. Zwar entfallen gut 50% der in den letzten Jahren wieder gewachsenen Rebfläche von 1200 Hektar auf die Regionen um die Stadt. Aber man hat außerdem Mitglieder im Kamptal, im Donauland, Traisental, im Weinviertel und sogar in der Wachau. Ursprung der Kooperative war eine 1447 gegründete »Hauer-Innung«, die nach wie vor besteht. Wichtigste Sorte ist mit etwa zwei Drittel Anteil der Grüne Veltliner. Rheinriesling, Weißburgunder, Chardonnay und Roter Veltliner gehören zu den Stärken im Sortiment. Seit einigen Jahren kann man zudem beachtlich gute Rotweine anbieten. Die besten Tropfen des großen Hauses kommen aus der Serie »Kellermeister Privat«. Wenig bekannt ist das Angebot aus der riesigen Vinothek mit 180000 Flaschen reifer Weine, die bis 1947 zurückreichen und zu moderaten Preisen verkauft werden. Winzer Krems ist ein wichtiger Lieferant des Lebensmittelhandels. Die Marke »Kremser Schmidt« vom Grünen Veltliner (gutes Preis-Leistungs-Verhältnis) ist auch in Deutschland weit verbreitet. Zum ingesamt recht beachtlichen Niveau tragen verschiedene Maßnahmen von Geschäftsführer Franz Ehrenleitner und Kellermeister Franz Arndorfer bei: Die Mitglieder können von ihren Vertragsflächen keine »zweite Wahl« anliefern (was

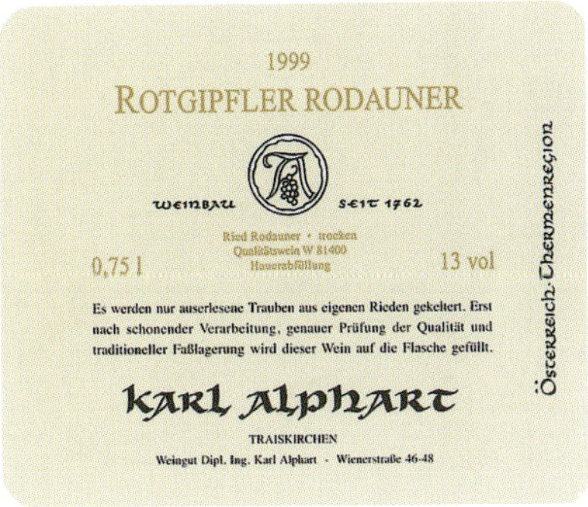

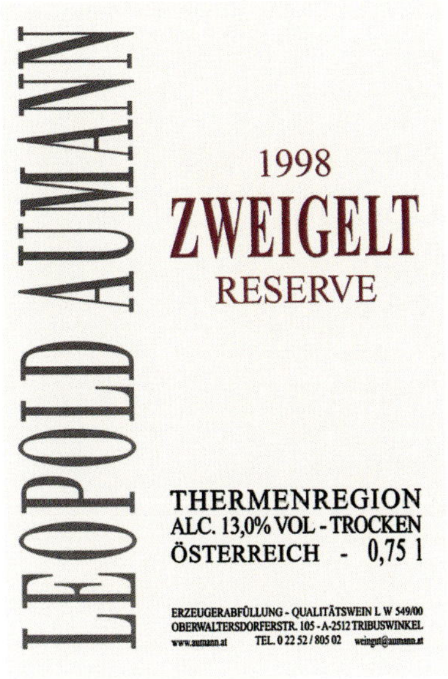

anderswo machbar ist). Das Auszahlungssystem orientiert sich in erster Linie an der Qualität. In die Erfassungs- und Kellertechnik wurde gezielt investiert. Alle Weißweine werden schonender Ganztraubenpressung unterzogen und in Stahltanks ausgebaut.

Bewertung: ✱ +

Thermenregion

KARL ALPHART

Wienerstraße 46–48
2514 Traiskirchen
Telefon 02252-52328, Fax 523284

Winzer Karl lässt beide Aussprachen gelten: »Alp-hart« und »Alfart«. Lange kann man mit dem weltoffenen Traiskirchener über die Probleme mit einer Sorte wie Neuburger diskutieren und plaudern. Der Tüftler im Keller kennt sich auch im Weinberg auf seinen zehn Hektar genau aus und weiß, dass es sehr auf den Standort der Reben ankommt. Mit einem anderen Sorgenkind der Region, dem unbeachteten Grünen Veltliner, kommt er ebenfalls prächtig zurecht. Die autochthonen Sorten der Thermenregion, Zierfandler und Rotgipfler, liefern saftig-würzige Weine. Beim Chardonnay und Weißburgunder erkennt man ein weiniges Muskelspiel. Hin und wieder gelingen vom Riesling delikate Süßweine und vom Rotgipfler gelegentlich eine Trockenbeerenauslese.

Bewertung: ✱ ✱ ✱

LEOPOLD AUMANN

Oberwaltersdorfer Straße 105
2512 Tribuswinkel
Telefon 02252-80502

Vor einigen Jahren reiste ein junger Nachwuchswinzer durch Italien, Spanien und schließlich Bordeaux, lernte dabei den deutschen Weingrafen Stefan von Neipperg kennen, der in St. Emilion neue Akzente setzte, fragte ihm »ein Loch in den Bauch«, machte sich »furchtbar viele Notizen« – und setzte einiges bald darauf zu Hause in die Tat um. Heute gehört Leopold Aumann (Jahrgang 1973) aus dem unbekannten Tribuswinkel zu den steilen Aufsteigern in Österreichs Weinszene. Fünf Hektar werden bewirtschaftet; die Fläche soll im Lauf der nächsten Jahre sukzessive erweitert werden. Er erntet wenig, beweist ein gutes Händchen für Rotgipfler und Zierfandler in der herben Version (trotzdem viel Frucht) und überzeugt mit seinen Rotweinen vollends. 1999 wurde sein 97er Zweigelt bei einem großen Rotweintest des Magazins »Vinum« als insgesamt Bester von 480 Anstellungen (!) bewertet. Sehr gut sind außerdem Pinot Noir, Cabernet Sauvignon und überraschenderweise der Portugieser.

Bewertung: ✱ ✱ ✱

WEINGUT MANFRED BIEGLER

Wienerstraße 16–18
2352 Gumpoldskirchen
Telefon 02252-62196, Fax 621964

Wie die meisten Güter in der Thermenregion, betreiben auch Manfred Biegler und

sein inzwischen im Keller verantwortlicher Sohn Othmar einen Buschenschank. Der Senior war einer der ersten im Gebiet, der frühzeitig auf die herbe Geschmacksrichtung umschaltete – was ihm langfristig von der Kundschaft honoriert wurde, obwohl er sogar den traditionell fruchtigen Rotgipfler zum Teil herb ausbaute. Das konnte nur funktionieren, weil der ruhige, besonnene Manfred Biegler zugleich in seinen sieben Hektar Reben und im Keller voll auf Qualität setzte und mit seinen schnörkellosen Weißweinen (neben den Thermen-Klassikern Rotgipfler und Zierfandler noch Neuburger, Chardonnay und bemerkenswerter Riesling) schon seit vielen Jahren imponiert.

***Bewertung:* * * ***

WEINGUT FISCHER

Hauptstraße 33
2500 Sooß
Telefon 02252-87130, Fax 82666

Als Junior Christian Anfang der achtziger Jahre die Weinbauschulen Klosterneuburg und Krems hinter sich gebracht hatte, murrte er erst mal, dass die väterlichen Weine nicht schmeckten. Der Senior zürnte nicht, sondern nahm den frechen Burschen in die Verantwortung. Zwar erlebte Christian Fischer in den ersten Jahren auch mal aufgrund seiner nassforschen Art einige Pleiten. Aber schon in der zweiten Hälfte der achtziger Jahre gehörte er zu den Produzenten in der Thermenregion, die immer wieder mal bei Rotwein-Verkostungen angenehm auffielen. Die Kundschaft im Buschenschank musste sich an einen neuen Stil gewöhnen: nicht mehr extrem säurearm und alkoholisch, sondern ausgewogen, mit Gerbstoff, kräftiger Struktur und stattlicher Haltbarkeit. Pinot Noir, Cabernet Sauvigon, Zweigelt sind seine Stärken. Sogar dem oft als Massenträger missbrauchten Portugieser entlockt er Feinheiten. Auf den mittlerweile 17 Hektar stehen auch weiße Sorten (Chardonnay und Pinot Blanc verdienen besondere Beachtung). Mit einer Trockenbeerenauslese vom Chardonnay hat er bereits die Möglichkeiten dieser Sorte ausgelotet.

***Bewertung:* * * ***

JOHANN GISPERG

Hauptstraße 14
2524 Teesdorf
Telefon/Fax 02253-81464

Johann Gisperg (Jahrgang 1964), der nach der Schule Klosterneuburg 1984 in den elterlichen Betrieb einstieg und ihn gemeinsam mit Vater Johann und Gattin Erika führt, gehört zu den positiv Konservativen. Ihn wurmt es, wenn er – wie anderswo geschehen – schon 1998 die ersten Roten des großen Jahrgangs 1997 im Verkauf sieht. »Modetrends mache ich nicht mit«, lautet seine Devise. Seine 97er bekamen mehr Zeit. Und wer sie im Frühjahr 2000 verkostete, konnte feststellen: Super-Potenzial, aber sie müssen noch gelagert werden. Das gilt sowohl für den Pinot noir, den St. Laurent, den Cabernet Sauvignon, die Cuvée »Terroir de Pierre« und auch den Portugieser. Die Weine wurden gekonnt in Barriques ausgebaut.
Auf seinen 13 Hektar mit sandigen, schottrigen Böden stehen 40% weiße Sorten. Hier ist das Niveau nicht ganz so gleichmäßig gut wie bei den roten Sorten. Über-

zeugend sind Chardonnay, Neuburger und auch der Riesling mit einer manchmal sehr stattlichen Säure. Zum Sortiment gehört außerdem ein umfangreicheres Angebot an einfacheren Gewächsen für den Alltag.

***Bewertung:* * ***

GRABNER & SCHIERER

Hauptstraße 55
2500 Sooß
Telefon/Fax 02252-87392

Sepp Schierer (Jahrgang 1953) kommt aus Langenlois. Dass es ihn in die Thermenregion verschlug, daran war ein junges Mädchen namens Margarete schuld, die zeitgleich mit ihm die Weinbauschule Klosterneuburg besuchte. Zuerst half er dem Schwiegervater Karl Grabner, dann übernahm er den Betrieb und legte hier den Schwerpunkt auf rote Sorten. Sie machen etwa 70% der eigenen Rebfläche von 20 Hektar aus. Schierer sieht sich als »Dienstleister«, der zwar hohe Qualität anstrebt, aber beim Zukauf (in der Regel von mehr als 30 Hektar) ebenso Wert auf die Erzeugung solider Tropfen für den »Doppler« legt. Denn: »Wir wollen nicht nur die gut verdienenden Leute bedienen.«

Im An- und Ausbau ist Sepp Schierer sehr penibel. Im Keller bekommen die Weine Zeit für die Reife. Die feinsten Gewächse liefert der delikate, fruchtbetonte Spätburgunder, auch St. Laurent und Cabernet blühen erst nach Jahren so richtig auf.

Seit kurzem ist der Merlot ein guter Cuvée-Partner für den Cabernet. Bei den Weißweinen ist der Chardonnay das Aushängeschild. Dass sich Schierer hier noch verbessern möchte, wird aus der Ausbildung von Junior Karl ersichtlich: Er studiert auf der Forschungsanstalt in Geisenheim.

***Bewertung:* * ***

JOHANNESHOF REINISCH

Im Weingarten 1
2523 Tattendorf
Telefon 02253-81423, Fax 81924

»Die Ansprüche der Kundschaft stiegen. Wir haben uns daran orientiert.« So bringt Johannes Reinisch die Entwicklung der letzten Jahre auf den Punkt. Er übernahm den Betrieb der Eltern schon als 20-Jähriger im Jahr 1972 und strukturierte ihn vor einigen Jahren völlig um.

Das Gut wurde nach kalifornischem Vorbild außerhalb von Tattendorf inmitten der grünen Natur und der Nachbarschaft der Reben (25 Hektar) neu errichtet. Herzstück ist ein stattlicher Gewölbekeller mit zahlreichen kleinen Eichenfässern und großen Holzbehältern.

Aus Kalifornien holte sich Reinisch nicht nur Anregungen für die Betriebsgestaltung, sondern ebenso für den Ausbau – bei dem er sich inzwischen die Verantwortung mit Sohn Johannes (der in Amerikas Westen praktizierte) teilt. Innerhalb weniger Jahre schaffte er eine beachtliche Zäsur vom überschätzten Durchschnittswinzer zu einem erstklassigen Rotwein-Produzenten. Die Stärken liegen beim Pinot Noir und St. Laurent (als »Reserve« jeweils grandios). Angenehm zu trinken: die weiße Cuvée »Dialog« (Weißburgunder, Chardonnay, Sauvignon Blanc).

***Bewertung:* * * ***

JOHANN STADLMANN

Wienerstraße 41
2514 Traiskirchen
Telefon 02252-52343, Fax 56332

In der Ortsmitte von Traiskirchen befindet sich der stattliche Buschenschank der Familie, den Gattin Michaela betreibt. Johann Stadlmann (Jahrgang 1955) erzeugt Weine, die durchaus seiner eigenen Statur entsprechen: kraftvoll, konzentriert, würzig. Seit 1974 ist der Traiskirchener schon im Betrieb tätig; der Vater hatte als Politiker und Präsident des Österreichischen Weinbauverbandes weniger Zeit für die Arbeit in Weinberg und Keller. Johann konnte sich eigenständig entfalten. Er setzte erfolgreich auf die herbe Richtung.
Auf den 12 Hektar stehen fast aussschließlich weiße Sorten. Besonders angetan hat es dem immer fröhlichen Winzer die traditionelle Sorte Zierfandler. Stadlmann ist auch einer der Motoren für die »Zierfandler-Welt« (ein neuer PR-Begriff für die Region), kümmert sich zudem um den häufig vernachlässigten Neuburger, kann elegante Weißburgunder und Chardonnays vorweisen und mit seinem Riesling selbst Wachauer ins Staunen bringen.

***Bewertung:* * * ***

HARALD ZIERER

Badenerstraße 36
2352 Gumpoldskirchen
Telefon/Fax 02252-62169

Die Familie Zierer ist schon seit mehr als 200 Jahren im Weinbau aktiv. In den letzten Jahren konnte der Klosterneuburg-Absolvent Harald Zierer den Betrieb durch Zukäufe auf 8,5 Hektar erweitern und dabei vor allem sein Angebot an den »Klassikern« Rotgipfler und Zierfandler (jeweils rund 30% Fläche) ausbauen.
Mit seinen exzellenten Süßweinen (Rotgipfler Beerenauslese, Spätrot-Rotgipfler Ausbruch und Rotgipfler-Chardonnay oder Zierfandler-Rotgipfler Trockenbeerenauslese) erwarb er sich Meriten und wurde schon oft auf der Niederösterreichischen Landesweinmesse sowie im »Salon Österreichischer Wein« ausgezeichnet. Auf einem guten Weg befindet er sich mit seinen herben Weißweinen. Besonders überzeugend: der pikant nach Marille duftende Riesling aus dem Ried Satzing.

***Bewertung:* * ***

Wachau

LEO ALZINGER

3601 Unterloiben 11
Telefon/Fax 02732-77900

In Aussehen und Naturell ähnelt der bescheidene Leo Alzinger dem Nachbarn Emmerich Knoll in Hausnummer 10. In der Weinqualität ist mittlerweile auch kaum mehr ein Unterschied erkennbar. Der Unterloibener ist damit allerdings dem Geheimtipp-Status entrückt und meist sehr schnell ausverkauft. Begonnen hat alles 1930, als der Urgroßvater Weingärten des einstigen Dinstlgutes aufkaufte, aus dem die Loibener Genossenschaft entstand, an die auch Winzermeister Leo, der schon als 20-Jähriger nach dem Tod des

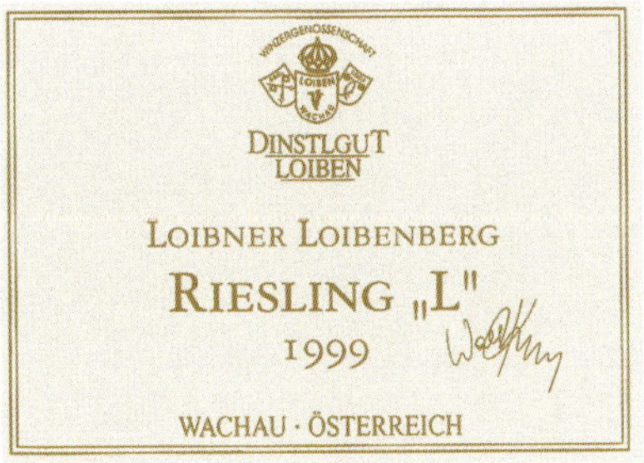

Vaters übernahm, einige Jahre brav Trauben lieferte. 1983 eröffnete er einen Buschenschank, wobei ihm sein handwerkliches Geschick zugute kam. Bis 1986 wurde ein Teil der Ernte über diese Schiene vermarktet, dann nabelte sich Alzinger endgültig von der Kooperative ab.
Die rund sieben Hektar Besitz verteilen sich auf Spitzenlagen wie Loibenberg, Steinertal und Mühlpoint. Hauptsächlich stehen hier Grüner Veltliner und Riesling. Ergänzungen sind Chardonnay und Feinburgunder. Die Weine haben Dichte, Schliff, Würze und Eleganz sowie in manchen Jahren eine dezente Fruchtsüße als feine Untermalung.

Bewertung: * * * +

DINSTLGUT LOIBEN

Unterloiben 51
3601 Loiben
Telefon 02732-85516, Fax 85516-25

Ein Dr. Ferdinand Dinstl machte als Eigentümer des traditionsreichen Familiengutes im 19. Jahrhundert den Grünen Veltliner in der Wachau richtig heimisch – dafür muss man ihm heute noch dankbar sein. Knapp 100 Jahre danach, 1930, wurde aus dem Weingut eine Genossenschaft, die später Bestandteil von Winzerhaus, einer Dachorganisation aller niederösterreichischen Kooperativen, war. Als Winzerhaus 1998 liquidiert wurde, entschlossen sich einige hundert Weinbauern, eigenständig unter Führung von Dr. Walter Kutscher weiterzumachen. Der begeisterte Weinfreak, der zuvor als Chef der Weinmarketing-Gesellschaft einiges für das Ansehen des österreichischen Weins getan hatte, konnte die Mitglieder motivieren und umorientieren. Belanglose Alltagsweine waren nicht mehr gefragt, Spitze wurde angestrebt – wie es sich für einen Betrieb mit Flächen in Toplagen inmitten der Wachau gehört. Natürlich muss es bei der deutlich reduzierten Größenordnung von rund 200 Hektar (verteilt auf 50% Wachau, außerdem Kremstal und etwas Weinviertel) auch einfachere Weine geben, die für Dinstlgut nicht leicht zu vermarkten sind. Die Konkurrenz ist groß und meist preisgünstiger. Aber trotzdem werden mit kraftvollen Weinen vom Riesling und Grünem Veltliner mutig und unverdrossen Akzente gesetzt. Die Spitze hat den Zusatz »L« (Kutscher ließ sich diese Anlehnung an den »M« von Franz Xaver Pichler absegnen). Grandios waren in den letzten Jahren einige Trockenbeerenauslesen von Riesling und Chardonnay, die auf Wettbewerben Höchstnoten erzielten.

Bewertung: * * +

FREIE WEINGÄRTNER WACHAU

3601 Dürnstein
Telefon 02711-371, Fax 37113

Früher firmierte die 1938 gegründete große Genossenschaft mit ihren annähernd 600 Hektar als »Winzergenossenschaft Wachau«. Der einem guten Image nicht unbedingt zuträgliche Name wurde 1990 geändert, um zu demonstrieren, dass man so etwas wie ein gigantisches Familienweingut mit etlichen hundert Familienmitgliedern ist. Nach 1996, als sich der langjährige Direktor Wilhelm Schwengler,

der 35 Jahre die Geschicke der Kooperative bestimmt hatte, in den Ruhestand ging, zog die neue junge Garde in der Geschäftsführung – Willi Klinger (Jahrgang 1956) und Fritz Miesbauer (Jahrgang 1968) – sogar den Vergleich, man wolle der »Antinori Österreichs« sein.
Die neue Leitung konnte den Mitgliedern deutlich machen, dass im Keller einige Investitionen notwendig waren. Die meisten Pläne konnten bislang realisiert werden, einiges gibt es für die nächsten Jahre noch zu tun. Neben der immer schon ansehnlichen Weinqualität gab es Verbesserungen im Marketing. Im Frühjahr 2000 schied Willi Klinger aus der Geschäftsführung aus; er wechselte zum Piemonteser Angelo Gaja als dessen Verkaufsmanager. Fritz Miesbauer, vordem verantwortlich für den Keller, wurde alleiniger Chef.
Schwungkraft für die schwierigen Aufgaben der Zukunft gab ihm der Jahrgang 1999, sein bisher bester mit einer Vielzahl feiner, würziger Weine (Grüner Veltliner, Weißburgunder und Rheinriesling).
Weiterhin wird, wie schon zu Schwenglers Zeiten, eine umfangreiche Vinothek mit gut erhaltenen reifen Gewächsen gepflegt, die bis zum Jahr 1947 zurückreichen (noch im Verkauf).

***Bewertung:* * * +**

FRANZ GRITSCH

Mauritiushof
Kirchenplatz 13
3620 Spitz
Telefon/Fax 02713-2450

Winzer mit Namen Gritsch gibt es einige in der Wachau. Senior Franz Gritsch und sein Sohn Franz-Josef (Jahrgang 1978), der seit einigen Jahren mitwirkt und nebenbei die Ausbildung zum Weinbau- und Kellermeister absolviert, geben zur besseren Unterscheidung noch den Sitz Mauritiushof an. Das trutzige Gebäude wurde schon im 13. Jahrhundert urkundlich erwähnt; es diente seinerzeit den Mönchen aus Niederalteich bei Deggendorf, die hier Weinbesitz hatten, als Lesehof.
Der Mauritiushof gehörte schon unter Regie des Seniors (1944 geboren) zu den soliden kleinen Gütern in der Vinea Wachau. Die Familie besitzt fünf Hektar, zwei Drittel davon befinden sich in extremen Steillagen, die gute Namen haben (unter anderem Singerriedel, 1000-Eimerberg, Steinporz). Die Mitarbeit des engagierten Sohnes scheint auch dem Vater neuen Schwung gegeben zu haben. 1998 und 1999 konnte man eindrucksvolle Kollektionen mit gleichmäßig sehr gutem Niveau vorweisen. Neben extraktreichem Riesling und Grünem Veltliner verdient der füllige Weißburgunder Beachtung – und der Neuburger, eine klassische Spitzer Sorte, die hier sehr opulente Weine mit Schmelz liefert.

***Bewertung:* * ***

FRANZ HIRTZBERGER

Kremserstraße 8
3620 Spitz
Telefon 02713-2209, Fax 2405

Der uralte Lesehof der Familie hat seinen Ursprung im 13. Jahrhundert. Die Mauern sind teilweise meterdick und haben fast so etwas wie Symbolkraft. Denn die Weine

von Franz Hirtzberger sind im Smaragd-Bereich ebenfalls markant, kraftvoll, aber zugleich Vertreter einer gekonnten »Bauart«, bei der auch Wert auf Feinheiten gelegt wird.
Hirtzberger (Jahrgang 1949) übernahm 1983 vom Vater, der zuvor schon wichtige Akzente in der Wachau gesetzt hatte. Er ist Obmann der Vereinigung Vinea Wachau, die im Gebiet für Ordnung sorgt und die Mitglieder zur Qualität anspornt. Der Spitzer ist dabei eines der großen Vorbilder. Rheinriesling und Grüner Veltliner liefern sehr komplexe, lang haltbare Weine, die ihr eigentliches Format erst nach zehn und mehr Jahren deutlich werden lassen. Begehrt sind auch Feinburgunder und Grauburgunder. Wer es aromatisch liebt, greift zum raren, pikant duftenden Muskateller. Das größte Problem bei Hirtzberger: Er hat Jahr für Jahr zu wenig Wein. Immerhin konnte 1998 in der Toplage Singerriedel ein Hektar neu mit Riesling bestockt und die Rebfläche damit insgesamt auf zwölf Hektar erweitert werden. Franz bewegte seinerzeit selbst – sehr zum Missfallen seiner Frau Irmgard – viele Kubikmeter Erdreich mit dem Bagger in der steilen Terrassenlage, Gefahrenzon eins.

***Bewertung:* * * * ***

JOSEF HÖGL

Vießling 31
3620 Spitz
Telefon/Fax 02713-8458

Mit Franz Prager und F. X. Pichler als Lehrmeister ist es kaum verwunderlich, dass aus Josef Högl (Jahrgang 1960) ein erstklassiger Winzer wurde. Die Lehrzeit bei der Prominenz hat ihm sicher in der Anfangsphase als selbständiger Winzer geholfen. Aber dauerhaft setzt man sich nur mit Spitzenqualität durch. Gute Voraussetzungen liefern Högl die steilen Lagen im Spitzer Graben, die sehr mineralische, würzige Weine liefern. Außerdem konnte er seinen Rebbestand in den letzten Jahren durch Flächen auf Loibener Gemarkungen auf 4,5 Hektar erweitern. Darüber hinaus wird weiter zugekauft, denn Josef Högl gehört zu den Weinbauern in der Wachau, die oft schon vor der Ernte nahezu »ausreserviert« sind. Besonders gefragt sind die konzentrierten, mineralisch anmutenden Rheinriesling und Grüner Veltliner. Beachtung verdient der aromatische Sauvignon Blanc. Eine Cuvée von Neuburger und Weißburgunder ist besonders fruchtbetont und leicht vom Einsatz kleiner Eichenholzfässer geprägt.

***Bewertung:* * * ***

JOSEF JAMEK

3610 Joching 45
Telefon 02715-2235, Fax 2235-22

Im November 1999 feierte der Wachauer Qualitätspionier Josef Jamek seinen 80. Geburtstag. Erst ein paar Jahre zuvor hatte der Mann, der nach 1945 unter schwierigsten Umständen gemeinsam mit seiner Frau Edeltraud einen Top-Betrieb (mit Restaurant) aufbaute, an Schwiegersohn Hans Altmann und seine Tochter Jutta übergeben.
»Behutsam« war ein Lieblingswort von »J. J. J.« in seiner aktiven Zeit. Er meinte damit den Umgang mit der Natur und mit

dem Wein im Keller. Der Jochinger war einer der ersten im Gebiet (oder in ganz Österreich), der auf die Anreicherung verzichtete (selbst in schwierigsten Jahren). Er ließ die in der Jugend manchmal arg säurebetonten Weine dann eben länger liegen und formte sie allenfalls mit dem biologischen Säureabbau.
Im Keller des 25-Hektar-Betriebes ist schon seit 1996 Volker Mader für den Ausbau zuständig. Er hat viel vom Senior und seinem Vorgänger Adolf Gattinger übernommen und zuletzt in Übereinstimmung mit Hans Altmann einen dezenten Stilwandel hin zu etwas mehr Säure vorgenommen. Nach wie vor sind die Rieslingweine aus der Terrassen-Riede Klaus, die Josef Jamek 1959 mit einer für ihn nicht typischen Lust am Risiko kaufte und zu einem vielbestaunten Naturdenkmal machte, der ganze Stolz des Hauses. Grüner Veltliner, der pikante Muskateller und Weißburgunder waren immer schon weitere Stärken des Gutes, das darüber hinaus sogar einen mehr als passablen Rotwein vom Zweigelt erzeugt.
***Bewertung:* * * ***

EMMERICH KNOLL

3601 Unterloiben 10
Telefon 02732-79355, Fax 793555

In die Kategorie »groß« werden die Weine von Emmerich Knoll (mit dem Autor weder verwandt noch verschwägert) schon seit mehr als 20 Jahren eingereiht. Dabei weiß der bescheidene Loibener, der am liebsten dem Rampenlicht fernbleibt, selbst nicht so genau, woher das kommt. »Von draußen rein« vermutet er – und macht allenfalls darauf aufmerksam, dass es typisch für seinen Grünen Veltliner oder Riesling sei, wenn sie in den ersten zwei Jahren nicht sonderlich imponieren und im Aroma sogar manchmal etwas »unartig« anmuten. Aber dann blühen diese Spätstarter richtig auf und halten ihre Topform viele Jahre.
Hinter den mit den Jahren finessenreich und vielschichtig werdenden Weinen steckt viel mehr Arbeit, als Knolls Aussagen vermuten lassen. Die Saat wird im Weinberg gelegt, mit viel Ausdünnen und intensiver Laubarbeit. Beim Ausbau im Stahl oder Holz werden die Jungweine weitgehend sich selbst überlassen. Zuckerung, Entsäuerung und Schönung sind für den traditionsbewussten Winzer, der das mehr als 200 Jahre alte Weingut bereits 1975 vom Vater übernahm, überflüssige Maßnahmen.
Immer gut für eine Diskussion ist das Etikett des Betriebes mit der Abbildung des hl. Urban, das manche zeitlos schön, andere kitschig finden. Es enthält die Inschrift: »Tut mir nur den Wein nicht taufen, lasst ihn doch als Heiden laufen. Nur der Durst soll christlich sein, so erweist man Ehr dem Wein.«
***Bewertung:* * * * ***

KARL LAGLER

Rote-Tor-Gasse 10
3620 Spitz
Telefon 02713-2516, Fax 2950
Hotel-Telefon 2939

Anfang der achtziger Jahre wurden im Weingut der Familie Lagler die Weichen neu gestellt. Der Vater hatte noch Trauben an die Genossenschaft geliefert, aber

Junior Karl (geboren 1955) wollte in die Selbstvermarktung einsteigen. Der Buschenschank, den er gemeinsam mit seiner Frau Elisabeth betreibt, half dabei. Lagler war damals noch kein Profi, er hatte nur ein paar Kurse belegt, fand sich aber bald in Weinberg und Keller zurecht und trat schon nach einigen Jahren bei den Ortsverkostungen sogar gelegentlich in Konkurrenz mit Franz Hirtzberger. Bei Riesling und Grünem Veltliner legt er Wert auf eine gewisse Lagenspezifität. Man soll den Burgberg, den Steinporz und den 1000-Eimerberg schmecken. Hochgradig geraten ihm immer wieder mal eine Burgunder-Cuvée, der Neuburger und auch der Sauvignon Blanc. In den letzten Jahren legte er außerdem Wert auf ein wenig zartfruchtigen Schmelz nach dem Motto: »Wenn es die Natur gibt.«
Wer ausgiebig im urigen Buschenschank probiert, sollte das Auto stehen lassen. Nur ein paar hundert Meter weiter wurde vor einigen Jahren ein schmuckes Hotel mit gemütlichen Zimmern eröffnet, das Elisabeth Lagler betreut.

***Bewertung:* * * ***

ERICH MACHHERNDL

3610 Wösendorf 1
Telefon/Fax 02715-2282

Das Weingut befindet sich seit über 200 Jahren im Besitz der Familie. Es bewirtschaftet sieben Hektar (mehr als die Hälfte davon Grüner Veltliner) und gehörte lange Zeit nicht zu den Wachauer Betrieben, die man unbedingt kennen muss. Doch seit Junior Erich Machherndl (28) die Verantwortung übernahm (mit dem Jahrgang 1998), geht es deutlich aufwärts. Der junge Mann entlockt dem Riesling von den Steinterrassen viel Nerv und Komplexität, versteht sich auf einen kräftigen Grünen Veltliner und lotete 1999 mit einem stahligen Smaragd die Möglichkeiten des Weißburgunders aus. Außerdem gibt es noch den eleganten »E. R. A.« (nach seinen drei Vornamen Erich, Rudolf, Alfred), der eigentlich ein Neuburger ist. Aber diese Sorte hat nicht unbedingt den besten Ruf, so dass der hoffnungsvolle Erich Machherndl auf die Angabe verzichtet. Noch gut: das Preis-Leistungs-Verhältnis.

***Bewertung:* * ***

NIKOLAIHOF

Nikolaigasse 77
3512 Mautern
Telefon 02732-82901, Fax 76440

Anno Domini 985 war der Nikolaihof, das einzige Topweingut auf der Südseite der Donau, bereits als Bischofssitz bekannt. Weitere tausend Jahre zuvor stand hier ein römisches Kastell. Die Familie Saahs ist seit 1894 Besitzer des Komplexes mit dem alten Keller, in dem bis vor wenigen Jahren noch eine alte, schonend arbeitende Baumkelter stand.
Besucher sitzen im geräumigen Gutsausschank (Saison: April bis Juni, September bis November) oder im herrlichen Innenhof und lassen sich von den Küchen-Spezialitäten verwöhnen, die aus biologisch-dynamischem Anbau stammen. Auch der Weinanbau wird nach gleichen Kriterien betrieben; für die noch nicht sehr ausgeprägte Ökowein-Szene in Österreich ist der Nikolaihof das Aushängeschild. Nach außen hin vertritt ihn die charmante Gattin von Nikolaus Saahs, Christine, die aus dem Weingut Geyerhof im nahen Furth-

Oberfucha stammt. Ihn trifft man, wenn er nicht im Keller oder Weinberg werkelt, oft beim Freund Klaus Wagner im Mauterner Spitzenrestaurant Wagner-Bacher beim Fachsimpeln. Die Hauptsorte von Saahs auf den 18 Hektar ist der Riesling (50% Fläche), gefolgt vom Grünen Veltiner. Interessante Weine liefern außerdem Neuburger, Malvasier, Weißburgunder und Chardonnay. Eines haben die schnörkellosen Gewächse (Saahs: »Ich mag es nicht gestylt für Verkostungen«) gemeinsam: In der Jugend wirken sie oft spröde und weniger ausdrucksstark. Man muss ihnen ein paar Jahre Zeit geben.

***Bewertung:* * * ***

F.X. PICHLER

3601 Oberloiben 27

Telefon/Fax 02732-85375

»M« (für Monument) beim Grünen Veltliner, »Unendlich« beim Riesling (wegen des unendlich langen Abgangs), das sind zwei Begriffe, die den wenigen Genießern, die an solche Weine kommen, fast Tränen der Freude in die Augen treiben. Franz Xaver Pichler, allgemein nur als »Eff-Ix« bekannt, ist immer wieder geneigt, die Natur auszureizen. Dass solche Weine dann auch im Alkoholgehalt im wahrsten Sinn des Wortes umwerfend sind, stört nicht. So etwas wird nicht getrunken, sondern zelebriert – wie bei einer Andacht. Außerdem gibt es Alternativen, etwa einen Riesling Smaragd aus dem Kellerberg oder einen gleichrangigen Grünen Veltliner aus dem Loibnerberg, vielleicht auch einen ausgeprägt typischen Sauvignon Blanc. Und wer es edelsüß will, für den hat Franz Xaver aus dem launischen Jahrgang 1998 noch einige Prachtstücke im Keller, die – wie die meisten seiner sonstigen Weine – nur zugeteilt werden. Pichler ist, man glaubt es kaum, eigentlich Rotweinfan (Frankreich). Deshalb sein Engagement beim mittelburgenländischen »Arachon« (siehe Seite 118 ff.). In der Wachau wagte er einst einen Versuch mit Cabernet, gab aber schnell wieder auf. So gibt es heute neben Riesling, Veltliner und Sauvignon Blanc nur noch feinsten Muskateller .

***Bewertung:* * * * ***

RUDI PICHLER

3670 Wösendorf 38

Telefon 02715-2267, Fax 2267-4

Ursprünglich studierte Rudi Pichler, der mit dem Winzer aus Oberloiben nicht verwandt ist, Wirtschaftswissenschaften und wollte danach »irgendwas im Management« machen. Dann spendierten ihm die Eltern 1988 (wohl nicht ohne Hintergedanken) eine Kalifornienreise. Nach diesen vier Wochen wurden die Weichen neu gestellt. Rudi Pichler bildete sich autodidaktisch fort, entwickelte viel Experimentierlust, investierte in den Keller (Stahl und Barriques kamen hinzu) und wurde so nach und nach in Zusammenarbeit mit Vater Rudolf ein richtig guter Winzer, der sich sogar Respekt beim Namensvetter F. X. Pichler erwarb.

Rudi Pichler schloss mit der Zeit Freundschaft mit der Natur. Er ist gern draußen beim Rebschnitt im Winter und beim Ausdünnen im Sommer. Letzteres steigert die Qualität von Grünem Veltliner, Riesling und Weißburgunder. Sehr gute Erfahrungen hat Pichler außerdem mit dem in der

Wachau ansonsten nicht sonderlich geschätzten Roten Veltliner gemacht, der dann wertvoll werden kann, wenn man ihn beim Ertrag stark zügelt. Nach starkem Start Anfang der neunziger Jahre ließ der Schwung ein wenig nach. Doch in den letzten zwei, drei Jahren hat sich der Wösendorfer wieder in der Gebietsspitze etabliert.

Bewertung: * * +

PRAGER

Wachaustraße 48
3610 Weißenkirchen
Telefon 02715-2248, Fax 2532

Franz Prager (Jahrgang 1925) gehört zu den großen alten Männern der Wachau, gemeinsam mit Franz Hirtzberger sen., Josef Jamek und dem einstigen »Obergenossen« Wilhelm Schwengler. Schwiegersohn Toni Bodenstein (Jahrgang 1958), der aus dem Weinviertel stammt und ursprünglich Landwirtschaft studierte, musste nach der Hochzeit mit Pragers Tochter Ilse erst mal eine längere »Bewährungsphase« bestehen, ehe er als Nachfolger akzeptiert wurde. Es gab in dieser Zeit immer wieder mal Spannungen zwischen den Generationen, weil Bodenstein eine andere Stilrichtung mit mehr Frucht und Schmelz anstrebte als Pionier Prager, der die schnörkellosen, betont herben Weine liebt.
Nach ein paar Jahren hatte man sich aneinander gewöhnt. Und Toni Bodenstein wurde in der Vinea Wachau als »guter Import« akzeptiert. Seine Weine vom Riesling (Hauptsorte auf den 13 Hektar) und Grünen Veltliner haben Frucht und Schmelz; mit extraktreichen Gewächsen der mittleren Kategorie Federspiel beweist er, dass es unterhalb der kraftvollen Smaragd-Gruppe ebenfalls feine, pikante Weine gibt. Neu sind edelsüße Gewächse.

Bewertung: * * *

JOHANN SCHMELZ

3610 Joching 14
Telefon 02715-2435, Fax 2605

Der Vater verkaufte noch Trauben an die Genossenschaft. Sohn Johannes, Absolvent der Weinbauschule Krems, bereitete sich jedoch schon früh als zweiter Mann im Keller von Josef Jamek (von 1973 bis 1987) auf eine Winzerlaufbahn vor.
Als er 1979 mit Gattin Monika einen Buschenschank eröffnete (der heute zu den beliebtesten der Wachau gehört), machte er sich mit diesem Zweitberuf langsam von der Genossenschaft frei und produzierte immer größere Mengen Eigenbau. Anfangs musste er viel improvisieren, stellte aber dabei schon sein Geschick unter Beweis. 1987 kam dann die letzte Zäsur. Schmelz wurde selbständig. Einiges hatte ihm Jamek vermittelt. Die Jochinger Respektsperson hatte ihn geprägt und ihm zum nötigen Selbstbewusstsein verholfen. Heute macht der immer freundliche Winzer mit seinem Stil dem eigenen Namen Ehre: Grüner Veltliner und Riesling haben oft Schmelz, aber auch Biss und eine kräftige Struktur. Gut geraten Neuburger und sogar der Müller-Thurgau. In den letzten Jahren hatten die Weine aus hoher Reife immer wieder mal einen durchaus erwünschten Hauch fruchtiger Süße.

Bewertung: * * +

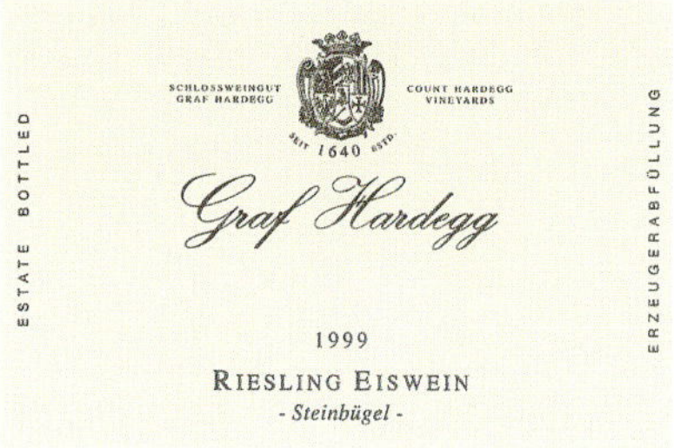

Weinviertel

NORBERT BAUER

2053 Jetzelsdorf 34
Telefon 02944-2317 oder 2565, Fax 23174

Schon seit rund 280 Jahren sind die Bauers Winzer im Pulkautal. Der junge Norbert Bauer bewirtschaftet mit seiner temperamentvollen Frau Gisela 25 Hektar Rebfläche. 80% davon entfallen auf rote Sorten, die in dieser Region viel Bedeutung haben. Die Vegetation wird stark vom pannonischen Klima beeinflusst, das zur Frucht und Kraft der Rotweine beiträgt. Bei den Weißweinen gerät der Chardonnay überdurchschnittlich.

Bei den Roten gibt es eine beachtliche Vielfalt mit Zweigelt (solo ein saftiges Tröpfchen), Blaufränkisch (füllig, guter Extrakt, manchmal kräftig vom Barrique gezeichnet), St. Laurent (feine Holznote, sehr komplex, regelrecht nobel) sowie einigen Cuvées, die je nach Jahrgangsergebnis zusammengestellt werden. In letzter Zeit ragten hier die Kreationen »Superb« (Zweigelt, Blaufränkisch, Portugieser, Blauburger) und »Schatzberg« (Zweigelt, Merlot, Cabernet Sauvignon und St. Laurent) heraus. Die Weine sind gut lagerfähig und benötigen immer zwei, drei Jahre zur allmählichen Entfaltung.

***Bewertung:* * ***

RUDOLF FIDESSER

2051 Platt 6
Telefon/Fax 02945-2592

Der kleine Weinort Platt liegt ein paar Kilometer südlich von Retz im westlichen Weinviertel. Der junge Norbert Fidesser und sein Vater Rudolf bewirtschaften hier in Hügellagen acht Hektar. Die Trauben haben in den Kessellagen eine lange Reifezeit und können sich vorteilhaft entwickeln. Am Stock wird immer wieder bei der Ernte selektioniert.

Der Sohn, der die Kellerwirtschaft besorgt, ist experimentierfreudig. Gelegentlich extrem langer Fassausbau, Vinifikation in Barriques und – neben dem wichtigen Grünen Veltliner – eine gewisse Bevorzugung des Roten und Frühroten Veltliners gehören zu den Eigenheiten des aufstrebenden Betriebes. Zu einer besonderen Spezialität haben sich die duftigen Sorten entwickelt. Norbert Fidessers Sauvignon Blanc kann es in Duft und Struktur mit einem gelungenen Steirer aufnehmen. Und beim Traminer hat er sich das Edelreis für die Vermehrung eigens vom Kollegen Karl Alphart aus der Thermenregion besorgt. Sein erster nennenswerter Ertrag in 1999 lieferte einen vielversprechenden Wein mit intensiver Würze und Aromatik.

***Bewertung:* * ***

GRAF HARDEGG

2062 Seefeld-Kadolz
Telefon 02943-2203, Fax 220310

Das große Schlossgut der gräflichen Familie (43 Hektar im nördlichen Weinviertel bei Mailberg) ist erst seit wenigen Jahren aus dem Dornröschenschlaf erwacht. Zwei »Prinzen« waren dafür verantwortlich: Der junge Maximilian Graf Hardegg wollte etwas bewegen und holte sich mit dem Ex-

Werbemann Peter Veyder-Malberg einen Verwalter, der die Produktion verantwortet, aber gleichzeitig im Marketing wichtige Akzente setzt.
Seitdem ist im Alten Hofkeller aus dem Jahr 1640 einiges passiert. Die Technologie ist auf dem aktuellen Stand. Die bisherige Stärke des Betriebes liegt eindeutig bei den Weißweinen. Grüner Veltliner, Chardonnay, Weißburgunder und Rheinriesling sind die wichtigsten Sorten. Die Premiumlinie heißt »Max«. Mit dem süffigen Grünen Veltliner »Veltlinsky« hat man einen unkomplizierten, beliebten Wein für die Szene-Gastronomie kreiert. Einige Eisweine der letzten Jahre gehören zu Österreichs edelsüßer Spitze. Und neuerdings gibt es als »Exoten« die Sorte Viognier, die 1998 und 1999 einen prächtigen Wein liefert, der aber – weil die Rebe offiziell nicht zugelassen ist – nur als Tafelwein ohne Sortenangabe vermarktet werden darf.
Im Preis liegt er indessen auf Wachauer Spitzenniveau – und wird Veyder-Malberg trotzdem förmlich aus den Händen gerissen.
***Bewertung:* * ***

WINZERHOF LEBERWURST

Obere Landstraße 27
2191 Höbersbrunn
Telefon 02574-2716 und 2251, Fax 2251

Ein Jahr Berufsschule, das war's. Dann musste Josef Leberwurst als 16-Jähriger vor fast 30 Jahren wegen einer Erkrankung des Vaters die Verantwortung im elterlichen Betrieb übernehmen. Der Senior war jedoch ein guter Lehrherr, so dass sich der junge Mann als Winzer positiv entwickelte. Ein bisschen geholfen hat ihm dabei der doch etwas ungewöhnliche Name. In der Schule hatte er manchen Spott zu ertragen. Aber später erkannte er: »Es gibt kaum einen einprägsameren Namen für einen Weinbauern.« Das allein hätte freilich nicht funktioniert. Bei Josef Leberwurst macht es die Gleichmäßigkeit im Niveau beim Grünen Veltliner (schon häufig im »Salon Österreichischer Wein« vertreten), Rheinriesling und Welschriesling. Beim Chardonnay setzt er gelegentlich maßvoll Barriques ein, legt aber ebenso Wert auf Frucht und Säure. Auch die Rotweine (Zweigelt sowie die Cuvée »Aida« aus Blaufränkisch, Cabernet Sauvignon) haben überdurchschnittliches Format.
***Bewertung:* * ***

ROLAND MINKOWITSCH

2261 Mannersdorf an der March 64
Telefon/Fax 02283-2583

Lange fährt man nordöstlich von Wien an landwirtschaftlichen Feldern vorbei und erblickt keine Reben mehr. Dann plötzlich, schon nah an der Grenze, in den Auen der March, entdeckt der Besucher wieder Weinfelder. Wir sind in der Heimat von Roland Minkowitsch, der es als Weinbauer einst schwer hatte, den übermächtigen Schatten des Vaters zu verlassen, der als zweiter Nationalrats- und Bauernbund-Präsident eine starke Persönlichkeit war.
Von Politik wollte Roland (Jahrgang 1951) nichts wissen. Wohl aber hielt er die Tradition im Keller mit Holzfassausbau und Kelterung mit einer alten, aber immer noch höchst schonend arbeitenden Presse aus dem Jahr 1820 (!) hoch. Der zurückhalten-

de, fast schüchtern wirkende Minkowitsch taut beim Gespräch über Wein langsam auf. Er entspricht im Naturell in mancher Hinsicht seinen Produkten, die oft zartgliedrig sind, aber viele Nuancen und Feinheiten haben, an denen man sich festbeißen kann.

Was er anpackt, stimmt: Kaum anderswo gibt es einen so feinen Welschriesling. Der Riesling (sein bester trägt den Zusatz »de vite«) ist pikant, der Chardonnay fast cremig und elegant (und als Trockenbeerenauslese brillant). Und mit seinem Traminer kann er die Elsässer neidisch machen.

***Bewertung:* * * ***

ROMAN PFAFFL

Hauptstraße 24
2100 Stetten
Telefon 02262-673423, Fax 673661

Vor 20 Jahren hatten Roman Pfaffl und seine Frau Heidi gerade 1,3 Hektar unter Reben. Der Ertrag langte nie für den eigenen, gut gehenden Buschenschank. Roman wollte unabhängig von Zukäufen werden und vergrößerte sukzessive. Knapp 30 Hektar Eigenbau waren es zuletzt. Durch die Pachtung von elf Hektar des Schlossweinguts Bockfließ im Frühjahr 2000 ist Pfaffl inzwischen fast schon ein Großwinzer. Um alles bewältigen zu können, wurde der Buschenschank verpachtet.

Der freundliche Stettener hat nicht nur seine Rebfläche kontinuierlich vergrößert, sondern sich auch als Winzer stets weiterentwickelt. Seine Weißweine sind glasklar und sortentypisch. Mit Riesling und Grünem Veltliner (besonders pfeffrig) lässt er manchen bekannten Wachauer alt aussehen. Beim Sauvignon pflegt er sowohl die Barrique-Variante als auch die feinaromatische Version. Sein Chardonnay Exclusiv ist so konzentriert wie ein mindestens fünfmal so teurer Burgunder. Auch dem Welschriesling und Silvaner entlockt er ungeahnte Feinheiten. Sogar seine Rotweine zeigen inzwischen überdurchschnittliches Format. Heute gehört Roman Pfaffl zur absoluten Spitze in Österreich – womit er bewiesen hat, dass sogar im Weinviertel eine große Karriere möglich ist.

***Bewertung:* * * * +**

HEINZ UND MARIA PICHLER

2162 Falkenstein 35
Telefon 02554-8100

Unter den vielen Pichlers in Österreich gehört der bescheidene Heinz P. sicher zu den am wenigsten bekannten. Sehr zu Unrecht. Denn der bodenständige Weinbauer, der mit seiner Frau Maria rund sieben Hektar bewirtschaftet, ist ein Aushängeschild der kleinen, aber traditionsreichen Weinbaugemeinde im grenznahen Bereich. Diese war vor Jahrhunderten Sitz der Hohen Gerichtsbarkeit, die unter anderem den Weinbau zwischen Wien und Brünn regelte.

In Anlehnung daran kreierten die Winzer die Selektion der Markengemeinschaft »Falkensteiner Berggericht«. Bei der Weinauswahl gehört Heinz Pichler zu den Souveränen. Im Frühjahr 2000 marschierte er mit allen vier angestellten Weinen locker durch. Und wer weiter nachbohrte, entdeckte einen emsigen Winzer, der mit einer insgesamt sehr homogenen Kollektion im weißen Bereich aufwarten kann

und vermutlich beim Preis-Leistungs-Verhältnis im weiten Umkreis keine Konkurrenz hat.

Bewertung: * +

FRANZ PRECHTL

2051 Zellerndorf 12

Telefon/Fax 02945-2297

Winzer Franz Prechtl gehört zu den Stillen im Lande. Er hat in Zellerndorf in der Nähe von Retz im westlichen Weinviertel acht Hektar Reben und ein wenig Landwirtschaft (Kürbis, Sonnenblumen). In der Bearbeitung der Weingärten orientiert er sich an ökologischen Prinzipien, ohne deshalb als Öko-Winzer zu firmieren. 1992 übernahm er nach einer gründlichen Ausbildung mit Besuch der Weinbauschule Klosterneuburg und der Uni für Bodenkultur den elterlichen Betrieb. Seine Zielrichtung sind kraftvolle, herbe Weißweine. Der Ausbau ist schonend. Die Weine vergären langsam. Im Keller wird penible Sauberkeit gepflegt. Seine Stärken sind zweifellos der würzige, aromatische Sauvignon Blanc, ein kerniger Grüner Veltliner mit Biss sowie der ausgeprägt fruchtige, elegante Riesling. Dem Chardonnay entlockt Prechtl hin und wieder hochgradige Auslesen von zarter Süße. Die rote Ergänzung Zweigelt ist recht achtbar, erreicht bislang aber nicht das Niveau der Weißweine.

Bewertung: * *

HANS UND ULI SETZER

3472 Hohenwarth 28

Telefon 02957-228, Fax 205

Hohenwarth liegt zwar nur einige Kilometer weg von Strass im noblen Kamptal, gehört aber dennoch zum Weinviertel. Und die Winzer hier füllen vieles im »Doppler« ab und haben Schwierigkeiten mit dem schlechten Image der Region. Die jungen studierten Weinbauingenieure Hans und Uli Setzer schwimmen gegen den Strom, fröhlich im Auftreten, mit Ehrgeiz und Kompetenz im Weinberg (15 Hektar) und im Keller sowie mit pfiffigem Marketing. Beim Grünen Veltliner leistet man sich den Luxus mehrerer Gewichtsklassen, angefangen vom »Vesper« (leicht, süffig) über den herzhaft-würzigen »Ausstich« (die Bezeichnung vom Großvater, der so Weine bezeichnete, die besonders herausstachen) bis hin zum extraktreichen Ried Eichholz und dem Gewächs aus »alten Reben«, das sich durch den biologischen Säureabbau etwas von der Sortenart verabschiedet, aber immer noch ein guter Wein ist. Nicht zu vergessen: der beachtliche Rote Veltliner, der würzige Sauvignon Blanc, der Barrique-Chardonnay und der Rheinriesling, der Nerv und Marillenduft eines guten Wachauers aufweist.

Bewertung: * *

HELMUT TAUBENSCHUSS

Körnergasse 2

2170 Poysdorf

Telefon 02552-2589, Fax 25894

Die Familie mit dem ungewöhnlichen Namen (der mit einer Taube auch auf dem Etikett zum Ausdruck kommt) ist schon seit 1670 in Poysdorf im Weinbau aktiv. Lange Zeit galt der Betrieb als führendes

Gut an der Brünnerstraße im Norden von Wien. Die Weine waren resch und herzhaft. Dann machte Helmut Taubenschuss, aus welchen Gründen auch immer, eine Krise durch. Spätestens mit dem Jahrgang 1997 fing er sich wieder und kann seine einstigen Stärken neu ausspielen.
Der Silvaner, in Österreich fast im Aussterben begriffen, ergibt hier einen gradlinigen Wein mit Nerv. Der Welschriesling gibt sich saftig und kernig, der Grüne Veltliner typisch pfeffrig und extraktreich. Weißburgunder und Chardonnay liefern sehr gehaltvolle Weine. Die Spitze erkennt man an den Zusätzen »Classic« und »Selection«. Und mit dem noch nicht lang im Anbau befindlichen Sauvignon Blanc (feine Paprika-Aromen, konzentrierter Schmelz) hat Taubenschuss sein Sortiment bereichert. Vor allem die Burgunder-Kategorie gehört zu den »Spätstartern«. Im jugendlichen Stadium sind die Weine meist verschlossen, erst nach zwei, drei Jahren blühen sie auf – und haben dann noch Reserven für mindestens ein Jahrzehnt.

***Bewertung:* * ***

KARL WANNEMACHER

Hauptstraße 41
2102 Hagenbrunn
Telefon/Fax 02262-672795

Es gibt sie immer wieder, die kleinen Überraschungen. Da bekommt man von einem unbekannten Winzer eine Weinkollektion vorgestellt, ist zunächst nicht sonderlich erwartungsvoll und wird dann von Wein zu Wein munterer und interessierter.
So war es beim Weingut Wannemacher aus Hagenbrunn, das mit einer tadellosen Serie von Grünem Veltliner, Rheinriesling und Chardonnay aufwartete. Den Riesling hätte man auch für einen Wachauer halten können. Und der im Barrique ausgebaute Chardonnay hatte Kraft und Konzentration, doch ebenfalls die Feinheiten eines guten Gewächses aus der Bourgogne. Verantwortlich für solche Weine ist seit einigen Jahren der junge Klosterneuburg-Absolvent Josef Wannemacher (Jahrgang 1974), der damit nahtlos das fortsetzt, was Vater Karl (geboren 1936) über viele Jahre hinweg weitgehend unbeachtet von den Medien leistete. Vorweisen kann er unter anderem fünf Landessieger-Weine bei der Niederösterreichischen Weinmesse in Krems und weit über hundert Goldmedaillen in etlichen Jahren erfolgreicher Winzertätigkeit. Der Betrieb hat acht Hektar unter Reben und vermarktet viel über den großen Buschenschank. Schade nur, dass vorläufig die Rotweine noch etwas hinter der Qualität der Weißen hinterherhinken.

***Bewertung:* * +**

WEINRIEDER

Untere Ortsstraße 44
2170 Kleinhadersdorf
Telefon 02552-2241, Fax 3708

Weil es so viele Kollegen mit seinem Namen gibt, nennt Fritz Rieder (Jahrgang 1958) sein Gut »Weinrieder«. Bekannter wurde er schon vor einigen Jahren mit seinen rassigen Süßweinen. Mit Eiswein von Welschriesling, Rheinriesling und Zweigelt entwickelte er eine regelrechte Meisterschaft. Seit kurzem gibt es beim Tüftler außerdem noch Strohwein vom Riesling, der eben-

falls Format hat, aber in den Feinheiten bislang nicht ganz an die Eisweine heranreicht.

Seine herben Weißweine gehörten vor einigen Jahren nicht gerade zur Spitzenklasse. Aber dann wurden die alten Fässer und die Kelter ersetzt. Diese technischen Neuerungen und die größere Sorgfalt führten zu einer gewaltigen Verbesserung. So kann Fritz Rieder jetzt mit saftigem, pfeffrigem Grünen Veltliner ebenso aufwarten wie mit mineralisch-würzigem Riesling und elegantem, vielschichtigem Weißburgunder.

***Bewertung:* * * ***

WERNER ZULL

2073 Schrattenthal 9
Telefon/Fax 02946-8217

Eigentlich wollte Werner Zull Mathematik und Physik studieren. Aber dann verunglückte 1976 der Bruder, der den elterlichen Betrieb in dem südlich von Retz gelegenen Schrattenthal übernehmen sollte. Und der damals 19-Jährige orientierte sich neu, besuchte die Weinbauschule in Retz und bestand die Prüfung zum Weinbau- und Kellermeister. 1986 übernahm er das Fünf-Hektar-Gut, das früher nur Fasswein vermarktet hatte und zusätzlich Landwirtschaft betrieb. Seine Zukunft sah er in gehobener Qualität.

Die Rebfläche wurde sukzessive auf heute 16 Hektar erweitert. Um als Neuling einen Markt zu finden, befasste er sich intensiver mit Rotwein und pflanzte frühzeitig, als einer der Ersten in Österreich, Cabernet Sauvignon und Merlot. Von den Nachbarn wurde er deshalb seinerzeit fast verspottet. Aber Zull vertraute auf das gute Mikroklima im Schrattenthaler Kessel, das auch schwierige Sorten reifen lässt. Was er kann, beweist er bei seinen Rotweinen unter anderem mit dem Portugieser, dem er Eleganz und Frucht entlockt. Die Weißweine (Grüner Veltliner, Riesling, Weißburgunder und Chardonnay) baut er gern nach Lagen getrennt aus. Sie fallen immer kräftig, würzig, nur manchmal etwas knorrig aus. 1999 gab es auch mal Eiswein vom Welschriesling, der mit konzentrierter Frucht imponierte.

***Bewertung:* * ***

BURGENLAND

Mittelburgenland

GESELLMANN

Langegasse 65
7301 Deutschkreutz
Telefon 02613-80360, Fax 89544

Der schon 1767 erstmals urkundlich erwähnte Betrieb wurde vom Senior Engelbert, einem ungemein quirligen Winzer mit internationalem Horizont, ab 1970 nach oben gebracht. Der weit gereiste Deutschkreutzer machte mit seinen roten Cuvées »Opus Eximium« (jeweils mit Nummer, um den Sammlerwert zu steigern) und »Bela Rex« Furore, die jeweils sehr konzentriert sind und längeren Ausbau im Barrique erkennen lassen. Schneller zugänglich sind die normalen Blaufränkisch und St. Laurent.

Die Weißweine spielen zwar hinsichtlich der Fläche eher eine Nebenrolle auf den 20 Hektar, nicht aber in der Qualität. Besonders gut gelingen der Pinot Blanc und

der Chardonnay – wobei der im Stahltank ausgebaute meist besser als die Barrique-Variante ausfällt. Seit einigen Jahren ist Sohn Albert, dem der Vater ausgiebige Exkursionen nach Südafrika und Kalifornien gönnte, im Keller verantwortlich. Einiges von dem, was er in der Ferne kennen lernte, wurde in der Heimat umgesetzt.

Bewertung: * * *

J. HEINRICH

Karnergasse 59
7301 Deutschkreutz
Telefon/Fax 02613-89615

Die Familie Heinrich betreibt schon seit dem 18. Jahrhundert Weinbau. Aber erst 1991 begann der heutige Eigentümer Johann Heinrich gemeinsam mit seiner Frau Gertrude, die Weine in Flaschen abzufüllen. Zuvor verkaufte er im Gebinde. Bald fiel er bei einigen Wettbewerben positiv auf. 1996 auf der Wiener Messe Vinova kam dann wohl der endgültige Durchbruch, als er sich in einem großen Rotweintest gegen härteste Konkurrenz an die Spitze setzte. Dieser Erfolg war keine Eintagsfliege. Seitdem überzeugt Heinrich von Jahr zu Jahr mehr. Besonders stolz ist er auf seine drei Hektar Reben (von insgesamt 15) im ältesten Weingarten von Deutschkreutz, der Riede Goldberg. Hier liefert der Blaufränkisch wenige, aber sehr gehaltvolle Beeren. Ausgezeichnet sind auch seine Cuvée Renommee (Cabernet Sauvignon, Blaufränkisch, Pinot Noir und St. Laurent) und der geschmeidige Pinot Noir. Die Zukunft des Betriebs scheint inzwischen längerfristig gesichert. Tochter Silvia begeisterte sich bei einem längeren Praktikum im Pfälzer Top-Weingut Müller-Catoir derart für den Weinbau, dass sie in einigen Jahren einsteigen will.

Bewertung: * * +

HAUS IBY

Kirchengasse 4a
7312 Horitschon
Telefon/Fax 02610-42292

Ursprünglich war Anton Iby als Nachrichtentechniker in der Industrie tätig und betrieb Weinbau im Nebenerwerb als Genossenschaftswinzer, unterstützt von seiner Frau Johanna. Als sich die Kooperative im ertragreichen Jahr 1982 weigerte, einen Teil der Ernte anzunehmen, sagte sich der gradlinige Iby: »Habt's mich gern.« Er sattelte um auf Eigenabfüllung, putzte mit seiner Ware längere Zeit die sprichwörtlichen Klinken und erkannte bald, dass mit einfacheren Weinen längerfristig kein Staat zu machen war. Sein Ehrgeiz erwachte. Die Erträge wurden verringert, die Rebfläche erweitert (inzwischen gut 15 Hektar). Barriques kamen in den Keller. 1992 schaffte er den Durchbruch, als er bei einem Blaufränkisch-Länderkampf zwischen Deutschland und Österreich in Wien die Elite aus beiden Ländern hinter sich ließ. Seitdem hat Iby, der sich selbst als »Patron«, seine Frau als »Flurenmeisterin« bezeichnet und Sohn Anton Markus als »Önologen« im Keller mitwirken lässt, noch in der Breite an Qualität zugelegt. Die Stärken sind der Blaufränkisch »Chevalier«, die Cuvée »BMC« (Blaufränkisch, Merlot, Cabernet) und der zarte Pinot Noir.

Bewertung: * * *

HANS IGLER

Langegasse 49
7301 Deutschkreutz
Telefon 02613-80365, Fax 89683

Hans Igler, der vor allem in den achtziger Jahren beim »Falstaff-Rotweinpreis« in Serie siegte, gehörte zu Österreichs Rotweinpionieren. Er war einer der Ersten, die den biologischen Säureabbau in den Griff bekamen. Und er leistete sich schon früh gebrauchte Barriques (von Château Latour!). Bekannt wurde vor allem seine kräftige, manchmal etwas raubeinige Cuvée »Vulcano« (Blaufränkisch, Cabernet Sauvignon). Als er 1994 starb, übernahm Tochter Waldtraud Reisner-Igler mit ihrem Gatten Wolfgang die Regie, einem Seiteneinsteiger, der sich aber bald gut im Keller zurechtfand. Trotzdem gab es einen (verständlichen) Durchhänger über einige Jahre. Das Fehlen des »Altmeisters« machte sich doch bemerkbar. Seit 1997 geht es allerdings in dem 15-Hektar-Betrieb wieder aufwärts. Ende 1999 wurde dem verstorbenen Igler mit der 1997er Cuvée »Ab Erico« (90% Merlot, 10% Cabernet Sauvignon) noch ein gelungenes »weiniges Denkmal« gesetzt, dessen Konzentration man anmerkt, dass lediglich 20 Hektoliter pro Hektar geerntet wurden.

***Bewertung:* * ***

JOSEF IGLER

Hauptstraße 59-61
7301 Deutschkreutz
Telefon 02613-80213, Fax 89225

Josef Igler (Jahrgang 1956) war gelernter Maschinenschlosser, der früher nur nebenbei Wein im Gebinde verkaufte. Aber wenn man Igler heißt und in Deutschkreutz in der Nachbarschaft einer Rotweingröße wohnt, dann regen sich irgendwann Ambitionen. Josef Igler wollte es genau wissen und seinem Namensvetter keine Schande machen. Er besuchte Fachseminare und bildete sich bei Exkursionen im Burgund und in Bordeaux fort.
Seine Erträge sind niedrig. Was trotzdem nicht mindestens 18 KMW beim Mostgewicht erreicht, wird lose verkauft. Er konzentriert sich bei den Roten auf lediglich drei Weine: einen preisgünstigen, aber schon beachtlich guten normalen Blaufränkisch, eine geschmeidige Exclusiv-Version dieser Sorte und die feurige Cuvée »Maximus« (Cabernet Sauvignon, Blaufränkisch, Zweigelt), der für längere Lagerzeit prädestiniert ist. Zuletzt kam auf den gut fünf Hektar noch als weiße Ergänzung Sauvignon Blanc hinzu, mit sehr erfreulichen Ergebnissen.

***Bewertung:* * * ***

WALTER KIRNBAUER (K & K)

Zinkendorfer Straße 7
7301 Deutschkreutz
Telefon/Fax 02613-89722

Das »K & K« in der Klammer hat nichts mit monarchistischen Neigungen zu tun, sondern steht schlicht für zweimal Kirnbauer: Walter und Irmgard. Der immer fröhlich gestimmte Walter Kirnbauer hat auf seinen sechs Hektar zwei sehr unterschiedliche Bodenformationen: schwere Lehmböden für die Roten, kalkhaltiges Urgestein für die Weißen. Bei Letzteren

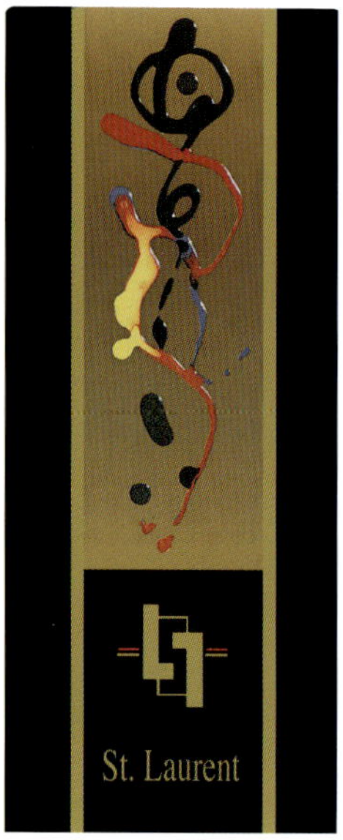

sind besonders der fein nach Paprika duftende Sauvignon Blanc und der in Barriques ausgebaute Chardonnay zu beachten.
Die eigentliche Stärke sind die Rotweine. Der normale Blaufränkisch ist würzig, saftig und schon in der Jugend gut zu trinken, ähnlich dem fruchtigen Zweigelt. Im Barrique entwickeln weitere Blaufränkisch-Versionen viel Feuer. Herausragend und begehrt ist die Cuvée »Phantom« (Blaufränkisch und Cabernet sowie etwas Merlot und Zweigelt), mit der Kirnbauer schon mehrfach beim jährlichen Rotwein-Wettbewerb im »Blaufränkischland« gut abschnitt.

Bewertung: * * +

STEFAN LANG

Rathausgasse 20
7311 Neckenmarkt
Telefon 02610-42268, Fax 42172

Erst 1991 stieg Stefan Lang in die Flaschenvermarktung ein. Viel Selbstvertrauen gab ihm im Jahr darauf der Sieg im »Salon Österreichischer Wein« in der Kategorie Blaufränkisch. Seitdem hat sich der junge, zurückhaltende Mann ständig weiterentwickelt. So gelangen ihm im nicht ganz einfachen Jahrgang 1996 mehrere prächtige Rote. Und auch in 1997, in dem viele österreichische Erzeuger mit Rot auftrumpften, gehörte Lang zur Spitze im Mittelburgenland. Beim 1999 durchgeführten Wettbewerb um die »20 Besten« war er erneut ganz vorn dabei.
Bewirtschaftet werden 9,5 Hektar. Neben Blaufränkisch sind noch Zweigelt, St. Laurent und Blauburgunder im Anbau. Bald tragen auch die neuangepflanzten Cabernet Sauvignon und Syrah.

Bewertung: * *

VEREINTE WINZER BLAUFRÄNKISCHLAND

Günserstraße 54
7312 Horitschon
Telefon 02610-42321 oder 4221373
Fax 423214

Die mit Abstand größte Rotweingenossenschaft Österreichs (480 Hektar) hat durch die Fusion mit der kleinen Kooperative in Lutzmannsburg (1997) und durch eine Zusammenarbeit auf Vertriebsebene mit der ebenfalls leistungsstarken Genossenschaft in Neckenmarkt (1999) noch mehr an Schlagkraft gewonnen. Verkauft wird allerdings im Wesentlichen Rotwein im Tank an österreichische und neuerdings auch deutsche Handelskellereien, die sich dann mit der guten Vorarbeit der Horitschoner unter Betriebsleiter Josef Pusch schmücken können.
Nur knapp 10% Prozent des eigenen Ertrags (insgesamt mehrere Millionen Liter mit Schwankungen je nach Jahrgang) werden selbst vermarktet. Diese guten Weine heißen »Prestige« (Blaufränkisch Barrique), »Royal« (Blaufränkisch, Zweigelt, Cabernet und Merlot) sowie »Cabisch« (Blaufränkisch und Cabernet). Das Aushängeschild unter den Horitschoner Weinen ist seit dem Jahrgang 1996 der »Arachon«, der in Zusammenarbeit mit den drei namhaften Erzeugern F. X. Pichler (Wachau), Manfred Tement (Südsteiermark) und Tibor Szemes (Südburgenland) produziert wird. Für diesen Wein wurden zwei Dutzend Genossen

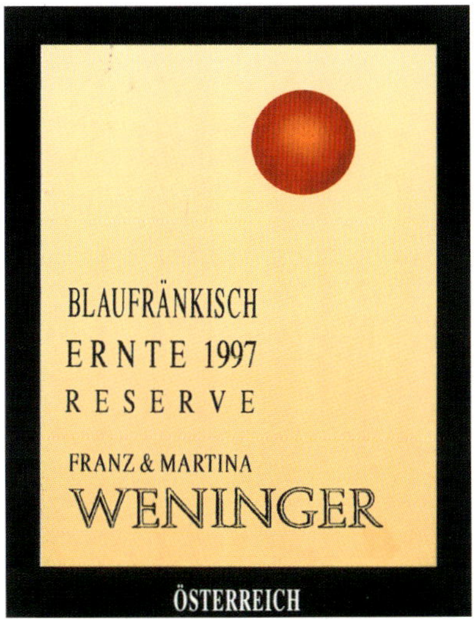

unter Vertrag genommen, die sich an bestimmte Kriterien beim Anbau halten (vor allem starke Ertragsreduzierung). Die Produktion ist auf 100 000 Flaschen begrenzt. Die Verträge laufen bis 2026. Schon wenige Wochen nach seiner Erstvorstellung ist der »Arachon« meist ab Keller ausverkauft (zu einem Preis von rund 200 Schilling) und dann nur noch über den Fachhandel zu erhalten. Der Plan mit einem Zweitwein wurde wieder fallengelassen, weil es der Genossenschaft an Füll- und Lagerkapazität mangelt.

Bewertung: * +

FRANZ WENINGER

Florianigasse 11
7312 Horitschon
Telefon 02610-421650, Fax 4216550

Franz Weninger (Jahrgang 1953) ist ein rastloser Mensch, seit er 1982 den elterlichen Betrieb mit seiner Frau Martina übernahm. Die Rebfläche lag damals bei sieben Hektar, der Wein wurde überwiegend im Gebinde verkauft. Heute sind es 20 Hektar – aber die Erntemenge gegenüber damals ist unverändert. Denn seit etlichen Jahren ist der schon bei zahlreichen Wettbewerben erfolgreiche Franz auf dem Qualitätstrip. Die Erträge sind gering, die Qualitäten stets über dem Durchschnitt.

Früh befasste sich Weninger mit neuen Sorten wie Cabernet Sauvignon und Merlot als Ergänzung zum klassischen Blaufränkisch, obwohl er damals erst Sondergenehmigungen für die Kultivierung einholen musste. Weil der Betrieb ständig gewachsen war, wurde 1999 ein Neubau eingeweiht, der den Weningers mehr Möglichkeiten beim Ausbau und der Präsentation gibt. Gelegentlich helfen beim Präsentieren die Töchter Vera und Tina. Ihnen sind zwei der Spitzenweine des Guts gewidmet: »Tinavera« (Blaufränkisch) und »Veratina« (ein Verschnitt aus überwiegend Cabernet Sauvignon neben Blaufränkisch, Zweigelt und Merlot).

Und weil er sich in Horitschon nicht mehr sonderlich entfalten kann, ging Weninger vor einigen Jahren eine Kooperation mit dem ungarischen Winzer Attila Gere (Villány) ein und kaufte zudem noch in Balf bei Sopron in der traditionsreichen Region Ödenburg gleich hinter der Grenze 30 Hektar Rebgelände, das teilweise neu bestockt werden musste. Die ersten Ergebnisse mit roten Sorten sind vielversprechend.

Bewertung: * * *

Neusiedlersee

PAUL ACHS

Neubaugasse 13
7122 Gols
Telefon 02173-2367, Fax 3478

Winzer mit Namen Achs gibt es viele in Gols. Paul I. (geboren 1940) und Sohn Paul II. (Jahrgang 1967) hatten es deshalb nicht ganz leicht, sich zu profilieren. Zum entscheidenden Sprung trug sicher ein Praktikum des Juniors in Kalifornien bei, von dem er mit einigen Anregungen zurückkam. Der anfangs skeptische Vater ließ sich schließlich zu radikalen Ertragsbeschränkungen, dem schonenden Traubentransport in Mini-Behältern und den teilweisen Verzicht auf die Filtration bei den Rotweinen überreden. Bei den weißen Sorten wird seit einigen Jahren die Ganztraubenpressung angewandt. Zudem werden beim besten Material einige Prozent des Saftes abgezweigt, damit die Weine am Ende noch konzentrierter sind.

Die Rebfläche wuchs mit dem zunehmenden Erfolg auf inzwischen 17 Hektar. Es gab eine Umstrukturierung von Weiß (heute nur mehr etwa 30%) auf Rot. Das bedeutet nicht, dass die Weißweine weniger interessant sind. Der Welschriesling zeigt Spiel und Rasse. Der Chardonnay ist elegant und geschmeidig, der Sauvignon Blanc verzaubert mit seinem Holunderduft. Blaufränkisch, Cabernet und St. Laurent werden nur zum Teil separat ausgebaut, sie sind außerdem Bestandteil der Cuvée »Pannobile«.

Internationales Format hat auch der Pinot Noir, den man in Jahren wie 1997 mit einem Premier Cru aus dem Burgund verwechseln könnte.

Bewertung: * * * +

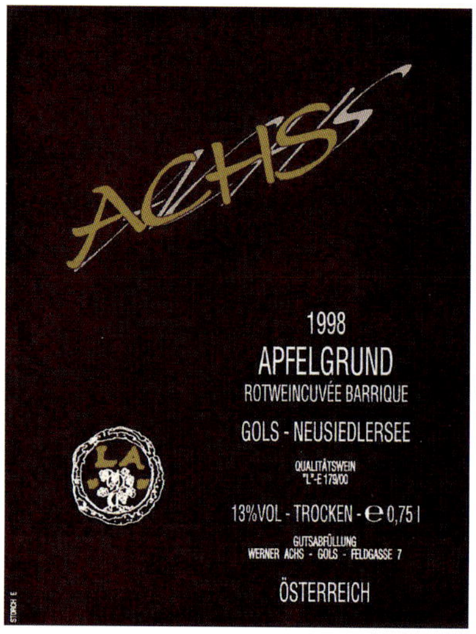

WERNER UND ELFRIEDE ACHS

Feldgasse 7
7122 Gols
Telefon 02173-2488, Fax 24884

Werner (45) und Elfriede Achs sind nicht so prominent wie Vater und Sohn Paul Achs, aber doch ein Winzerehepaar mit einer sehr stimmigen Kollektion. Er besuchte die Weinbauschule in Eisenstadt und avancierte anschließend zum Winzermeister. Elfriede war durch die Herkunft aus einem kleinen Weinbaubetrieb schon »vorbelastet«.

Beide überzeugen mit ihren weißen (Chardonnay Select und Weißburgunder) und gelegentlich mit ihren edelsüßen Kreationen (die 96er Neuburger Beerenauslese ist ein ungemein pikanter Tropfen). Und bei den Rotweinen beweisen sie vor allem mit dem St. Laurent und der Barrique-Cuvée »Apfelgrund« (Blaufränkisch, Cabernet Sauvignon, Zweigelt), dass sie sich hinter der starken Golser Konkurrenz nicht verstecken müssen.

Bewertung: * *

MATTHIAS UND CHRISTINE BECK

Untere Hauptstraße 108
7122 Gols
Telefon 2755, Fax 27554

Der Familie Beck geht es wie der Familie Achs. Auch sie haben viele Namensvettern am Ort. Als Matthias und seine Frau Christine im Jahr 1974 übernahmen, gehörten sie mit ihren drei Hektar zu den Nobodys. Sie arbeiteten weitsichtig am Image. In einer Zeit, als Gols noch vorwiegend eine Weiß- und Süßweingemeinde war, hatten sie schon einen recht stattlichen Rotweinanteil und machten mit guten Qualitäten auf sich aufmerksam. Darüber hinaus erzeugt Matthias weiterhin beachtliche Weißweine, die eine für den Seewinkel nicht unbedingt selbstverständliche Säurestruktur haben. Ein Geheimtipp ist die anderswo ungeliebte Sorte Neuburger, die hier einen facettenreichen Wein liefert und sogar durch Barrique-Ausbau Struktur bekommt. Weitere Stärken sind der schlanke Welschriesling, der würzige, herrlich aromatische Weißburgunder und die wei-

ße Cuvée »Pannobile« (Weißburgunder, Neuburger und Chardonnay). Der auf dieser Seeseite nicht sonderlich stark verbreitete Blaufränkisch und der Zweigelt liegen ebenfalls deutlich über dem Durchschnitt.

***Bewertung:* * * ***

HANS GANGL

Apetlonerstraße 9
7142 Illmitz
Telefon/Fax 02175-3131

Mit einem 1991er Ausbruch war er mal Grand-Prix-Sieger bei einem großen Wettbewerb in Paris. Für Hans Gangl (Jahrgang 1960) haben solche Auszeichnungen besonderen Wert, weil er erst seit 1992 selbständig Wein erzeugt und außerdem nur im Nebenerwerb tätig ist. Hauptberuflich ist er Kontrolleur auf dem Wiener Flughafen. Dass Gangl bei noch mehr Konzentration auf den Weinbau eine prächtige Karriere machen könnte, kann er mit einer beachtlichen »Hobby-Kollektion« verdeutlichen. Der Zweigelt aus dem Barrique erinnert an einen überdurchschnittlichen Bordeaux. Bei den Botrytis-Weinen hat es den Anschein, als ob er sich an Luis Kracher in der gleichen Straße orientiert. Sie sind zwar noch nicht ganz so mächtig und konzentriert wie beim österreichischen Süßwein-Star. Aber seine Trockenbeerenauslesen von Welschriesling und Bouvier sind deutlich über dem Durchschnitt. Übertroffen werden sie noch von einer nervig-rassigen Beerenauslese aus Welschriesling und Weißburgunder. Stolz ist er auf einen überaus gelungenen Aperitifwein aus dem Jahrgang 1990, der bewusst oxidativ ausgebaut wurde. Er ist zwar eigenwillig in seiner Art (Bukett wie ein Tokajer, Geschmack wie ein feiner Sherry), aber genau das macht seinen Reiz aus.

***Bewertung:* * ***

ROBERT GOLDENITS

Untere Hauptstraße 8
7162 Tadten
Telefon 02176-2294, Fax 22944

Kaum jemand kennt die kleine Weinbaugemeinde Tadten im Seewinkel – wenn es da nicht den ehrgeizigen Robert Goldenits (Jahrgang 1965) geben würde, der sich in den letzten Jahren als Winzer prächtig entwickelt hat. Drei Jahre Fachschule in Krems mit anschließender Meisterprüfung und Studienreisen nach Italien, Frankreich und Deutschland beginnen sich auszuzahlen. Anfang der neunziger Jahre fiel er erstmals mit seinen Rotweinen auf und placierte sich gut bei nationalen Wettbewerben. Bei einer groß angelegten Rotweinprobe auf der Wiener Weinmesse im Jahr 1996 war er dann ganz vorn dabei. Seine Stärke in dieser Kategorie ist zweifellos die Cuvée »Tetuna« (Zweigelt, Blaufränkisch, Cabernet), die er 1994 erstmals auf den Markt brachte. Auch der Zweigelt hat stets gutes Niveau.
Auch seine weißen Sorten, die viereinhalb von sieben Hektar einnehmen, haben sich in den letzten Jahren deutlich verbessert. Besonders interessant sind der Chardonnay »exclusiv« (teilweise aus dem Barrique) und der feinduftige Sauvignon Blanc. Auch einige Trockenbeerenauslesen der letzten Jahrgänge überzeugen.

***Bewertung:* * * +**

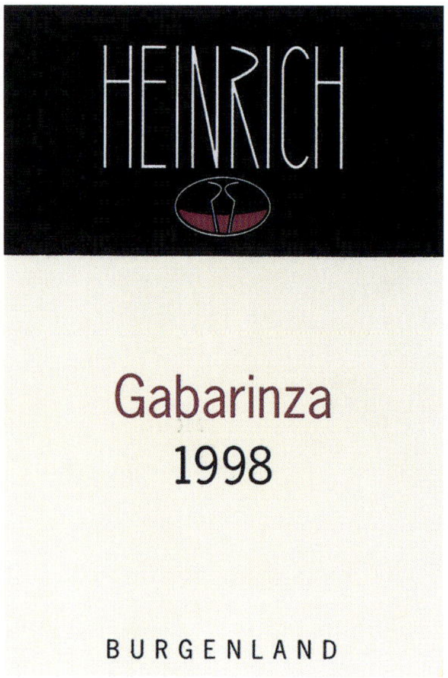

GERNOT HEINRICH

Baumgarten 60
7122 Gols
Telefon 02173-31760, Fax 31764

Vater Erich Heinrich begann 1964 in dem damals winzigen Weingut (nur 1,5 Hektar) mit der Flaschenabfüllung. Der im selben Jahr geborene Junior Gernot besuchte zwar zunächst die Weinbauschule Klosterneuburg, studierte dann aber lieber Bodenkultur und begann sich sogar für Gentechnik zu interessieren, ehe er doch 1988 den Ruf aus der Heimat erhörte und ein paar Jahre später gemeinsam mit seiner Frau Heike den Betrieb übernahm.
Studienreisen nach Frankreich, Spanien, Italien und Kalifornien beeinflussten seine Entwicklung. Bei der Ernte achtet er nicht nur auf das gute Mostgewicht, sondern ebenso auf die Säurestruktur. Beim Ausbau gibt es verschiedene Versionen. Auch die Weißweine machen zum Teil den biologischen Säureabbau durch (nicht immer mit optimalem Ergebnis). Insgesamt ist die Kollektion durchaus stimmig. Bei den Weißweinen ist natürlich die Cuvée »Pannobile« der Star. Es gibt sie auch in Rot und dazu als Ergänzung den nach einer Riede benannten »Gabarinza« aus Zweigelt, Blaufränkisch und Syrah. Gernot und Heike Heinrich haben ein Gespür für geschicktes Marketing. Das merkt man am einfallsreich und zugleich praktisch konstruierten neuen Gutsgebäude ebenso wie an den Etiketten und einem »mutigen« Wein, dem »Simply Red«, einem speziell für die Gastronomie kreierten roten Wein in der 1,5-l-Flasche, der aber nicht so schmeckt wie ein normaler Tafelwein.

***Bewertung:* * * ***

FAMILIE HORVATH

Untere Hauptstraße 165
7122 Gols
Telefon/Fax 02173-3378

Es war bei einer großen Blindverkostung von Golser Weinen im Frühjahr 1999. Zu den schönsten Serien gehörte jene des jungen Günter Horvath, der schon im Volksschulalter als Berufsziel »Weinbauer« angegeben hatte. Nach vierjährigem Besuch der Weinfachschule in Krems absolvierte er die praktische Ausbildung beim großen Ernst Triebaumer in Rust – was offensichtlich prägte. Die Stärken sind die Rotweine, bei denen er durch viel Ausdünnungsarbeit im Weinberg nur zwischen 2500 und 3500 kg Trauben pro Hektar erntet. Die Weine werden zum Teil in Barriques ausgebaut, darunter der Blaufränkisch »Gabarinza« und die Cuvée »Altenberg« (Cabernet Sauvignon, Merlot, St. Laurent und Zweigelt). Chardonnay und Welschriesling, die weißen Rebsorten auf den zehn Hektar (davon zwei Hektar Neuanpflanzungen), liefern solide Qualität mit Spielraum nach oben.

***Bewertung:* * ***

JURIS – STIEGELMAR

Marktgasse 12-18
7122 Gols
Telefon 02173-2748 und 2203, Fax 3323

Als der quirlige Georg Stiegelmar 1968 mit seiner Frau Theresia das elterliche Weingut samt Buschenschank (»Csardas-Schenke«) übernahm, war Gols noch ein unbekannter

Weinort. Der Einzelkämpfer Stiegelmar, der sich nie in ein Team wie die »Pannobile«-Gruppe oder die »Renommierten Weingüter« einordnen wollte, machte schon in den achtziger Jahren überregional auf sich aufmerksam, als er eigenwillige, aber feine Süßweine nach alten Rezepturen erzeugte. Ein paar Jahre später ließ er den Strohwein wieder aufleben, der heute in etlichen anderen Gütern ebenfalls produziert wird. Dann überraschte er mit mutig herben, säurebetonten Weißweinen und überstand auch die kritische Skandal-Phase Mitte der achtziger Jahre, obwohl ein Namensvetter häufig auf den »Glykol-Listen« auftauchte. Später, als der kooperativ orientierte Sohn Axel schon mitarbeitete und seine Erfahrungen von Auslandsaufenthalten mit einbrachte, stellte sich das Gut der Konkurrenz bei etlichen internationalen Wettbewerben und war hier sehr erfolgreich. Höhepunkt war die Verleihung der »Robert Mondavi Worldwide Trophy« in London, die dem Titel »Weinmacher des Jahres« entspricht.
Der Senior (Jahrgang 1940) lässt es inzwischen etwas ruhiger angehen und kümmert sich um einen kleinen Besitz in Ungarn. Er weiß, dass Axel alles gut im Griff hat und in einer neuen Kelleranlage noch mehr Entfaltungsmöglichkeiten besitzt. Die Weiß- und Rotweine sind durchweg ansehnlich und oft erstklassig. Die arbeitsaufwendige »Csardas-Schenke« wurde vor einigen Jahren aufgegeben und das Gut gleichzeitig in »Juris« umbenannt (nach »Juri«, dem früheren Rufnamen für Georg).

***Bewertung:* * * * ***

WEINGUT KÖLLAN

Georg und Elisabeth Schmelzer
Heideweg 3
7122 Gols
Telefon/Fax 02173-2573

Auch Schmelzers gibt es einige in Gols. Um der Verwechslungsgefahr vorzubeugen, änderte Georg Schmelzer den Namen des Weinguts. »Köllan« ist eine alte Flurbezeichnung. Der Betrieb folgt dem Golser Trend zum Rotwein. Von den neun Hektar entfallen allein 40 % auf den Zweigelt, von dem der junge Winzer (33) verschiedene Varianten anbietet (Selection, Reserve), die überdurchschnittliches Format haben. Für den Alltag gibt es den »normalen« Zweigelt, der schon ein richtig guter, fruchtiger Roter ist und auch mit seinem Preis (um 40 Schilling) imponiert. Gekonnt ist auch der Umgang mit Cabernet Sauvignon (solo sehr würzig und dicht, in der Cuvée mit Zweigelt enorm konzentriert).
Die Kollektion der weißen Sorten kommt nicht ganz an das Niveau der Rotweine heran, ist aber durchgängig von stimmiger Qualität. Am besten gelingen: Sämling (Scheurebe) trocken und Welschriesling Spätlese lieblich.

***Bewertung:* * ***

ALOIS KRACHER

Apetlonerstraße 37
7142 Illmitz
Telefon 02175-3377, Fax 33774

Bekannt über das Burgenland hinaus war er schon lange. Aber als »Weinpapst« Robert M. Parker seiner Kollektion des

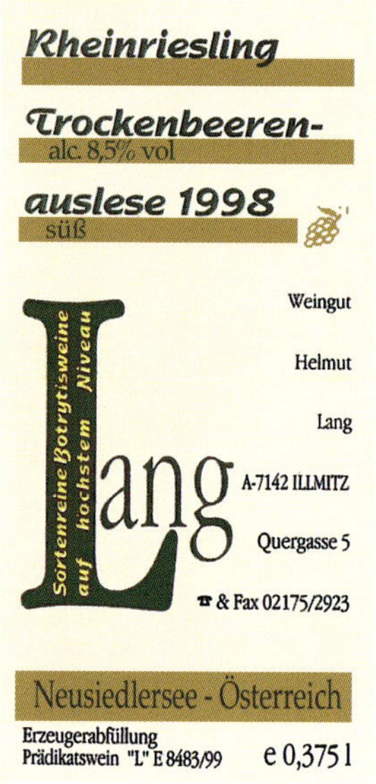

Jahrgangs 1995 bei 15 Weinen insgesamt deutlich über 1400 Punkte gab (somit kein Wein unter der »magischen« 90-Punkte-Grenze), hatte Alois Kracher in der Weinszene Weltruf. Das ist ihm nicht zu Kopf gestiegen. Selbstbewusst war der Luis zwar schon immer. Und dass der Vater, der bereits sehr guten Wein erzeugte, einst frotzelte, der Sohn würde 20 Jahre brauchen, um die Arbeit im Weinberg zu verstehen, hat den gelernten Drogisten eher angespornt.
Seit 1992 steht der Illmitzer (Jahrgang 1959) voll in der Verantwortung. Zielsetzung sind in jedem Jahr edelsüße Spitzenweine. Und eigentlich klappt es immer. Kracher liebt es individuell, achtet auf den Sortencharakter und differenziert zwischen traditioneller Vinifikation in gebrauchten Fässern (»Zwischen den Seen«) und dem Barrique-Ausbau (»Nouvelle Vague«), bei dem der Edelsüße Château d'Yquem Maßstab ist. Nicht schlecht gerät der Rotwein als Ergänzung. Und die Experimente, die er mit befreundeten Winzern 1998 in Kalifornien mit Botrytisweinen und der etwas umstrittenen Kryo-Extraktion (Frostung der Beeren) startete, haben interessante Ergebnisse gezeitigt, die seinem Ruf nicht schaden.

***Bewertung:* * * * ***

HELMUT LANG

Quergasse 5
7142 Illmitz
Telefon und Fax 02175-2923

Große Süßweinverkostung auf einer Wein-Messe in Vorarlberg: Ein Wein verzauberte die Jury schon im Aroma. Man murmelte »Weltklasse« und »einfach traumhaft« bei dieser Trockenbeerenauslese von der Scheurebe und vergab Höchstnoten. Das Konzentrat kam von Helmut Lang und war alles andere als eine Eintagsfliege. Schon seit etlichen Jahren gehört der Illmitzer (Jahrgang 1960) zu den festen Größen in Österreichs Süßwein-Szene. Vater Alois brachte ihm einiges bei, danach entwickelte er sich sehr gut weiter und sammelte bei internationalen Wettbewerben Preise wie andere Leute Briefmarken.
Er hat einen eigenständigen Stil und legt nicht unbedingt Wert auf süße Schwergewichte. Seine Weine sind oft sehr leicht mit dem Akzent auf Frucht und Säurespiel (besonders beim international erfolgreichen Riesling). Wichtig ist ihm, dass der Sortencharakter erhalten bleibt. Seit einigen Jahren versucht er sich außerdem erfolgreich an hellfarbigen edelsüßen Gewächsen vom Pinot Noir. Interessant ist das Angebot an reiferen Weinen aus den achtziger Jahren, die sehr gut verdeutlichen, dass sich edelsüße Weine vom See mit der Zeit noch vorteilhafter entwickeln können.

***Bewertung:* * * * +**

HANS NITTNAUS

Untere Hauptstraße 49
7122 Gols
Telefon und Fax 02173-2248

Er ist einer der Vordenker in Gols, der auch mal über den eigenen Schatten springen kann. Hans Nittnaus war der Initiator für den Einsatz eines erfahrenen französischen Önologen, der heute einige Dutzend

Winzer im ganzen Burgenland berät – inklusive ihn selbst. Doch schon bevor der Gast-Dozent aktiv wurde, gehörte Nittnaus zu den besten Winzern im Gebiet. Mit seinen roten Cuvées »Comondor« (Cabernet und Blaufränkisch) sowie »Pannobile« setzte er immer wieder kräftige Akzente. Sehr fruchtbetont gibt sich der St. Laurent. Auch der weiße »Pannobile« ist meist ein mächtiger, gehaltvoller Tropfen mit viel Extrakt, ebenso der normal ausgebaute Zweigelt. Unter den sonstigen Weißweinen imponiert besonders der Sauvignon Blanc mit Schmelz und feiner Aromastruktur, egal, ob er vom Ried Spiegel oder aus dem Altenberg stammt.

Dass Nittnaus einst mit seiner Frau Anita einen Weinbaubetrieb führen würde, war Anfang der achtziger Jahre nicht abzusehen gewesen. Denn er studierte Musik und stieg erst nach dem Weinskandal 1985 aus einer »Trotzreaktion« in den Weinbaubetrieb der Eltern ein. Anita Nittnaus, die Landwirtschaft studiert hatte, hilft ihm dabei und achtet auf umweltschonende Bewirtschaftung.

***Bewertung:* * * * +**

JOSEF PÖCKL

Baumschulgasse 12
7123 Mönchhof
Telefon 02173-80258, Fax 802584

»Rindviecher, Zuckerrüben und Wein, der im Fass verkauft wurde«, das war der Ausgangspunkt für Josef Pöckl (Jahrgang 1951) im elterlichen Betrieb, als er in den siebziger Jahren zunächst mitarbeitete und dann ab 1978 die Verantwortung übernahm. Er teilt sie sich mit der temperamentvollen Frau Theresa, die an der Verkaufsfront steht und im Keller seine härteste Kritikerin ist.

Pöckl setzte frühzeitig auf rote Sorten, die in den achtziger Jahren manchmal allerdings noch etwas kantige Weine lieferten. Doch mit der Zeit wurde die Stilistik verfeinert und vor allem bei den Cuvées das notwendige Fingerspitzengefühl entwickelt. An der Spitze steht der »Admiral«. »Rosso e Nero« heißt ein Zweitwein, der aber in manchen Jahren durchaus dem Erstwein Konkurrenz machen kann.

In den letzten Jahren hat Pöckl ein gutes Gespür für edelsüße Weine entwickelt. Besonders ausdrucksstark ist meist der Sämling 88 (Scheurebe). Seit 1995 erzeugt er, wenn es der Jahrgang zulässt, auf seinen zwölf Hektar auch pikante und zugleich elegante Trockenbeerenauslesen von Pinot Noir, die Rotweinart erkennen lassen. Seit einigen Jahren zieht er sich selbst starke Konkurrenz heran: Sohn René erzeugte schon als 17-Jähriger eine beachtliche Cuvée von Shiraz und Zweigelt.

***Bewertung:* * * * +**

ELISABETH UND MICHAEL ROMMER

Satzgasse 31 und Neubaugasse 20
7122 Gols
Telefon 02173-3129 und 2246, Fax 3129

Vorläufer des Betriebs war ein Weingut Schmelzer, das stattliche Mengen produzierte und ausschließlich im Gebinde verkaufte. Als Lisl Rommer vor 15 Jahren einstieg, eckte sie mit ihrer Meinung, dass das nicht die Zukunft sein könne, schnell in der Familie an. Aber langfristig setzte sich der beharrliche Dickkopf mit Unterstüt-

zung ihres Mannes Michael, der bis Herbst 2000 im Bankgewerbe tätig war und mit seinem Verdienst in der Umstellungszeit den Fortgang des Betriebs sicherstellte, doch durch. Seit 1994 darf das Energiebündel nach eigenem Gutdünken schalten und walten.

Sie hat die Gutsgröße von zwölf auf 8,5 Hektar zurückgefahren, erntet im Schnitt nur noch die geringe Menge von 4000 kg Trauben pro Hektar und überzeugt vor allem mit ihren kraftvollen Rotweinen vom Zweigelt (die Hauptsorte) und Blaufränkisch sowie mit der Cuvée »Lanz« (St. Laurent, Blaufränkisch, Cabernet Sauvignon und Zweigelt). Auch einige mächtige Edelsüße konnte Lisl Rommer schon einbringen.

Bewertung: * * +

JOSEF UMATHUM

St. Andräer Straße 7
7132 Frauenkirchen
Telefon 02172-2440, Fax 21734

Er studierte Geographie und war Landschaftsarchitekt. Doch als sich der Bruder, der den 1958 gegründeten Betrieb der Eltern eigentlich übernehmen sollte, entschloss, Theologe zu werden, musste »Pepi« Umathum umsatteln. Er tat es nach einer Ausbildung im Schnellverfahren mit Praktika in Deutschland und Frankreich.

Bei Aufbau und Vergrößerung des Weingutes auf heute 18 Hektar kam ihm sein technisches Geschick zugute, so dass er zum Beispiel mit beachtlicher Eigenleistung einen wohltemperierten Keller errichten konnte.

Die Konzentration gilt den Rotweinen. Die österreichischen Sorten Zweigelt, St. Laurent und Blaufränkisch haben dabei Übergewicht. Umathum ist geduldig. Obwohl viele Kunden neugierig auf die jungen Jahrgänge sind, lässt er sich Zeit. Sein Paradestück aus der Riede »Hallebühl«, eine Cuvée aus Zweigelt, Cabernet Sauvignon und etwas Blaufränkisch, darf fast vier Jahre reifen. Umathum weiß, dass seine Weine Spätentwickler sind, die erst nach einigen Jahren zur Entfaltung kommen. Der Weißwein-Anteil wurde 1993 durch Zukauf von Flächen bei Neusiedl und Jois gesteigert. Davon profitierte unter anderem die »Pinot Cuvée«. Außerdem erwarb er hier einen kleinen Riesling-Weingarten, der jährlich gerade mal 1000 Liter liefert.

Bewertung: * * *

VELICH

Seeufergasse 12
7143 Apetlon
Telefon und Fax 02175-3187

Senior Helmut ist im Hauptberuf Lehrer. Die Söhne Heinz und Roland überredeten ihn, das nebenberufliche Hobby Weinbau auszubauen und sie mit einzubinden. So macht sich der studierte Winzer Heinz längst schon im auf Selbstvermarktung umgestellten Betrieb unentbehrlich. Und Roland, der hauptberuflich als Croupier in Wien arbeitet, rührt die Werbetrommel und hilft beim Verkauf.

Der Erfolg kam schnell mit gehaltvollen, in Barriques ausgebauten Chardonnays wie dem »Darscho« (70% neues Holz) und dem »Tiglat«, der erst nach längerer Reifezeit in den Verkauf kommt. Außerdem gibt es bei den Weißweinen Sorten wie den

Welschriesling und den Muskat-Ottonel für Kunden, die keinen Wert auf Barrique-Vinifikation legen. In den letzten Jahren gab es für das Mitglied im Verein »Renommierte Weingüter Burgenland« auch mehrfach mächtige edelsüße Kreszenzen.

***Bewertung:* * * ***

Neusiedlersee-Hügelland

BIRGIT UND PAUL BRAUNSTEIN

An der Bundesstraße
7083 Purbach
Telefon 02683-55130, Fax 55139

Vater Paul (55) ist ein Hüne von einem Mann, Tochter Birgit (30) das zarte Gegenstück. Die Weine haben von beiden etwas, mal verspielt und schlank wie Sauvignon Blanc, Pinot Blanc, mal kraftvoll und würzig wie die gelegentlich etwas überbetonten Barrique-Weine in Weiß (Chardonnay) und Rot (Cuvée Cabernet Sauvignon, Blaufränkisch, Zweigelt). Die junge alleinerziehende Mutter Birgit, die neben ihrer Arbeit im Betrieb das höchst muntere Zwillingspärchen Max und Felix zu versorgen hat, ist ein zähes und zugleich charmantes Mädchen, das unermüdlich auf Messen und Veranstaltungen den aufstrebenden Betrieb vertritt. Sie schaffte es sogar, auf dem schwierigen Exportmarkt Dänemark Fuß zu fassen.

Ihre Barrique-Weine hat sie nach einem alten Flüssigkeitsmaß »Oxhoft« genannt, womit sie auch an die historisch verbürgte Sitte erinnert, Wein in Schläuchen aus Ochsenhaut zu transportieren. Paul Braunstein begann bereits 1986, als das in Österreich noch nicht sehr beliebt war, mit dem Ausbau in kleinen Fässern. Zugleich praktizierte er damals den ebenfalls verpönten biologischen Säureabbau. Heute arbeitet er eng mit der Tochter auf den mittlerweile 15 Hektar und im Keller zusammen. Birgits älterer Bruder betreibt als Gastronom die beliebte Gaststätte »Pauli's Stuben«, in der man die Gutsweine ebenfalls kaufen kann.

***Bewertung:* * ***

FEILER-ARTINGER

Hauptstraße 3
7071 Rust
Telefon 02685-237, Fax 6552

Die Kellergewölbe des barocken Bürgerhauses im Zentrum von Rust sind alt, die hier eingebaute Technik ist alles andere als das. Edelstahl steht einträchtig neben Barriques und normalen Holzfässern, in denen unter anderem der Ausbruch, der »süße Stolz« des Hauses, vinifiziert wird (eine Barrique-Variante gibt es zusätzlich). Im Keller sind Hans Feiler (Jahrgang 1941) und sein Sohn Kurt (geboren 1973) ein gutes Team, das vor allem mit seinen Süßweinen auf internationaler Tribüne in den letzten zehn Jahren Furore machte und bei hervorragend besetzten Wettbewerben siegte. Doch man muss den Feilers auch für ihre herben Weißweine von Sauvignon Blanc, Pinot Blanc und Neuburger Respekt zollen. Ihre stilistisch dazwischen liegenden fruchtigen Spät- und Auslesen sind ebenfalls aller Ehren wert. Klammheimlich haben sich Hans und Kurt Feiler außerdem in die österreichische Rotweinspitze hochgear-

beitet. Zweigelt und Blaufränkisch sind würzige, elegante Weine. Die beste Kreation ist der »Solitair«, ein Verschnitt von Blaufränkisch, Cabernet Sauvignon und Merlot. Eine liebenswürdige Frau findet an der Arbeit der Männer besonderen Gefallen: Seniorchefin Inge, Hans Feilers Frau, die sich gemeinsam mit Mitinhaberin Gertrude Artinger um die Vermarktung kümmert und mit solchen Weinen dabei sehr überzeugend auftreten kann.

Bewertung: * * * *

GRENZHOF FIEDLER

Weinzeile 2
7072 Mörbisch
Telefon/Fax 02685-8276

Der kleine Familienbetrieb mit knapp zehn Hektar bestockter Rebfläche hat alle Voraussetzungen, um in den nächsten Jahren in die burgenländische Spitze aufzusteigen. Denn erstens arbeitet man in der Familie mit Senior Gerhard, seine Frau Elfi und Sohn Bernhard hervorragend zusammen. Zweitens hat Bernhard (Jahrgang 1974) neben der Ausbildung in Klosterneuburg diverse Praktika absolviert, die seinen Ehrgeiz weckten. Mit Stationen wie Feiler-Artinger, Kollwentz, Prager und einer Studienreise nach Kalifornien wurde die Basis für die weitere Entwicklung gelegt.

Der junge Mann macht sich sehr viel Gedanken über Wein, philosophiert gern darüber und bringt seine Vorstellungen in ausführlichen und durchdachten Informationsschriften für die Kunden zu Papier.

Der für die Kellerwirtschaft im Gut zuständige Bernhard setzt alles auch in die Praxis um. Besonders stolz ist er auf seinen herben Pinot Blanc, den würzigen Neuburger und den kraftvollen Chardonnay, wobei er hier die klassische Ausbau-Methode ohne Barriques favorisiert.

Anders bei den Rotweinen: Die Cuvée »Trilogie« (Blaufränkisch, Cabernet, Zweigelt) und vor allem der besondere Liebling Cabernet Sauvignon brauchen das kleine Fass, wobei es sich nicht nur um neue, sondern auch um gebrauchte Barriques handelt.

Bewertung: * *

LEO HILLINGER

Untere Hauptstraße 35
7093 Jois
Telefon 02160-8317, Fax 8129

Als der junge Leo Hillinger (Jahrgang 1967) Anfang der neunziger Jahre nach Praktika in Deutschland und Kalifornien (bei Walter Schug) als selbständiger Winzer mit Weingut und Buschenschank startete, legte er sofort ein erstaunliches Selbstbewusstsein an den Tag. Damals hatte er gerade einen eigenen Hektar unter Reben und kaufte viel von Weinbauern zu. Zwischen der damals erzeugten Weinqualität und seinem Auftreten auf Messen, das ihm Beachtung verschaffte, tat sich eine Lücke auf. Im Rückblick gibt der »Designer-Winzer« (ein Titel, den ihm mit leicht ironischem Unterton österreichische Medien verliehen) zu, dass früher nicht alles stimmig war.

Ein gewisser kommerzieller Erfolg war da, auf ihm hätte der »bunte Hund«, der sich gern in verrückten Posen fotografieren ließ, aufbauen können. Aber er hatte auch Ehrgeiz, wollte neue Wege gehen und ein

wirklich guter und vor allem seriöser Weinerzeuger werden. Eine Chance bot sich ihm, als 1998 in Rust zwölf Hektar zum Verkauf standen. Leo Hillinger machte reichlich Schulden, kann aber nach gut zwei Jahren durchatmen und ist endlich durchweg stolz auf das, was er von Anfang bis zum Ende selbst produziert hat. Mit Chardonnay, Welschriesling und Pinot Blanc reüssiert er bei den Weißweinen. Über einem normalen Blaufränkisch und dem in Barriques gereiften St. Laurent steht noch eine Spitzen-Cuvée. Bei den Süßweinen will er neue Akzente setzen und das Programm insgesamt noch auf weniger Weine unter der Markenbezeichnung »Hill« straffen.

***Bewertung:* * ***

RÖMERHOF KOLLWENTZ

Hauptstraße 120
7051 Großhöflein bei Eisenstadt
Telefon 02682-651580, Fax 6515813

Mitte der siebziger Jahre begann Anton Kollwentz (Jahrgang 1940) gegen den Strom zu schwimmen. Damals waren die Weine am See meist alkoholisch und süß. Plötzlich schwenkte der Großhöfleiner auf die herbe Linie um und erzeugte leichte, nervige Weine. Ein paar Jahre später leistete er sich die ersten Barriquefässer und baute darin den damals noch nicht offiziell zugelassenen Cabernet Sauvignon aus. Anton war also fast so etwas wie ein »Revoluzzer« – was man dem freundlichen, bedächtigen Burgenländer jedoch nicht ansieht. In den neunziger Jahren war er schließlich noch der Initiator für die Gründung des Vereins »Renommierte Weingüter Burgenland«.
Wer so viel Akzente in einem Gebiet gesetzt hat und gleichzeitig mit seinem eigenen Betrieb zur Spitzengruppe Österreichs gehört, kann sich allmählich gelassen zurücklehnen. Zumal da Kollwentz' smarter Sohn Andi (Jahrgang 1969) bereits im Keller seine Nachfolge angetreten hat und die Linie des Vaters weiterverfolgt. Die besonderen Stärken sind die roten Cuvées, der edelsüße Chardonnay und der feinaromatische, lange haltbare Sauvignon Blanc.

***Bewertung:* * * * ***

JOSEF LEBERL

Hauptstraße 81
7051 Großhöflein bei Eisenstadt
Telefon/Fax 02682-67800

Bordeaux ist das große Vorbild für Josef Leberl (Jahrgang 1950). Als er 1982 den elterlichen Betrieb übernahm, war das Gut noch ein Gemischtbetrieb mit Landwirtschaft. Die ersten Jahrgänge waren nicht unbedingt erbaulich. Aber Leberl hatte längerfristig das Ziel, »Weine zu erzeugen, die mit den besten der Welt mithalten können«.
Dafür wurde nach und nach im Weinberg und in der Kellerwirtschaft einiges geändert. Bei vielen internationalen Exkursionen lernte er dazu und holte sich Anregungen. Das Übergewicht auf den 14 Hektar haben die roten Sorten. Mit seinem Cabernet Sauvignon konnte der Großhöfleiner (im Keller unterstützt von Sohn Gerald) schon mal das Vorbild Anton Kollwentz übertrumpfen. Seinen besten Roten, einen Verschnitt aus Zweigelt, Blaufränkisch und Cabernet Sauvignon, nennt er »Peccatum« (Sünde). Die scherzhafte

Erklärung dafür: »Ich habe mich versündigt, weil ich vor der Ernte besonders viel Trauben herausschnitt.« Das Ergebnis solcher Maßnahmen sind sehr extraktreiche, nicht unbedingt immer alkoholische Weine, bei denen die Frucht noch gut zur Geltung kommt. Der stärkste Weißwein ist der würzige, säurebetonte Welschriesling.

***Bewertung:* * * ***

FAMILIE PRIELER

Hauptstraße 181
7081 Schützen am Gebirge
Telefon 02684-2229, Fax 22294

Weinmachen ist für Engelbert Prieler »ein Hobby, das erfreulicherweise zum Beruf wurde«. Als er 1972 im Alter von nur 24 Jahren den elterlichen Betrieb übernahm, schaffte er als erstes die Landwirtschaft ab und begann auf Selbstvermarktung umzusteigen. Auf Auslandsreisen hatte er gelernt, dass weniger Ertrag mehr Qualität bedeutet. Heute sind er und Frau Irmgard stolz auf den großen Keller, in dem alles derart sauber ist, dass man vom Boden essen könnte. Man sieht blitzende Stahltanks und zahlreiche Barriques. Den Umgang mit ihnen lernte er allmählich. Oft wird hin und her verschnitten, um die optimale Mischung zu finden. Die früher holzbetonten Rotweine sind heute fein und delikat, aber auch gehaltvoll. Bei den Weißweinen imponieren der Chardonnay (dezent vom Holz geküsst) und der kraftvolle Pinot Blanc. »Konkurrenz« wächst mit Tochter Silvia heran. Die hübsche junge Dame erzeugt bereits eigenständig famosen Pinot Noir.

***Bewertung:* * * * +**

PETER SCHANDL

Haydngasse
7071 Rust
Telefon 02685-265, Fax 2654

Die Familie betreibt schon mehr als 250 Jahre Weinbau am See. Peter Schandl (Jahrgang 1946) übernahm vor rund 30 Jahren das Ruder, nachdem er zuvor eigentlich keine Lust gehabt hatte, Winzer zu werden. Aber nach einer praxisnahen Ausbildung, die ihm der Vater auf der deutschen Weinbauschule in Weinsberg verordnet hatte, änderte sich seine Einstellung. Schandl führt den 15-Hektar-Betrieb und einen beliebten Buschenschank gemeinsam mit seiner Frau Ursula. Seine Stärke liegt eindeutig bei den Weißweinen (vielleicht wird der mitarbeitende Sohn Paul künftig »rote Akzente« setzen). Hier reicht die Palette vom erfrischenden Welschriesling über den würzigen Neuburger, den gehaltvollen Pinot Blanc, den geradlinigen, nach Apfel duftenden Furmint bis zum fruchtigen Rheinriesling. Und in den meisten Jahren reicht es außerdem für die edelsüße Spezialität Ausbruch.

***Bewertung:* * ***

FRANZ SCHINDLER

Neustiftgasse 6
7072 Mörbisch
Telefon/Fax 02685-8326

Anfang der achtziger Jahre machte Franz Schindler (Jahrgang 1951) eine Studienreise nach Bordeaux. Nachdem er sich dort

durch verschiedene Châteaux verkostet hatte, stellte er ernüchtert fest: »Ich fand das, was ich bis dahin selbst erzeugt hatte, plötzlich nicht mehr sehr eindrucksvoll.« Schindlers Ehrgeiz war geweckt. Er befasste sich mit dem Ausbau in Barriques, tüftelte viel mit Verschnitten, setzte für die herben Weißweine Edelstahl (mit gekühlter Vergärung) ein und entwickelte so nach und nach seinen neuen Stil. Zu den Stärken gehören die weiße Kombination aus Chardonnay und Sauvignon Blanc (»Cuvée d'Argent«), die rote »Cuvée d'Or« (Cabernet Sauvignon und Blaufränkisch) sowie Blaufränkisch und Cabernet sortenrein. Recht ansehnlich geraten die Süßweine von Sauvignon Blanc und Bouvier.

***Bewertung:* * ***

WINZERHOF SCHINDLER

Kinogasse 9
7072 Mörbisch
Telefon/Fax 02685-8389

Zuerst fiel er mehrfach anlässlich umfangreicher Verkostungen auf, bei denen er sich jeweils in der Spitzengruppe behauptete. Dann wurden die Weine aus dem kleinen, kaum bekannten Familienbetrieb von Senior Michael Schindler und Sohn Harald auf breiter Front unter die sensorische Lupe genommen. Und siehe da, ein »neuer Schindler« aus Mörbisch war entdeckt (der Name ist in der Ortschaft am See weit verbreitet).
Den Stil der letzten Jahre hat zweifellos Harald vorgegeben. Er erweiterte mit Barrique-Ausbau, Winzersekt und Traubenbränden das traditionelle Angebot, das heute in der Qualität ein sehr gleichmäßiges Niveau hat.
Besonders zu empfehlen sind der zartwürzige Sauvignon Blanc, eine herbe Pinot Cuvée sowie bei den Roten der fein nach Waldbeeren duftende Blaufränkisch im klassischen Stil und der feurige Blaufränker aus dem kleinen Eichenfass. Auch bei den Süßweinen lassen die Schindlers ihre Muskeln spielen. An der Spitze: der Welschriesling Ausbruch, ein sehr vielschichtiger, konzentrierter Tropfen, sowie der ungemein aromatische Muskateller.

***Bewertung:* * * +**

GÜNTHER SCHÖNBERGER

Am Markt 41
8323 St. Marein
Telefon 03119-2842, Fax 28422

Die Adresse in der Steiermark täuscht. Günther Schönberger hat seine fünf Hektar auf den Fluren von Rust und Mörbisch (in der Steiermark, wo sich sein Hauptwohnsitz befindet, kauft er allerdings gelegentlich Trauben, die dann zu steirischem Wein verarbeitet werden). Der Mann mit den langen weißen Haaren ist nicht von ungefähr ein Künstlertyp. 20 Jahre lang war er Saxophonist und Manager bei der erfolgreichen Band »Erste Allgemeine Verunsicherung«. Dann hatte er genug von »Babababa-Banküberfall«, »Märchenprinz« und »Küss die Hand, schöne Frau«, erwarb Weingärten und sattelte nach vielen Beratungsgesprächen mit Winzern um – und das sogar auf Öko-Weinbau.
Ein im Burgenland tätiger Önologe aus Frankreich hilft ihm bei der Arbeit. Mit bemerkenswertem Erfolg! Überzeugend sind nicht nur die rote und weiße »Herbst-

Cuvée« (Blaufränkisch/St. Laurent bzw. Neuburger mit Pinot Blanc), sondern auch die Trockenbeerenauslesen der letzten Jahre, mit denen er im Konzert der Besten am See mithalten kann.

Bewertung: * * +

HEIDI SCHRÖCK

Rathausplatz 8
7071 Rust
Telefon 02685-229, Fax 2294

In ihrem Lieferwagen, mit dem sie oft durch die Lande tourt, hat Heidi Schröck einen Navigator. Im Weinberg und Keller findet sie dagegen ohne elektronische Hilfe ihren Weg. Die charmante Rusterin, die sich ihr Selbstbewusstsein als Österreichische Weinkönigin vor mehr als 20 Jahren erwarb, hatte es nie leicht. Sie war alleinerziehende Mutter von zwei Kindern und musste gleichzeitig im elterlichen Betrieb Regie führen. Sie stellte sich der Verantwortung, als die örtliche Vereinigung »Cercle Ruster Ausbruch« ihr die Rolle der Sprecherin antrug. Und sie hielt stets guten Kurs mit dem knapp acht Hektar umfassenden Weingut, dessen Stärke bei den weißen Rebsorten liegt. Eine interessante Cuvée aus Grauburgunder und Chardonnay heißt »Woodstock« (ein Hinweis auf den Ausbau in kleinen Eichenholzfässern). Stolz ist sie auf ihren feinduftigen, gehaltvollen Muskat-Lunel (Muskateller) und den herzhaften, erst seit einigen Jahren im Sortiment befindlichen Furmint. Bei den Rotweinen sind noch Verbesserungen möglich – was Heidi selbst weiß. Dagegen gehört sie mit ihren kraftvollen, würzigen Ausbruchweinen und Trockenbeerenauslesen zur edelsüßen Spitze am Ort.

Bewertung: * *

ROSI SCHUSTER

Prangergasse 2
7062 St. Margarethen
Telefon/Fax 02680-2624

Viele Jahre lang verbanden die Weinkenner den Namen Rosi Schuster automatisch mit dem Ort Zagersdorf. Vor wenigen Jahren erfolgte der Umzug in ein neues Betriebsgebäude in St. Margarethen, wo sich die ausgebildete Weinbau- und Kellermeisterin, die »Winzerin aus Überzeugung« ist, noch besser entfalten kann. Hilfestellung erhält sie dabei von ihrem Mann Franz, der hauptberuflich Lehrer für Kellerwirtschaft an der Weinbauschule in Eisenstadt ist. Seit 1990 führt Rosi den von den Eltern übernommenen Betrieb mit 7,5 Hektar. Einen Namen machte sie sich mit ihren Rotweinen, vor allem mit dem Blaufränkisch »Classic«, der vom Cabernet Sauvignon diktierten, mit etwas Blaufränker abgerundeten Cuvée »Clausenberg« sowie dem mächtigen »C.M.B.« (Cabernet Sauvignon, Merlot, Blaufränkisch). In der Jugend sind diese Weine oft noch ein wenig hart und zu sehr vom Ausbau in Barriques geprägt. Devise: Zeit lassen. Erst nach vier, fünf Jahren entfalten sie sich. Nicht unterschätzen darf man die Weißweine. Der Sauvignon Blanc ist unter ihnen das überzeugendste Gewächs. Und in manchen Jahren reicht es zum edelsüßen Ausbruch.

Bewertung: * *

ERNST TRIEBAUMER

Raiffeisenstraße 9
7071 Rust
Telefon/Fax 02685-528

»E.T.« steht groß auf den Etiketten. Manche stellen die Verbindung zu dem gleichnamigen Film her und bezeichnen Ernst Triebaumer als den »Überirdischen«. Aber der zurückhaltende Ruster, der erst im Verlauf eines längeren Gesprächs erkennen lässt, dass er einen köstlichen trockenen Humor hat, bleibt trotz solcher Komplimente auf dem Teppich.
Zur Legendenbildung trug ein sensationeller Blaufränkisch des Jahrgangs 1986 aus der Riede Mariental bei, mit dem erstmals ein Österreicher bewies, dass ein hiesiger Rotwein mit den großen Gewächsen der Welt mithalten kann. Triebaumer bemerkt dazu nur: »Solche Weine hat schon der Vater gemacht. Nur gab es früher nicht die Leute, die unsere herben, gerbstoffbetonten, langsam sich entwickelnden Weine schätzten.«
Der Ruster hat später noch mehrfach großen Blaufränkisch erzeugt (der 97er war ein ähnlicher »Gigant«). Aber eigentlich ist jeder Wein aus seinem Keller überzeugend. Etwa der feine Sauvignon Blanc, der würzige Weißburgunder, der Chardonnay (gekonnt in Barriques vinifiziert), vor allem aber die edelsüßen Konzentrate, die das Prädikat »Weltklasse« verdienen. Aufpassen muss Ernst (Jahrgang 1947) höchstens auf Sohn Herbert (geboren 1972), der bereits im Betrieb mitarbeitet und zugleich einen kleineren Teil der elf Hektar selbständig bewirtschaftet. »Der macht dir ernsthaft Konkurrenz«, urteilen bereits Kollegen über die roten Produkte des Juniors.
Bewertung: * * * *

ROBERT WENZEL

Hauptstraße 29
7071 Rust
Telefon 02685-287, Fax 2874

Das Gut der Wenzels ist rund 400 Jahre alt, die Kellergewölbe stammen sogar aus dem 16. Jahrhundert. Wer im idyllischen Hof unter einer schattigen Pergola Wein verkostet, fühlt sich in die Vergangenheit versetzt. »Altmeister« Robert Wenzel (Jahrgang 1932) plaudert über die alten Zeiten und erzählt gern von seinen ungarischen Kontakten (die Sprache beherrscht er perfekt). Sie halfen ihm dabei, der Rebe zu einem Comeback zu verhelfen, die früher in Rust weitverbreitet war: Wenzel holte sich Furmint-Stöcke aus dem Nachbarland und sorgte für ihre Rekultivierung auf den Gemarkungen der Freistadt. Er war auch einer der Initiatoren der Gründung des »Cercle Ruster Ausbruch« und damit für die Wiederbelebung der alten süßen Spezialität.
Diese Botrytis-Weine sind immer schon die besondere Stärke des Guts gewesen. Die Bandbreite ist groß: Muskateller, Sauvignon Blanc und Furmint liefern Weine, die bei aller Konzentration sortentypisch bleiben. Ruländer, Chardonnay und Weißburgunder bilden gemeinsam eine gehaltvolle Cuvée. Unter den herben Weinen sind der Furmint und der Weißburgunder die feinsten Tropfen. Für Überraschungen ist der säurebetonte Muskateller gut.
Bewertung: * * *

Südburgenland

WEINBAU KRUTZLER

7474 Deutsch Schützen 84
Telefon 03365-2242, Fax 2255

Vater Hermann (Jahrgang 1938), der vor gut 25 Jahren auf einer Minifläche von 0,5 Hektar mit Weinbau startete, ist – obwohl seit 1992 Ortsbürgermeister – nach wie vor die starke Persönlichkeit im Gut. Aber die beiden Söhne Reinhold (Weinbaumeister) und Erich (er studierte Gärungstechnik) haben sich im langen Schatten des Seniors gut entwickelt und den heute sieben Hektar umfassenden Betrieb weiter nach vorne gebracht.

Das Haus ist nicht nur im Südburgenland die Nummer eins, sondern gehört ebenfalls zu den besten Rotweinbetrieben im gesamten Burgenland – was auch durch die Mitgliedschaft in der Vereinigung »Renommierte Weingüter Burgenland« (RWB) dokumentiert wird.

Der Blaufränkisch bestimmt das Sortiment. Es gibt ihn aus verschiedenen Rieden, mal saftig, mal von reifen Tanninen geprägt. Eine feine, elegante Cuvée von Blaufränkisch und Zweigelt stammt aus einem alten Weingarten. Die Spitze stellt »Perwolff« (eine uralte Ortsbezeichnung von Deutsch Schützen) dar. Die mächtige Kombination von Blaufränkisch und Cabernet Sauvignon macht stets eine 16 bis 20 Monate dauernde Reifezeit in Barriques durch.

***Bewertung:* * * ***

WEINBAU UWE SCHIEFER

7503 Weigersdorf 3
Telefon/Fax 03362-2464

Er ist gelernter Touristikkaufmann, war Lektor an der Österreichischen Weinakademie, führte mit den Eltern ein Kaffeehaus in Großpetersdorf und begeisterte sich für den Wein, als er ein Weilchen in der Spitzengastronomie arbeitete. Weil er der Meinung war, dass das Terroir des Eisenbergs nur unzureichend genutzt wird, beschloss Uwe Schiefer (Jahrgang 1968), Winzer zu werden und begann gemeinsam mit seiner Lebensgefährtin Petra Plank 1995 auf 0,65 Hektar. Sukzessive, nach den finanziellen Möglichkeiten, wurde die Fläche erweitert. In einigen Jahren will Schiefer mit knapp 3,5 Hektar die vorläufig ideale Größenordnung erreicht haben. Der Seiteneinsteiger, der vorwiegend auf Blaufränkisch setzt (85% der Fläche, ergänzt durch St. Laurent, Zweigelt, ein bisschen Merlot sowie Welschriesling) wurde durch Selbststudium und den intensiven Kontakt mit seinem Jugendfreund Erich Krutzler zum Aufsteiger im Südburgenland. Seine in Barriques ausgebauten Rotweine sind sehr konzentriert und trotzdem von Eleganz geprägt. Die schonende Vinifikation (in der Regel keine Schönung und Filtration) trägt zur Erhaltung der natürlichen Feinheiten bei. Ein schönes Kompliment kommt von einem prominenten Kollegen. Josef Umathum aus Frauenkirchen (Neusiedlersee) urteilt: »Das Einzige, was ihm fehlt, um ein Shootingstar zu werden, ist, dass er entdeckt wird.«

Umathum selbst lieferte dazu einen bemerkenswerten »Solidar-Beitrag«.

Im April 2000 versteigerte er per Internet 96 Flaschen seines 1996ers Ried Hallebühl für etwa 150 000 Schilling (gut 20 000 DM) für seinen Fond zur Förderung von Jungwinzern. Der Betrag kam Uwe Schiefer zugute.

Bewertung: * * +

SCHÜTZENHOF

Weinberg 159
7474 Deutsch Schützen
Telefon 03365-2203, Fax 220385

Die Saat legte Senior Felix Körper, der schon vor Jahrzehnten mit überdurchschnittlichen Weinen auf sich aufmerksam machte. Eine seiner vier Töchter, Karin, ist gelernte Weinbaumeisterin. Dass sie mit Walter Faulhammer einen zunächst Branchenfremden heiratete, war kein Problem. Denn Faulhammer verabschiedete sich aus der Glasbranche und absolvierte nachträglich die Ausbildung zum Winzermeister. 1989 übernahmen die beiden den Betrieb. Sie änderten einiges in der Vinifikation (so wurden Barriques angeschafft) und konnten die Rebfläche auf acht Hektar erweitern. 40% entfallen auf weiße Sorten, die tadellosen Welschriesling, Chardonnay und sogar feinen Rheinriesling (im Gebiet eine Rarität) und den Strohwein »Allegria« liefern. Die Rotweine altern gut. Paradestükke sind der »Senior«, ein Blaufränkisch mit Tiefgang (zu Ehren von Felix Körper) und die Cuvée »Kastellan« (Cabernet Sauvignon, Merlot, Blaufränkisch). Außerdem hat der ruhig gelegene Schützenhof noch eine reizende Frühstückspension vorzuweisen.

Bewertung: * *

ARKADENHOF WACHTER

Hauptstraße 26
7474 Deutsch Schützen
Telefon 03365-2245 und 2402
Fax 2245

Weinbau- und Kellermeister Franz Wachter (Jahrgang 1962) tanzt seit 1990 auf zwei Hochzeiten. Zum einen brachte er gemeinsam mit seiner Frau Theresia den von den Eltern übernommenen Betrieb nach vorne. Und dann betreut er noch im Keller das Weingut Wiesler, aus dem seine Frau stammt. Dieser ebenfalls in Deutsch Schützen angesiedelte Betrieb hatte bereits in den siebziger Jahren unter Regie des damaligen Landesrates Johann Wiesler eine Vorbildfunktion mit gerbstoffbetonten Gewächsen wie der »Vinification spéciale«. In der Vermarktung arbeiten beide Betriebe als »Wachter & Wiesler« zusammen. Es gibt sogar »betriebsübergreifende« Cuvées wie den Blaufränker »Béla Jóska«. Wachter macht sich bei den Damen im Haus beliebt. Seniorchefin Gisela Wiesler ist der elegante Blaufränkisch »Gisela« gewidmet. Die Liebe zur eigenen Tochter »Julia« kommt in einer gleichnamigen Cuvée von Blaufränkisch und Cabernet Sauvignon zum Ausdruck.

Insgesamt bewirtschaftet Franz Wachter sieben Hektar; 80% davon entfallen auf rote Sorten (außerdem noch Zweigelt, etwas Blauburger). Grüner Veltliner, Welschriesling und Goldburger sind weiße Ergänzungen.

Bewertung: * *

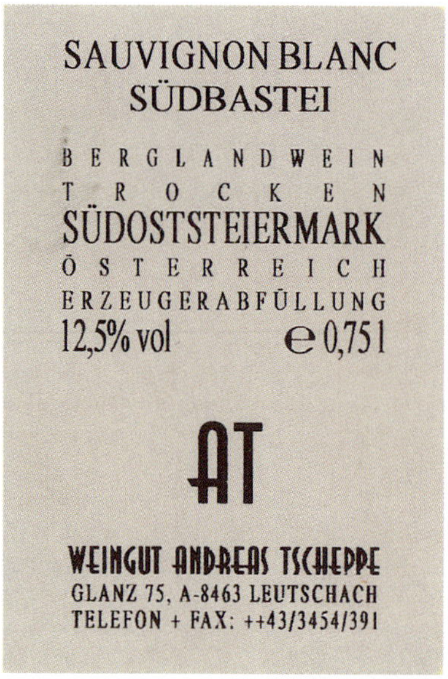

STEIERMARK

Südoststeiermark

ALBERT NEUMEISTER
8345 Stradten 42
Telefon 03473-308, Fax 3084

Albert Neumeister (Jahrgang 1955) übernahm zwar den elterlichen Betrieb nach Besuch der renommierten Weinbauschule Silberberg bereits 1981. Aber so richtig durchgestartet wurde erst vor einigen Jahren, als der von Gattin Anna geführte Buschenschank »Saziani-Stuben« mit seiner pfiffigen Traditionsküche etabliert war und sich der beharrliche Albert voll auf den Wein konzentrierte. Seit 1999 hat er im modern ausgestatteten, in den Hang integrierten Weinkeller noch mehr Möglichkeiten, sein Können auszuspielen (wobei ihm hier Sohn Christoph mittlerweile zur Seite steht). Seine leichteren Weine, die zur Kategorie »Steirische Klassik« gehören, sind schon sehr gehaltvoll und elegant. Brillant sind in guten Jahren die diversen Selektionen zum Beispiel vom Morillon, Sauvignon Blanc, Traminer. Für Überraschungen gut sind immer wieder der oft unterschätzte Welschriesling sowie der Rheinriesling, der an einen sehr guten Wachauer erinnert.

***Bewertung:* * * ***

BURGWEINBAU RIEGERSBURG ANDREAS TSCHEPPE
Glanz 75
8463 Leutschach
Telefon/Fax 03454-391

Sie liegt trutzig auf einem Hügel in der Nähe von Fürstenfeld, ist seit 1822 im Besitz der fürstlichen Familie zu Liechtenstein, hat weinbauliche Tradition auf den Burghügeln, wurde aber nach fast hundertjähriger Abstinenz erst Ende der achtziger Jahre wieder für den Weinbau entdeckt. Der eher zufällige Besucher Andreas Tscheppe (ein erfolgreicher Traubenproduzent, der an einige steirische Spitzenerzeuger verkauft) erkannte, was hier einst möglich gewesen war. Er überzeugte die fürstliche Familie, unter seiner Regie einen neuen Anfang zu wagen, und pachtete die vier Hektar Rebfläche. Vor Ort wurde Junior Andreas, ab 1991 mit der Verantwortung betraut. Bruder Michael sitzt ebenfalls mit im Boot. Ausgebaut werden die Weine allerdings nicht im Burgkeller; es gibt im Gemäuer keine Verkaufsstelle. Die Trauben werden zu einer eigens eingerichteten Kellerei in Leutschach transportiert und dort zu reschen, saftigen, sortentypischen Weißweinen von Weißburgunder, Welschriesling, Sauvignon Blanc und Morillon verarbeitet. Neu seit 1999: Sauvignon Blanc und Muskateller von anderen Flächen in der Südsteiermark.

***Bewertung:* * ***

WINKLER-HERMADEN
Schloss Kapfenstein
8353 Kapfenstein 105
Telefon 03157-2322, Fax 23224

Zunächst studierte er Kunstgeschichte und war Skilehrer. Aber dann entschloss sich

Georg Winkler-Hermaden (Jahrgang 1953) 1977 doch, im Betrieb der Familie, die seit 1898 auf Schloss Kapfenstein zu Hause ist und seit 1918 Weinbau betreibt, Verantwortung zu übernehmen. Bis Anfang der neunziger Jahre war Winkler-Hermaden ein Winzer unter vielen in der Südoststeiermark. Die Weine gerieten recht ordentlich, aber bekannter war eigentlich das Hotel-Restaurant im Schloss, das von seinem Bruder Martin betrieben wird. Doch dann änderte der Gutsbesitzer einiges bei den Erträgen auf seinen 16 Hektar sowie beim Ausbau und erzeugte plötzlich Weine mit Stil und Tiefgang. Die Stärken sind der Sauvignon Blanc, der Welschriesling, der Pinot Blanc sowie die saftige Cuvée »Caphenstein« (nach der alten Burgbezeichnung) aus Weißburgunder, Grauburgunder, Morillon, Sauvignon Blanc. In den letzten Jahren war auch immer wieder mal der rote »Olivin« vom Zweigelt, zu dem Georg von seiner bayerischen Frau Margot inspiriert wurde, für Überraschungen gut, obwohl manchmal der Holzeinsatz etwas überbetont wirkt.
***Bewertung:* * ***

SÜDSTEIERMARK

ENGELBERT ELSNEGG

Eckberg 26 an der Weinstraße
8462 Gamlitz
Telefon 03453-4812, Fax 48124

Winzer Engelberg Elsnegg kann sich glücklich schätzen. Er hat eine tatkräftige und charmante Frau, die auch noch sportlich ist. Denn Monika Elsnegg hat knapp sieben Hektar Reben vorwiegend in Steillagen zu bewirtschaften. Sie praktiziert hier eine strenge Mengenbegrenzung bei Welschriesling, Rheinriesling, Weißburgunder, Sauvignon Blanc, Traminer und Muskateller. Im Keller sorgt Engelbert für eine sowohl schnelle als auch schonende Verarbeitung. Auf leichte, feinaromatische, aber doch gehaltvolle Weine wird besonderer Wert gelegt. Dieser Stilrichtung gab bereits der Senior den Vorzug, der in den siebziger Jahren einen »Autofahrerwein« kreierte, heute aber für die etwas gefährlicheren Brände des Hauses (Williams, Pfirsich, Trester) zuständig ist. Wer sich hier überschätzt: Zum kleinen Gut gehört nicht nur ein Buschenschank; es gibt außerdem drei Gästezimmer.
***Bewertung:* * * ***

ALOIS GROSS

8461 Ratsch an der Weinstraße 10
Telefon 03453-2527, Fax 2728

Senior Alois Gross war 1979 gerade 50 Jahre alt, als er ein gutes Gespür bewies und dem Sohn, ebenfalls ein Alois, die Verantwortung für die Kellerwirtschaft übertrug. Der Junior hatte gerade die Weinbauschule Silberberg hinter sich gebracht, war erst 18 Jahre alt, aber schon so selbstbewusst, dass er einige Änderungen im Ausbau vornahm. Nicht mehr schwer und ein wenig süß sollten die Weine sein, sondern herb und schlank.
Der damals aufgrund der nur zwei Hektar Rebfläche nicht eben riesige Kundenkreis zog mit. Und Alois II. erweiterte den Betrieb sukzessive, weil er immer zu wenig Wein hatte. Nach dem letzten Stand der Dinge sind es 15 eigene Hektar sowie wei-

tere 17,5 Hektar Pacht. Der Keller im Nußberg enthält modernste technische Anlagen. Hier fällt für Gross die letzte Entscheidung über die Qualität der Weine. Bis 2002 soll der ganze Trakt erweitert und erneuert werden, mit zusätzlichem Weinarchiv.
Der nachdenklich wirkende Alois ist ein Tüftler, bei dem alles stimmen muss. Was er anpackt, gelingt ausgezeichnet. Von den meisten Weißweinsorten (besonders wichtig: Weißburgunder, Morillon, Sauvignon Blanc, Muskateller und Welschriesling) gibt es zwei Versionen: die gehaltvolle Stilrichtung und die leichtgewichtige, verspielte »steirische Klassik«. Eine Besonderheit ist der Rote Riesling, eine seltene Mutation des Rheinriesling.
***Bewertung:* * * ***

HANNES HARKAMP

Flamberg 46
8505 St. Nikolai/Sausal
Telefon 03185-2280, Fax 22804

Vor ein paar Jahren wurde Spitzenwinzer Erich Polz gefragt, ob es denn irgendwo in der Südsteiermark ein noch unentdecktes Talent gäbe, das mal den Anschluss an die Spitze schaffen könne. Polz überlegte nicht lang: »Der Hannes Harkamp.« Also wurden die Weine des jungen Mannes getestet.
Und die mächtige Kollektion des Jahrgangs 1997 erregte Aufsehen und Bewunderung. Freilich versteht sich Harkamp (Jahrgang 1969) nicht nur darauf, die Gunst der Natur für seine gehaltvollen Weine zu nutzen. Im schwierigen Jahrgang 1998 imponierte er mit einer ebenfalls beachtlichen Palette an leichteren, nervigen Weinen von Sorten wie Weißburgunder, Muskateller, Sauvignon Blanc und Morillon.
Den lautesten Beifall verdient jedoch der Rheinriesling, der mit seiner Schiefernote im Duft und dem noblen Charakter sowie der delikaten Frucht an einen Spitzenwein von der Mosel erinnert. Außerdem hat Harkamp noch den Roten Riesling im Sortiment. Mehr als eine schlichte rote Ergänzung ist der Blaue Burgunder.
Hannes übernahm den Betrieb 1991 nach einer gründlichen Ausbildung (auch im Fremdenverkehr) und erweiterte ihn von damals drei auf acht Hektar. Unterstützt wird er in seiner Entwicklung von seiner Frau Petra und seiner Mutter Elisabeth, die ihren Sohn als »Perfektionisten« bezeichnet. Der Bruder ist Koch und führt den »Wein & Schmankerl«-Keller der Villa Hollerbrand unter dem Seggauberg in Leibnitz. Natürlich werden hier zu den Gerichten Harkamp-Weine gereicht.
***Bewertung:* * * ***

WEINHOF KUGEL

Grassnitzberg 42
8471 Spielfeld
Telefon 03453-2592, Fax 2332

Kurz vor der Grenze nach Slowenien geht es auf einem schmalen Weg zwischen Tankstellen und Restaurants rechts ab. Man folgt dem Schild »Weinhof Kugel« und entdeckt nach zwei Kilometer Fahrt durch die Natur das idyllisch gelegene Gut der Familie Kugel, das Senior Christian Kugel vor einigen Jahren an den engagierten Junior Christian übergab. Neun Hektar in den Lagen Grassnitzberg und Obegg werden bewirtschaftet. Eine Besonderheit ist

ein Weingarten mit 1200 Uraltstöcken, die vor rund 100 Jahren gepflanzt wurden und immer noch tragen. Neben klassischen Reben der Steiermark stehen hier im »Altsteirischen Mischsatz« Varianten wie Mosler (Furmint) und Grüner Hainer, die ansonsten in der Steiermark ausgestorben sind. Das Sortengemisch liefert einen pikant würzigen Wein. Zu den sonstigen Stärken des Betriebs gehören der Weißburgunder »Exclusiv«, Morillon, Sauvignon Blanc und der feinmaschige Rote Traminer.

Bewertung: * * +

LACKNER-TINNACHER

Steinbach 12
8462 Gamlitz
Telefon 03453-2142, Fax 4841

Für manche Einheimische ist der 12,5-Hektar-Betrieb immer noch das »Paul-Jörglgut«, weil hier vor rund 200 Jahren ein Paul Jörgl lebte und »ein Stückl Grund Weingarth« besaß. Das »Stückl« wurde später von der Familie Lackner übernommen. Mit Franz Lackner kam in den sechziger Jahren der allmähliche Aufschwung. Dann wurde ein Fritz Tinnacher Lehrling im Haus. Nach Abschluss der Ausbildung blieb der Kontakt erhalten – vielleicht auch deshalb, weil Lackner eine hübsche Nichte hatte ...

1978 wurde geheiratet. Tinnachers Eltern gaben Rebfläche hinzu, so dass der Betrieb eine solide Größenordnung bekam. Heute sind es rund 12,5 Hektar, auf denen Fritz Tinnacher eine strenge Ertragsbegrenzung pflegt. Im Keller werden die leichteren Gewächse reduktiv im Stahl ausgebaut, während die kräftigen und duftigen Weine im Holzfass reifen.

Zur leichten Kategorie gehört der erfrischende Welschriesling. Kraftvoll in der Struktur fallen meist Weißburgunder, Morillon und Traminer aus. Vom Sauvignon Blanc gibt es in der Regel zwei Versionen. Gern tummelt sich Tinnacher im Bereich der Edelsüßen, mit immer wieder mal beachtlichen Ergebnissen bis hin zur Trockenbeerenauslese. Außerdem gibt es Edelbrände von Obst aus eigenen Gärten.

Bewertung: * * +

ERICH UND WALTER POLZ

Graßnitzberg 54a
8471 Spielberg
Telefon 03453-23010, Fax 23016

Wer sich über das Weingut Polz, das in den letzten Jahren ein schnelles Wachstum auf 35 Hektar erlebte, aktuell informieren will, schaut am besten ins Internet (www.polz.co.at). Auf der Homepage der Familie findet man Informationen über die Weine, den Anfahrtsweg und die mitarbeitenden Familienmitglieder sowie deren Zuständigkeitsbereich. Erich ist der Önologe und »unternehmerische Stratege«, Bruder Walter derjenige, der für den Weinberg zuständig ist. Reinhold, der Bodenkultur studiert hat, steht seinen Brüdern nicht nur bei der Arbeit in den Rieden zur Seite, sondern kümmert sich außerdem um die Administration. Schwester Maria, die Touristikfachfrau, zeichnet für die Öffentlichkeitsarbeit verantwortlich. Und Erichs Frau Margareta ist eine treibende Kraft im gesamten Betrieb.

Die Großfamilie, die außerdem noch einen

Buschenschank betreibt und vor einigen Jahren von der Familie Aubell den nahen »Rebenhof« (Weingut mit idyllischen Gästehäusern) übernahm, schafft es durch eine geschickte Arbeitsteilung, das Wachstum gut zu bewältigen und die Qualität auf einem hohen Niveau zu halten. Beim Wein gibt es drei Linien: »Steirischer Spiegel« (leichte, unkomplizierte, aber keineswegs harmlose Cuvées), »Steirische Klassik« (unter anderem mittelgewichtige, feine Welschriesling, Weißburgunder, Morillon und Muskateller) sowie die »Lagenweine« aus hochreifen Selektionen, die auch dem zurückhaltend vorgenommenen Barrique-Ausbau standhalten.

***Bewertung:* * * * ***

KLAUS PRÜNTE SCHNECKENKOGLER

Graßnitzberg 14
8471 Spielfeld
Telefon 03453-4126, Fax 4936

Früher verdienten sich die Kinder in der Region ein paar Schilling durch das Sammeln von Schnecken in den Weinbergen. Die Mutter von Inhaber Klaus Prünte, Inge Stromeier, war dabei besonders erfolgreich – womit das einst kleine Gut seinen Namen weg hatte. Später war sie einige Jahre mit dem gebürtigen Westfalen August Prünte verheiratet. Als sie 1952 als allein Erziehende verstarb, war ihr Sohn Klaus gerade neun Jahre alt. Mühsam hielten Freunde und die Verwandtschaft den Besitz über Wasser, bis Klaus Prünte erwachsen war und nach einer Ausbildung in Klosterneuburg schließlich 1965 einen schwierigen Neuanfang versuchen konnte. Lange verkaufte er im Fass. 1982 konnte er dann erstmals einen Jahrgang selbst abfüllen und sich als Winzer verwirklichen. Sein Stil entspricht nicht unbedingt der üblichen steirischen Art. Im Weinberg strebt er auf seinen sieben Hektar eine hohe Traubenreife an, die bei Weißburgunder, Sauvignon Blanc, Traminer und Rheinriesling zu gehaltvollen, aber weichen Weinen führt. Knackiger und erfrischender geraten Welschriesling und Muskateller sowie die »Levinum-Cuvée«.

***Bewertung:* * * **

SATTLERHOF

Sernau 2
8462 Gamlitz
Telefon 03453-25560
Fax 5732 und 44544

Wilhelm Sattler, der Senior im Haus, machte sich Ende der sechziger Jahre nach der Übernahme des elterlichen Betriebs um die ganze Steiermark verdient. Denn der Sturkopf versuchte damals gegen den Rat vieler Freunde, herben und säurebetonten Wein am Markt durchzusetzen. 20 Jahre später waren es genau diese Weine, die den neuen Ruf der Südsteiermark begründeten und die Gewächse aus dieser Region zu gefragten Produkten werden ließen.
Sattler gelang der Durchbruch erst Ende der siebziger Jahre. Aber dann avancierten Tropfen wie sein leichter, knochentrockener, feinaromatischer Sauvignon Blanc förmlich zu Kultweinen. Sohn Wilhelm (Jahrgang 1959) hat schon seit einigen Jahren die Verantwortung. Er mag es nicht ganz so leicht und so herb wie der Vater, sondern schätzt die fülligeren Weine mit

Schmelz. Die alte Tradition wird noch gepflegt mit dem kernigen Welschriesling und dem pikanten Muskateller. Die hochgradigsten Weine werden bis zu 18 Monate in Barriques gelagert und nehmen einen internationalen Stil an. Bruder Hannes Sattler betreibt mit seiner Frau Gabi ein Restaurant mit Genießerhotel (Mitte März bis Mitte Dezember), in dem man die gesamte Sattler-Kollektion inklusive reiferer Gewächse probieren kann.

***Bewertung:* * ***

SCHLOSS SEGGAU

Seggauberg 1
8430 Leibnitz
Telefon 03452-7112329, Fax 7112310

Das Schloss wurde um das Jahr 860 von den Salzburger Erzbischöfen gegründet und ist heute ein kulturelles Zentrum der Südsteiermark mit Kongress- und Freizeiteinrichtungen. Der heutige Besitzer, die Bischöfliche Gutsverwaltung der Diözese Graz-Seckau, wollte vor rund zehn Jahren eigentlich den dazugehörigen Weinbaubetrieb aufgeben. Aber dann gab man doch einem jungen Absolventen der Weinbauschule Silberberg eine Chance.

Als Dietmar Silly 1992 kam, war er gerade 19 Jahre alt. Doch er hatte genügend Selbstbewusstsein, um den Stil der Weine radikal – und zu ihrem Vorteil – zu verändern. Mal sind sie schlank und verspielt, mit einem Tick zu viel Kohlensäure, dann wieder ausdrucksstark im Aroma (Muskateller, Sauvignon Blanc, Sämling 88). In sehr guten Jahrgängen zeigen Weißburgunder, Morillon und Riesling Kraft und Finesse. Zum Sortiment gehören außerdem ein solider Rotwein vom Zweigelt sowie ein erfrischender, säurebetonter Schilcher.

***Bewertung:* * * +**

LANDESGUT SILBERBERG

Kogelberg 16
8430 Leibnitz
Telefon 03452-82339, Fax 8233917

Wer als angehender Winzer in der Schule Silberberg Weinbau lernt, hat den sprichwörtlichen Marschallstab im Tornister. Denn hier werden nicht nur wichtige Kenntnisse in Theorie vermittelt. Kellermeister Josef Kratzer und der für die Ausbildung Kellerwirtschaft verantwortliche Önologe Werner Surma holen auf den 27 Hektar des Schulweingutes das Optimale aus den Reben heraus und zeigen damit ihren Schülern in der Praxis, wie Spitzenweinbau funktioniert. Für Direktor Professor Robert Eder sind die beiden »das Herz vom Silberberg«.

Betreut werden verschiedene Betriebsbereiche mit den Landesgütern Kitzeck, Schloßberg, Remschnigg und Silberberg selbst. Produziert wird Riesling mit Schliff, Welschriesling mit Würze, Muskateller mit zartem Duft, Weißburgunder mit Schmelz und Chardonnay mit Feuer und leichtem Holztouch. Die eindrucksvollsten Weine allerdings liefert der Sauvignon Blanc. Im Gut Remschnigg wird nach ökologischen Prinzipien gearbeitet, denen ein pikanter Müller-Thurgau zu verdanken ist. Einige interessante Beeren-Destillate runden das Sortiment ab.

***Bewertung:* * * ***

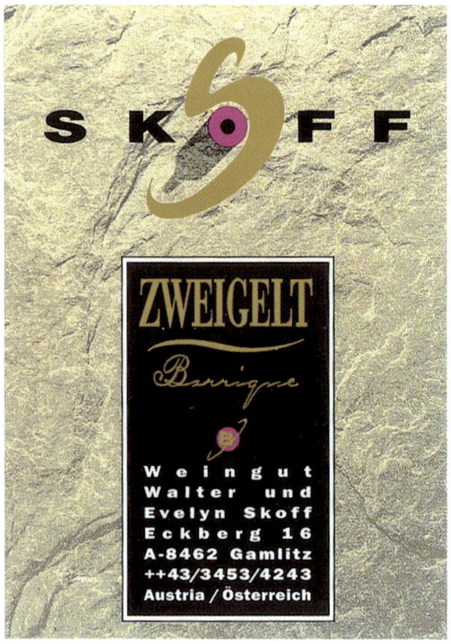

WALTER SKOFF

Eckberg 16
8462 Gamlitz
Telefon 03453-4243, Fax 424317

Die Familie betreibt seit Generationen Weinbau. Als Walter Skoff mit seiner Frau Evelyn in den achtziger Jahren die Verantwortung übernahm, zeigte er keine guten Startqualitäten. Aber in den neunziger Jahren holte er dann rasch auf und entwickelte sich zu einem der besten Winzer der Region. Regelmäßig ist er im »Salon Österreichischer Wein« vertreten.
Seine guten, normal ausgebauten, meist fruchtigen und animierenden Weine gehören zur »Classic«-Serie. Die besten Gewächse werden als »Edition« deklariert (unter anderem der würzige Morillon und der feinaromatische Sauvignon Blanc). Fast selbstverständlich, dass der zum »Rahmenprogramm« gehörende Schilcher einer der besten der Steiermark ist und es Skoff als einem der wenigen Produzenten in der Region gelingt, vom Zweigelt einen Rotwein zu erzeugen, der auch anspruchsvollere Genießer zufriedenstellt. Ein Paradestück ist der duftige Sekt »Primissimo« vom Muskateller. Diverse Obst- und Trester-Brände runden das Sortiment ab. Zum Buschenschank (März bis Dezember geöffnet) gehören einige Gästezimmer.
***Bewertung:* * * ***

MANFRED TEMENT

Zieregg 13
8461 Berghausen
Telefon 03453-41010, Fax 410130

Als der Vater 1979 überraschend starb, befand sich Manfred Tement (Jahrgang 1960) noch in der Ausbildung in Klosterneuburg und musste, damit er der tapferen Mutter Edina beistehen konnte, an den Wochenenden stets einige hundert Kilometer pendeln. So etwas prägt, macht zäh und erzeugt Durchsetzungsvermögen.
Als junger Winzer ließ sich Tement von den Wachauern inspirieren. Später wurden Weine wie jene von F. X. Pichler, mit dem er seit einigen Jahren beim mittelburgenländischen »Arachon« zusammenarbeitet, zu einem Leitbild. Aber Kopien sind nicht seine Sache. Er entwickelte einen eigenen Stil, der jedoch nicht einheitlich ist. Je nach Ergebnis werden die Weine im Stahl, im Holz, im Barrique, mit oder ohne biologischen Säureabbau vinifiziert. Besonders zu empfehlen sind der würzige Welschriesling, der Sauvignon Blanc »Steirische Klassik« (und als Trockenbeerenauslese), der Morillon, Muskateller und der delikate Traminer. Die Roten (Zweigelt, Blaufränkisch sowie ein Verschnitt aus Cabernet Sauvignon und Blaufränkisch) gehören zu den besten der Steiermark.
***Bewertung:* * * * ***

EDUARD TSCHEPPE

Pössnitz 168
8463 Leutschach
Telefon 03454-205
Mälzerweg 11
8055 Graz
Telefon 0316-293500, Fax 29350077

Als Roland Tscheppe (Jahrgang 1944), Eigentümer des Weinguts im idyllischen Fleckchen Pössnitz bei Leutschach, im

September 1999 zu einer Raritätenprobe bat, kamen die Gäste aus dem Staunen nicht mehr heraus. Es trumpften auf: Sauvignon Blanc 1959 und 1968, Pinot gris 1969, Muskateller 1977, 1968 und 1967, Traminer 1959 und 1949! Auch einige weitere Raritäten schmeckten ausgezeichnet und machten damit deutlich, dass steirische Weine, wenn sie entsprechend gepflegt werden, ein gutes Lagerpotenzial haben.
Tscheppe war diese Demonstration wichtig, weil ihm immer wieder nachgesagt wird, dass er aufgrund seiner Betriebsgröße (25 eigene plus 20 Hektar Pachtfläche sowie Weinhandel in Graz) keine Qualität produzieren könne. Dabei zählen seine Weißweine zu den feinsten der Südsteiermark. Sein Herz gehört nicht nur den Klassikern Morillon, Sauvignon Blanc und Muskateller, sondern ebenso den im Rückgang befindlichen Sorten Silvaner und Müller-Thurgau. Die Söhne Eduard (Jahrgang 1976) und Stefan (Jahrgang 1974) helfen bereits mit und teilen die Begeisterungsfähigkeit des Vaters für den Wein.
***Bewertung:* * * ***

GERHARD WOHLMUTH

8441 Fresing 24
Telefon 03456-2303, Fax 2121

Das Weingut befindet sich seit 1803 im Besitz der Familie. Gerhard Wohlmuth (Jahrgang 1955) übernahm den Betrieb 1986 mit seiner Frau Maria von den Eltern Agnes und Josef. Der Weinbau- und Kellermeister hatte während seiner Ausbildung auch Praktika in der Schweiz und Deutschland absolviert. Er investierte viel in die Kellerwirtschaft, reduzierte seine Erträge auf den eigenen zehn Hektar in bis zu 550 Meter hohen Steillagen radikal (etwa 40 Hektoliter pro Hektar) und achtet auch bei den Zukäufen von 15 Hektar auf gehobene Qualität.
Er pflegt die gesamte steirische Sortenpalette vom schlanken, kernigen Welschriesling bis zum dichten Chardonnay, der in Barriques aus dem Burgund ausgebaut wurde. Die besten Gewächse tragen die Bezeichnung »Summus«. Ein Paradestück ist in den meisten Jahren: der pikant duftende Muskateller.
***Bewertung:* * * +**

Weststeiermark

WEINBAU JÖBSTL

Wernersdorf 41
8551 Wies
Telefon/Fax 03466-42379

Willkommen bei einem Großmeister in Sachen Schilcher! Der klassische Hellrote aus der Sorte Blauer Wildbacher, die bekannte Spezialität der Weststeiermark, wird hier in höchst unterschiedlichen Versionen zelebriert, vom herzhaften, säurebetonten Landwein in der Literflasche über den ohne Pressdruck von der Kelter ablaufenden »Seihwein« mit feinem Johannisbeerduft und saftiger Note, den nur in sehr guten Jahren möglichen Kabinett mit Extrakt und den »Alten Weingarten«. Über allem thront seit einigen Jahren meist noch ein brillanter Eiswein. Verantwortlich dafür ist im Keller Junior Johannes Jöbstl. Senior Johann und seine Frau Waldtraud, die Seele des Fünf-Hektar-Betriebes, hatten die Saat für diese Vielfalt gelegt.
***Bewertung:* * ***

DOMÄNE MÜLLER

8522 Groß St. Florian
Telefon 03464-2155, Fax 211625

Sitz des Betriebs ist die Weststeiermark. In Deutschlandsberg befindet sich auch ein Teil der 24 Hektar eigenen Reben (zu denen noch rund 25 Hektar Pachtfläche hinzukommen). Der größere Teil der Fläche liegt auf Berghauser und Ratscher Fluren in der Südsteiermark. Außerdem befassen sich Hausherr Günter Müller und seine charmante Frau Eva noch mit Weinimport auf gutem Niveau. Müller und sein Kellermeister Martin Erklavec produzieren eine Vielzahl unterschiedlicher Weine. Besonders zu empfehlen: »Der Sauvignon Blanc«, »Der Cabernet Sauvignon« (meist schon einige Jahre gereift, wenn er in den Verkauf kommt) und »Der Schilcher«. Fragen sollte man nach alten Restposten im Keller; es gibt noch einige verkäufliche Schätze (Rheinriesling). Beachtlich ist der gute Zweigelt aus der Weststeiermark. Neue Energie spendet der schnörkellose, betont herbe Schilcher-Sekt.

Bewertung: * * +

FRANZ STROHMEIER

Lestein 48
8511 St. Stefan ob Stainz
Telefon/Fax 03463-81855

Bis 1988 verkaufte die Familie Strohmeier Trauben, dann wurde auf Selbstvermarktung in Flaschen umgestellt. Seit ein paar Jahren ist Junior Franz (31) verantwortlich. Er hat für ein solides Wachstum auf inzwischen fünf Hektar gesorgt, strebt längerfristig zehn Hektar an und kauft derzeit noch von vier Hektar Trauben zu.
Im Anbau auf der Lage Lehstein befindet sich überwiegend die Sorte Blauer Wildbacher. Aus ihr erzeugt Franz Strohmeier nicht nur einige der besten klassischen, säurebetonten Schilcher der Weststeiermark, sondern gelegentlich auch eine hellrote Barrique-Variante (»Lestoa«, die mundartliche Version des Lagennamens). Dazu gibt es noch einen beerig duftenden, recht ansprechenden Rotwein. Können zeigt der Franz auch bei den diversen Weißweinen (Cuvée Welschriesling/Riesling, Morillon und Sauvignon Blanc)!

Bewertung: * *

WIEN

WEINGUT GÖBEL

Hagenbrunner Str. 151
1210 Wien-Stammersdorf
Telefon 01-2948420, Fax 2906059

Drei Weine stellte Hans Peter Göbel 1999 zum Rotwein-Cup des Magazins »Vinum« an; alle drei wurden sehr positiv bewertet. Das war für einen Wiener Winzer ein bemerkenswertes Ergebnis, denn von wenigen Ausnahmen abgesehen sind hier überzeugende Rotweine selten. Den Grundstock legte Vater Rudolf Göbel, der immer davon überzeugt war, dass sich auf Wiener Gemarkungen sehr gute Rote erzeugen lassen. Zweigelt, Blauburger und Cabernet Sauvignon haben deshalb fast 40% Anteil auf den drei Hektar. Als der Senior 1991 starb, übernahm der Sohn (Jahrgang 1963) den Betrieb mit Heurigen (den der gelernte Architekt vor einigen Jahren sehr modern neu gestaltete). Da auch noch die Weißweine (Welschriesling, stahliger Rheinriesling und eine ausgewogene Cuvée von

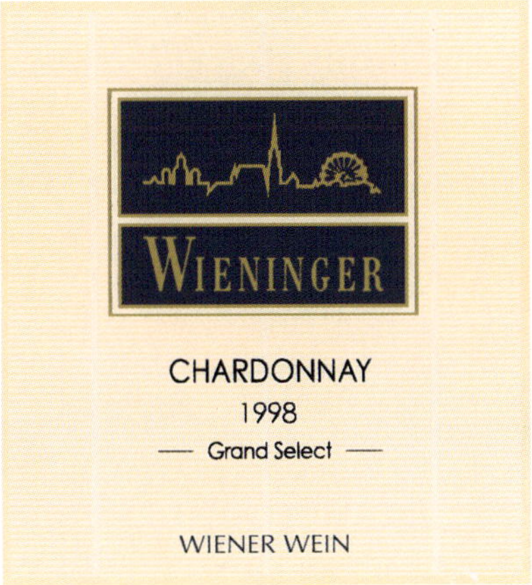

Weißburgunder und Chardonnay) gut gelungen sind, ist Geheimtipp Göbel zweifellos ein Aufsteiger der Wiener Weinszene.

Bewertung: * +

FRITZ WIENINGER

Stammersdorfer Str. 80
1210 Wien-Stammersdorf
Telefon 01-2901012, Fax 29010123

Keine Frage, der Wieninger Fritz ist die Nummer eins unter den Wiener Erzeugern – auch wenn andere vielleicht mehr Tradition haben. Die Weichen stellten bereits die Eltern Barbara und Friedrich, die »nicht nur das übliche Viertel Heurigen« machen wollten. Der Sohn (Jahrgang 1966) ging nach der Weinbauschule Klosterneuburg ein Weilchen nach Kalifornien, brachte neue Ideen mit und entwickelte sich vor allem beim Rotwein weiter. Im Weinberg wird auf niedrige Erträge geachtet. Beim Weißwein liegt seine Stärke im Grünen Veltliner, dem Rheinriesling und dem Sauvignon Blanc. Beim Roten trumpft Wieninger mit der Cuvée »Trilogie« und seinem Cabernet Sauvignon (meist mit etwas Merlot) auf. Hin und wieder sind die Weine zu alkohollastig und zu stark vom Barrique-Ausbau gekennzeichnet. 1998 konnte Wieninger den Besitz (14 Hektar) um vier Hektar Pachtfläche im Wiener Nussberg erweitern. 1999 im Herbst zeigte sich, dass das ein guter Griff war. Im Sommer wurden durch intensive Laubarbeit die Weichen für reife Trauben gestellt – am Ende gab es sogar Beeren- und Trockenbeerenauslesen.

Bewertung: * * *

AUSSERHALB DER WEINGEBIETE

WEIN- UND SEKT-KELLEREI KIRCHMAYR

3351 Weistrach 123
Telefon 07477-421730, Fax 421734

Weistrach liegt zwar noch in Niederösterreich, dem größten Weinbau treibenden Bundesland. Aber Reben stehen keine im Mostviertel, allenfalls in irgendwelchen Vorgärten. Doch es gibt eine Weinkellerei, die im Land als »Weingut ohne Reben« bezeichnet wird und eine alte Tradition hochhält. Die Familie Kirchmayr baut seit 1929 weitab von den offiziellen Anbaugebieten Wein aus. Senior Hans Kirchmayr und sein im Keller verantwortlicher Sohn Andreas kaufen Trauben von Vertragswinzern in verschiedenen Regionen (Wachau, Kremstal, Kamptal, Weinviertel, Mittelburgenland, Neusiedlersee-Hügelland) und vinifizieren sie vor Ort in Weistrach im alten Gewölbekeller und im Stiftskeller von Seitenstetten. Die Qualität ist trotz der nicht immer einfachen Feinabstimmung im Herbst gut, weil man die Produzenten im Griff hat. Besonderen Wert legt man im Haus auf reife Weine, die das Qualitätspotenzial Österreichs verdeutlichen sollen. Unter diesem Aspekt ist die Weistracher Weinkellerei (die auch Sekt und ergänzend feinen Birnenschaumwein aus Mostviertler Material erzeugt) ein Hüter der österreichischen Weinkultur.

Bewertung: * *

Glossar

Abgang: Bezeichnung für die geschmackliche Länge eines Weins. Muss nicht immer positiv sein (zum Beispiel bitterer Abgang).

Adstringierend: Begriff für einen Geschmackseindruck, der vor allem durch säure- oder tanninhaltige Weine hervorgerufen wird, die im Mund ein pelziges Gefühl hinterlassen. Kommt bei jungen, in Barriques ausgebauten Rotweinen relativ häufig vor.

Anreicherung (Chaptalisierung): Fachbegriff für die Zugabe von Zucker in den Most, um damit indirekt den Alkoholgehalt des späteren Weins zu erhöhen. Ist in Österreich nur für Qualitätswein, Landwein, Tafelwein gestattet.

Assemblage: Zusammenstellung einer Cuvée (Wein aus verschiedenen Sorten, Fässern); setzt viel Fachkenntnis des Kellermeisters voraus.

Ausbruch: Spezielles Prädikat in Österreich, hat seinen Ursprung in der Freistadt Rust am Neusiedlersee. Der Wein entspricht in der Qualität einer besonders guten Beerenauslese. Bei der Kelterung darf dem rosinierten Traubengut ein wenig Auslesemost hinzugegeben werden, damit es besser ausgelaugt wird.

Auslese: Höheres Prädikat, das vor allem im Burgenland am Neusiedlersee häufiger zu finden ist. Die Weine müssen mindestens 21 KMW → Mostgewicht haben.

Banderole: Alle österreichischen Qualitäts- und Prädikatsweine, die im Inland gefüllt wurden, müssen aus steuerlichen Gründen mit einer rot-weiß-roten Banderole versehen sein. Sie ist so anzubringen, dass sie beim Öffnen der Flasche beschädigt wird.

Barrique: Begriff für ein kleines Eichenholzfass mit einem Fassungsvermögen von 225 Liter. Wird neu oder gebraucht (in den Regel allenfalls für drei Jahrgänge) verwendet. Im frischen Zustand geben die Fässer viel Lohe und Aromastoffe an den Wein ab, sie verleihen ihm aber auch eine kräftige Struktur und lassen ihn häufig besser reifen. Viele Winzer haben Probleme mit dem Umgang, weil die kleinen Fässer viel Erfahrung und Fingerspitzengefühl brauchen, damit der Wein nicht Schaden nimmt. Möglich ist die Deklaration »Im Barrique gereift«.

Beerenauslese: Bezeichnung für Wein, der aus Trauben gewonnen wurde, die meist mit → Botrytis befallen waren; ist aber weinrechtlich nicht unbedingt Voraussetzung. Das Mindestmostgewicht liegt bei 25 KMW.

Blanc de Noir: Gelegentliche, halboffizielle Bezeichnung für Weißwein aus Rotweinsorten. Die Trauben wurden ohne Maischegärung sofort abgepresst. Eine andere mögliche Bezeichnung ist »Gleichgepresster«.

Botrytis: Der Schimmelpilz Botrytis Cinerea tritt meist bei Nebel und Feuchtigkeit im Spätherbst auf, befällt die Trauben und sorgt so für eine Konzentration der Inhaltsstoffe (Zucker, Säure, Extrakt). Tritt der Pilz früher auf, ist er unerwünscht, weil er die Trauben schädigt.

Bukett: Fachbezeichnung für das Aroma des Weins.

Doppler: Die noch weit verbreitete, traditionelle Zwei-Liter-Flasche, die in der einfacheren Gastronomie gern für den Offen-Ausschank geordert wird. Fast liebevoll sprechen die Österreicher von der »Volksmagnum«.

Eiswein: Spezielle Weinart, bei der die Trauben durch natürliche, eisige Temperaturen (mindestens –7° Celsius) gefroren gekeltert werden. Es fließt nur mehr konzentrierter Saft von der Kelter ab, hoch in der Süße und nervig in der Säure. Bei roten Trauben wird in der Regel meist sehr heller Saft gewonnen. Das Mindestmostgewicht liegt bei 25 KMW.

Ertragsbegrenzung: Für die Erzeugung von Qualitätswein dürfen nur 9000 kg Frucht pro Hektar gewonnen werden; das entspricht 67,5 hl/ha und ist ein relativ strenges Limit. In Deutschland sind es, je nach Region, etwa 30–50% mehr. Wird mehr produziert, muss die gesamte Menge zum Tafelwein abgestuft werden.

Federspiel: Spezielle Wachauer Kategorie. Wein mit mindestens 17 KMW und maximal 12,5 Grad Alkohol.

Geschmacksangaben: Österreich passte seine Vorschriften den deutschen Regeln weitgehend an. »Trocken« steht für Weine mit einem Restzuckergehalt von maximal 9 g/l in einem bestimmten Verhältnis zur Säure (Formel: Säure + 2 bedeutet, dass zum Beispiel ein Wein mit nur 5 g/l Säure nicht mehr als 7 g/l Restzucker haben darf, um noch als »trocken« zu gelten). »Halbtrocken« sind Weine bis 12 g/l Restzucker (im Unterschied zu Deutschland, wo die Kategorie bis 18 g/l geht). »Lieblich« sind Weine bis zu 45 g/l Restzucker; »süß« gilt für Weine mit mehr als 45 g/l Restzucker. Die beiden letzten Begriffe werden selten genutzt.

G'spritzter: Mischung von trockenem Wein (meist Grüner Veltliner oder Welschriesling) mit Soda- oder Mineralwasser, im Verhältnis 1:1.

Heuriger: Zum einen der Wein des aktuellen Jahrgangs, der ab dem 11. November (Martini) und bis spätestens zum 31. Dezember des Folgejahres so deklariert werden darf. Aber ebenso Bezeichnung für den traditionellen Buschenschank nicht nur in Wien.

Junker: Recht populär gewordene Bezeichnung für den Jungwein aus der Steiermark, der bis maximal 31. März im Jahr nach der Ernte so bezeichnet werden darf. Andere Begriffe für Jungweine sind Primus, Erster, Der Erste, Der Neue, Primaner.

Konzentration: Gesamtbegriff für neue Techniken, die inzwischen weltweit im Einsatz sind (Ausnahme: Deutschland und Österreich, wo man sich noch im Versuchsstadium befindet). Darunter versteht man vorwiegend die Umkehrosmose, die Vakuumverdampfung und die Kryoextraktion (Frostung von Trauben). Zielsetzung ist es unter anderem, dem Wein oder Most Wasser zu entziehen und durch die damit erfolgte Konzentration bessere Qualitäten zu erreichen. Gutes Niveau ist Voraussetzung, weil bei schwächeren Weinen auch negative Inhaltsstoffe konzentriert werden.

Kork: Traditoneller Flaschenverschluss von der Korkeiche – und ein Problem. Denn die Zahl der mehr oder weniger deutlichen »Korkschmecker« hat in den letzten Jahren durch Mängel im Bereich der Produktion deutlich zugenommen. Besonders ärgerlich sind die »verdeckten« Korkfehler, die dem Wein angelastet werden (Bittertöne, grüne Noten, chemische Aromen).

KMW: Kürzel für Klosterneuburger Mostwaage, die österreichische Bezeichnung für das → Mostgewicht. Ein KMW entspricht in etwa 5 Grad Öchsle deutscher Rechnung; so sind zum Beispiel 25 KMW rund 125 Öchsle; das ist im Bereich einer → Beerenauslese.

Landwein: In der Regel einfacher Wein, muss ein Mostgewicht von mindestens 14 KMW aufweisen.

Mostgewicht: Begriff für den natürlichen Zuckergehalt im Most, wird in Deutschland nach den »Grad → Öchsle«, in Österreich nach → KMW bemessen. Je höher das spezifische Mostgewicht ist, desto höher wird der Wein eingestuft. Grundsätzlich kann man allerdings nicht sagen, dass das Mostgewicht das wichtigste Qualitätskriterium ist. Immer wieder mal sind besonders hochkarätige → Trockenbeerenauslesen klebrig süß und schwerfällig.

Öchsle: Maßeinheit für die Bestimmung des → Mostgewichtes. Die Mostwaage, erfunden im 19. Jahrhundert von Ferdinand Oechsle aus Pforzheim, zeigt an, um wie viel Gramm ein Liter Most schwerer als Wasser ist.

Ökologischer Weinbau: Genau wie Bio-Weinbau eine Art, Trauben mit naturschonenden Methoden zu erzeugen. Verzichtet wird auf Kunstdünger und diverse Spritzmittel, dagegen legt man es darauf an, die Widerstandskraft der Reben und das ökologische Gleichgewicht in den Weinbergen zu stärken. Die Zahl der Ökowinzer liegt international noch unter 2%, ist aber im Wachstum begriffen. In Österreich sind die meisten Öko-Produzenten in der landwirtschaftlichen Dachorganisation »Ernte für das Leben« erfasst. Seit 1999 gibt es allerdings auch den eigenständigen Verein »Bioveritas«, dem nur Betriebe angehören, die mit ihrer Qualität über dem Durchschnitt liegen. Drei Güter aus diesem Verein gehören außerdem dem jungen »Club Europäischer Bio-Weingüter« an (Diwald in Großriedenthal, Geyerhof in Furth und Nikolaihof in Mautern). Die sonstigen Mitglieder kommen aus Deutschland, Frankreich, Italien und Spanien.

Önologie: Die Wissenschaft vom Wein, mit entsprechendem Studiengang auf Fachhochschulen.

Prädikat: Begriff für die Weine ab Kabinett bis Trockenbeerenauslese. Im Unterschied zum »normalen« Qualitätswein dürfen die Prädikate im Moststadium nicht angereichert (gezuckert) werden.

Qualitätswein: Die häufigste Weinkategorie in Österreich mit mindestens 15 KMW. Oft aber haben Qualitätsweine ein hohes Niveau, weil viele Betriebe auf die Angabe von Prädikaten wie Spätlese oder Auslese verzichten, beziehungsweise den Wein leicht anreichern, um ihm etwas mehr alkoholisches Rückgrat zu geben. Die Qualität eines solchen Weins ist dann in der Regel am Preis zu erkennen.

Reserve (auch Premium): Mögliche Bezeichnung bei Rotweinen mit mindestens zwölf Monaten Reifezeit (Erstverkauf ab 31. Dezember im Jahr nach der Lese); ebenso mögliche Deklaration bei Weißweinen, die mindestens vier Monate Reifezeit hinter sich haben (Erstverkauf ab 1. Mai).

Ried, Riede: Alte Bezeichnung für Teil eines Geländes und beim Wein meist auch der österreichische Begriff für Lage.

Säure: Wichtiges Element im Wein, das für Rasse und Schliff sorgen kann, ebenso aber für einen weniger angenehmen sauren Eindruck. Bei edelsüßen Weine ist die Säure meist etwas höher. In der Praxis unterscheidet man zwischen der feineren Weinsäure und der spitzen Äpfelsäure. Weine mit hohem Weinsäureanteil sind in der Regel besser.

Selektion (Selection): Möglicher Zusatz auf dem Etikett, der aber nicht unbedingt eine echte Qualitätsaussage bedeuten muss. Meist handelt es sich aber um einen besseren Wein, auf den der Erzeuger besonders stolz ist.

Smaragd: Bedeutende Wachauer Kategorie mit einem → Mindestmostgewicht von 18 KMW. Viele der Smaragd-Gewächse der letzten Jahre haben oft 14 und noch etwas mehr Grad Alkohol. Wenn der Extraktgehalt nicht hoch ist, besteht die Gefahr, dass solche Weine etwas brandig schmecken.

Spätlese: Prädikat mit einem → Mostgewicht von mindestens 19 KMW. Wird in Österreich oft nicht deklariert, obwohl die Weine die entsprechende Voraussetzung haben. Aber der Begriff ist nicht unbedingt positiv belegt.

Steinfeder: Die leichte Kategorie der Wachau; ein nicht angereicherter Wein mit maximal 11 Grad Alkohol. Ideales Getränk für den Sommer.

Strohwein: Traditionelle Methode der Süßweinbereitung, die in Österreich in den achtziger Jahren wieder auflebte. Dabei werden gesunde Trauben über einige Monate hinweg auf Stroh- oder Schilfmatten ausgebreitet, eingetrocknet und erst dann gekeltert.

Sturm: Österreichische Bezeichnung für »Federweißer«. Teilweise vergorener Traubensaft, ausschließlich aus inländischen Trauben. Darf nur zwischen dem 1. August und dem 31. Dezember des Erntejahres in Verkehr gebracht werden.

Tafelwein: Die unterste Kategorie mit mindestens 10,6 KMW; darf nur ohne Jahrgangs- und Sortenbezeichnung in den Verkehr gebracht werden.

Trockenbeerenauslese: Das zumindest vom → Mostgewicht her höchste der Gefühle. Notwendig für diese Kategorie sind mindestens 30 KMW.

Vinifikation: International gebräuchlicher Begriff für den Ausbau den Weins (auch »Vinifizierung«).

Zucker: Der wichtige Stoff in den Beeren. Je weiter Zucker zu Alkohol und Kohlensäure vergärt, desto herber ist der Wein. Trauben für edelsüße Weine sind von Natur aus sehr hoch im Zuckergehalt, so dass dieser nicht vollständig vergären kann. Bei etwa 16 bis 18 Grad Alkohol im Wein stellen auch leistungsfähige Spezialhefen ihre Tätigkeit ein.

Register